“十四五”高职高专规划教材

供应链管理基础

GONGYINGLIAN GUANLI JICHU

◎ 主编　孙统超　魏文斌

苏州大学出版社
Soochow University Press

图书在版编目(CIP)数据

供应链管理基础／孙统超，魏文斌主编.--苏州：苏州大学出版社，2023.7
ISBN 978-7-5672-4406-1

Ⅰ.①供… Ⅱ.①孙… ②魏… Ⅲ.①供应链管理—高等职业教育—教材 Ⅳ.①F252.1

中国国家版本馆 CIP 数据核字(2023)第 115290 号

供应链管理基础
孙统超　魏文斌　主编
责任编辑　施小占

苏州大学出版社出版发行
(地址：苏州市十梓街 1 号　邮编：215006)
广东虎彩云印刷有限公司印装
(地址：东莞市虎门镇黄村社区厚虎路 20 号 C 幢一楼　邮编：523898)

开本 787 mm×1 092 mm　1/16　印张 15.75　字数 326 千
2023 年 7 月第 1 版　2023 年 7 月第 1 次印刷
ISBN 978-7-5672-4406-1　定价：58.00 元

图书若有印装错误，本社负责调换
苏州大学出版社营销部　电话：0512-67481020
苏州大学出版社网址　http：//www.sudapress.com
苏州大学出版社邮箱　sdcbs@suda.edu.cn

前言 PREFACE

进入21世纪以来，供应链管理一直备受管理理论界和企业管理者的关注，并逐渐由一种管理技术上升为新的管理模式。为提升我国供应链管理水平，2014年9月，国务院发布了《物流业发展中长期规划（2014—2020年）》，指出物流业是融合运输、仓储、货代、信息等产业的复合型服务业，是支撑国民经济发展的基础性、战略性产业；强调加快发展现代物流业，对于促进产业结构调整、转变发展方式、提高国民经济竞争力和建设生态文明具有重要意义。2017年10月，国务院办公厅又颁布了《关于积极推进供应链创新与应用的指导意见》，提出要形成一批适合我国国情的供应链发展新技术和新模式，基本形成覆盖我国重点产业的智慧供应链体系。2021年3月，商务部等八部门联合发布了《关于开展全国供应链创新与应用示范创建工作的通知》，要求将供应链思维融入经济发展全局，着力构建产供销有机衔接和内外贸有效贯通的现代供应链体系，巩固提升全球供应链地位，推动经济高质量发展。2022年5月，商务部、工业和信息化部等八部门联合发布关于印发《全国供应链创新与应用示范创建工作规范》的通知，进一步部署规范供应链示范创建过程中的组织申报、评审认定、过程管理等工作。

当前，全球产业链、供应链重塑已经成为世界经济发展的明显趋势。据预测，未来五年，我国对供应链管理人才的需求总量将达到600万人，而我国供应链人才培养还处于起步阶段。鉴于此，编写既能反映当前供应链变化新特点、新动态，又能满足高素质技术技能人才培养之需的教材显得尤为重要和迫切。

本教材是“江苏省职业教育教师教学创新团队苏州旅游与财经高等职业技术学校物流服务与管理专业教师教学创新团队”建设项目的重要成果之一，也是课程开发成果的重要载体。在编写过程中，项目组成员认真学习高等职业教育与课程开发理论，深入进行物流行业企业岗位工作任务的调研和分析，以培养高素质技术技能人才为目标，根据现代物流管理专业教学需求重构教材体系、设计教材体例，力求做到理论知识学习和实际技能训练合二为一，使“教、学、做”合一。

本教材的主要特点有：更新了供应链管理有关理论，并增加了相关实践案例；理论阐述与模型分析相结合，突出运用理论分析现实问题能力的培养；案例具有新颖性和典型性，实操性强，有助于读者深入了解供应链管理的知识并学以致用；教材编写团队为校企双元团队，由高等院校教师和多家企业高管及供应链管理人员共同参与编写，专业性、实用性、指导性更强。

本教材可作为高职院校现代物流管理与相关专业“供应链管理”课程的教学用书，也可作为相关理论研究者与供应链管理从业人员的重要参考书，以及企业供应链管理培训教材。

本教材由苏州旅游与财经高等职业技术学校组织编写，孙统超、魏文斌担任主编，魏文斌负责全书设计并审阅统稿，江苏海晨物流股份有限公司姚培琴担任主审。具体编写分工如下：孙统超编写第1章、第5章、第6章、第7章、第13章；张香宁和姚远编写第2章、第8章；张阿沛编写第3章；王智亮编写第4章；王海和朱君编写第9章；叶建慧编写第10章；陈抗编写第11章；李珂和魏文斌编写第12章。此外，叶建慧、张阿沛、王海、朱君分别参与了第5章、第6章、第7章、第13章的部分素材收集与图表整理等工作。

本教材在编写过程中参阅了大量国内外有关供应链管理的文献资料，已在参考文献及书中注明出处，在此对相关作者表示感谢。本教材的编写出版得到了苏州旅游与财经高等职业技术学校、江苏海晨物流股份有限公司、文子品牌研究院、苏州大学出版社等单位相关领导的支持，在此一并表示感谢。

由于编者水平有限，书中疏漏、错误之处在所难免，恳请读者批评指正！

目录 CONTENTS

第 1 章

供应链管理导论

学习目标

1. 掌握供应链的内涵与分类；
2. 理解供应链管理定义及其基本内容；
3. 知晓供应链管理的原则与步骤；
4. 熟悉供应链管理模式的产生与发展。

引导案例

叮咚买菜的供应链创新

叮咚买菜创立于 2017 年 5 月，是一款自营生鲜平台及提供配送服务的生活服务类 App，由上海壹佰米网络科技有限公司开发并运营。叮咚买菜致力于通过产地直采、前置仓配货和最快 29 分钟配送到家的服务模式，为用户提供品质确定、时间确定、品类确定的生鲜消费体验。

一、前置仓模式

叮咚买菜通过城区采购和与社区前置仓相结合的模式购入原材料，为用户提供送货上门服务，实现“29 分钟送货，0 配送费”。叮咚买菜领先于其他同类企业的主要原因是前置仓位置的选择较为合理。叮咚买菜充分运用大数据，将用户地址与附近前置仓位置相结合，做到在最短时间内由最近的前置仓安排物流配送。这种创新模式与传统的线下门店相比存在许多优势：首先前置仓不对外开放，只负责提供生鲜配送服务，这就意味着前置仓对地理位置要求不高，有的前置仓甚至位于仓库、工厂等人流稀少的地方，从而大大降低了仓储成本；其次，以前置仓替代传统门店，可以节约实体门店存在的运营成本，从而为消费者留出了足够的让利空间。

二、冷链物流技术

冷链物流技术是指将食品从生产到消费的各个环节的温度、湿度控制在特定区间，以减少食品损耗、保证食品鲜活的技术。叮咚买菜把“成批采购+品牌商直供”的采购管理模式与冷链物流技术完美结合，管理模式与物流技术的创新不仅能从供应链源头上监管产品品质，还能简化企业采购链，节省时间成本，在体量达到最大限度时还可获得与供应商及消费者的议价能力。

三、精准营销

叮咚买菜采用新媒体矩阵理论，结合大数据技术预测不同用户的消费需求，从而智能投放广告，为用户创造更为便捷的网络消费环境，进而实现精准营销。叮咚买菜采用“线上+线下”双重营销模式，不仅在各社区入口设置地推摊位，还利用各App以及群聊组进行线上推广，这吸引了大批种子用户。与此同时，叮咚买菜利用社交网络软件为用户建立“联系交流群”，使用户之间能够交流互动，以此提高用户黏性。此外，叮咚买菜还在每天的不同时间段开启限时抢购活动，进一步激发了用户消费活力，从而建立起与用户间长期的经济联系。

叮咚买菜的异军突起离不开大数据支撑以及完善的供应链体系。叮咚买菜在推动组建溯源体系的基础上，优化生鲜产品的供应链，从源头把控生鲜品质，构建从原产地到消费地的全流程品控体系，从而为广大社区居民提供及时且高品质的菜品配送服务。

（资料来源：徐一如，盛佳莹，吴晓涵．供应链创新与价值链升级联动促进生鲜电商行业发展——以“叮咚买菜”为例［J］．时代经贸，2021，18（7）：14-17，内容有改动。）

叮咚买菜的供应链创新模式是什么？为什么要采用这种模式？

1.1 供应链概述

1.1.1 供应链与价值链

经济管理主要关心的是人类社会中的经济活动，而按照商品生产的时间序列，一般可以将其分成生产、流通、消费三个过程。进一步考察以企业的组织活动为主的消费品的生产和流通过程，可以发现这两个过程又分别是由初级原料的获得、中间产品的制造、最终产品的制造等环节，以及产品储运、区域批发、当地零售等环节构成。图1-1描述了消费品的生产和流通过程。

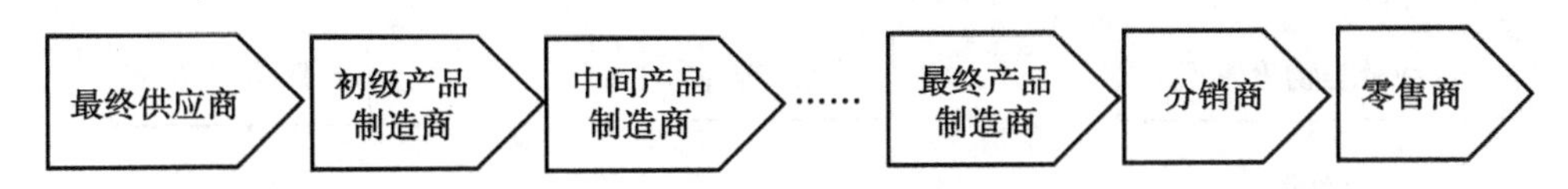

图 1-1 消费品的生产和流通过程

供应链（Supply Chain）思想于 20 世纪 80 年代末提出并得到广泛应用。企业的价值要持续稳定地实现，取决于其最终产品的竞争力。从消费者来看，零售商、分销商、储运商、制造商、供应商等都依次对其下家供应最终消费品或中间产品，这一前后相继的链条就是供应链。

供应链上不同的企业就是供应链上的节点，节点之间存在着物流、所有权流（也称商流）和信息流，以及相应的服务流、资金流和知识流。一个有竞争力的供应链能够在满足顾客需要的基础上，通过对供应链上物流、资金流和信息流的组织、协调和指挥，使供应链整体成本最低、效益最大。

价值链（Value Chain）的概念于 20 世纪 80 年代中期提出，主要用来分析企业内部各环节价值活动及寻找竞争优势。企业价值链是其各种活动的组合，包括设计、供应、生产、营销、交货及对产品起辅助作用的各种价值活动。企业价值创造活动包括基本活动和辅助活动两部分。基本活动主要指生产、营销、内部和外部物流以及服务等环节；辅助活动包括采购、技术开发、人力资源和企业基础设施（如管理、财务等）环节。基本活动直接反映了价值链中的价值增值活动，辅助活动与基本活动相联系并支持整个价值链。将企业价值链向上下游延伸，会形成包括初级材料供应商、各中间产品制造商、分销商、零售商和最终用户在内的最终产品价值链。对该链条而言，每个节点企业都置身于最终产品的价值体系中，每个企业应该主要从事特定的、具有核心竞争力的战略环节，实现价值链的合理分工，并在各自的优势环节上展开合作，以达到价值链整体利益的最大化。在经济全球化的背景下，（最终产品）价值链往往涉及跨区域和跨国界的分工，因此也被称为全球价值链。

供应链与价值链都是讨论在提供某最终产品过程中依次发生的价值增加活动链条（为同一条链），两者之间最明显的区别在于观测角度不同：供应链是从最终用户的角度观测这一链条，将各环节所提供的产品或服务都看成是对最终用户的供应；价值链是从外部观测这一链条，将整条价值链视为由各节点企业价值链互相衔接而成，重在分析价值增加和利益分配机理。

从企业生命生存延续的角度分析，企业从“投入原料→加工转换→形成产出→提供产品（服务）到客户”的一系列过程，即组织凭借自身所拥有的人力、物料、设备、技术及从供应商那里购买的各种资源作为运营投入，根据用户需求将各种资源（投入）加工转换为能够满足用户需求的有形产品或无形服务（产出），借助市场营销活动、售后服务等活动将产品（服务）提供给客户，同时还必须随时关注顾客反馈，及时调整运营方向，确保产出适合市场需求，最终实现投入的增值过程。企业组织生产与运作过程如图 1-2 所示。

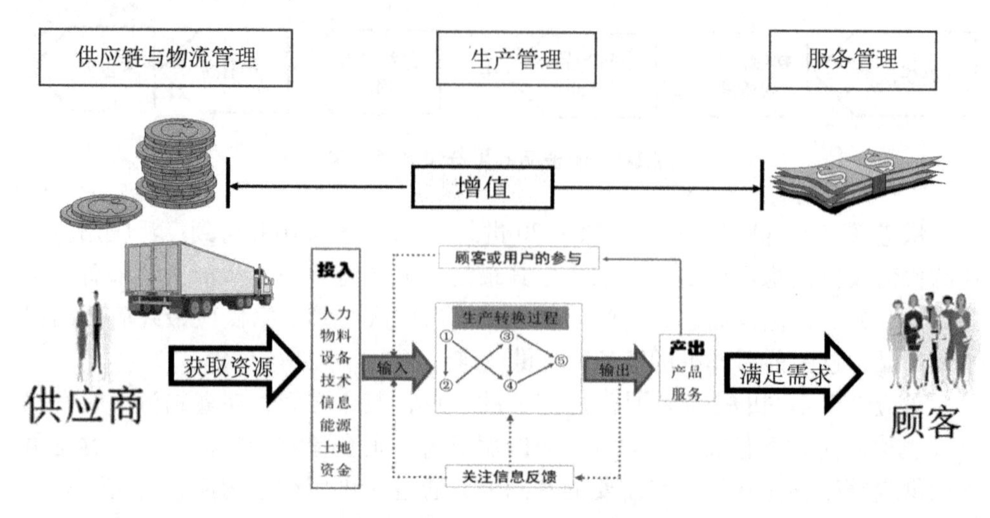

图 1-2　企业组织生产与运作过程

1.1.2 供应链的内涵

1.1.2.1 供应链的定义

供应链的概念是从扩大的生产概念发展来的，它将企业的生产活动进行了前伸和后延。譬如，将供应商的活动视为生产活动的有机组成部分而加以控制和协调，就是前伸；而将生产活动延伸至产品的销售和服务阶段，就是后延。

因此，所谓供应链，是指产品生产和流通中所涉及的原材料供应商、生产商、批发商、零售商及最终消费者组成的供需网络。这种供应链是由物料获取并加工成中间件或成品，再将成品送到消费者手中所涉及的一些企业和部门所构成的网络。在这个网络中，每个贸易伙伴都具有双重角色：既是供应商，又是客户。他们既向上游伙伴订购产品，又向下游伙伴提供产品，只有建立一条业务关系紧密、经济利益相连的供应链，才能实现优势互补，增强各自的市场竞争实力。

供应链上各企业之间的关系与生物学中的食物链类似。在“草—兔子—狼—狮子”这样一个简单的食物链中（为便于论述，假设在这一自然环境中只生存这四种生物），如果我们把兔子全部杀掉，那么草就会疯长起来，狼也会因兔子的灭绝而饿死，就连最厉害的狮子也会因狼的死亡而慢慢饿死。可见，食物链中的每一种生物之间都是相互依存的，破坏食物链中的任何一种生物，势必导致这条食物链失去平衡，最终破坏人类赖以生存的生态环境。同样的道理，在供应链“企业 A—企业 B—企业 C”中，企业 A 是企业 B 的原材料供应商，企业 C 是企业 B 的产品销售商。如果企业 B 忽视了供应链中各要素的相互依存关系，只注重自身的内部发展，不断提高生产产品的能力，则企业 A 不能及时向它提供生产原材料，或者企业 C 的销售能力跟不上企业 B 产品生产能力的发展，那么就可以得出这样的结论：企业 B 生产力的发展不适应这条供应链的整体效率。

我国国家标准《供应链管理　第2部分：SCM术语》（GB/T-26337.2—2011）对供应链的定义是："生产及流通过程中，围绕核心企业，将所涉及的原材料供应商、制造商、分销商、零售商直到最终用户等成员通过上游和下游成员链接所形成的网链结构。"而根据2017年10月5日国务院印发的《关于积极推进供应链创新与应用的指导意见》，供应链是以客户需求为导向，以提高质量和效率为目标，以整合资源为手段，实现产品设计、采购、生产、销售、服务等全过程高效协同的组织形态。

总之，供应链是围绕核心企业，通过对信息流、物流、资金流等的管理与控制，从原材料的供应开始，经过产品的制造、分配、递送、消费等过程，将供应商、制造商、分销商、零售商直到最终客户连成一个整体的功能网链结构模式。它不仅是一条连接供应商到客户的物料链、信息链、资金链，而且是一条增值链，物料在供应链上因加工、包装、运输等过程而增加其价值，给相关企业都带来收益。

1.1.2.2　现代供应链的主要特征

与传统供应链相比，现代供应链有以下特征。

第一，管理方式的高度信息化。大数据、云计算、物联网、区块链、人工智能等技术兴起，带动智慧工厂、智慧物流、智能仓库等发展，推动全链条信息共享和可视化，极大提升供应链的敏捷性。依托高效、便捷和集成化的信息技术，现代供应链可以实现对异地异时的物流、商流、资金流、信息流的高效管理。

第二，数据信息、管理流程和物流的标准化。随着越来越多的市场主体参与到供应链体系中来，为实现不同主体之间贸易、资产、业务的快速便捷对接，现代供应链成员之间经济活动更加标准化，效率效益明显提升。

第三，空间形态的全球化。为有效降低成本、扩大市场，许多大企业纷纷在全球范围配置资源和挑选供应商，建立生产及研发基地，构建销售及售后服务渠道，形成覆盖全球的供应链。

第四，全链条绿色化。现代供应链能够最大程度地实现供需匹配，降低商品库存、提高生产效率、加速资金周转，从而减少物料浪费和存货、土地、资金的无效占用，天然具有绿色化、低碳化的特征。

第五，组织结构复杂化。随着分工和经济全球化的深化，供应链参与主体越来越多、地域范畴越来越广，逐渐从简单的封闭式、静态化、线性结构向复杂的开放式、动态化、网络结构转变，潜在的供应链中断风险相应增加。

1.1.2.3　供应链的发展阶段

1. 物流管理阶段

早期的观点认为，供应链是指将采购的原材料和收到的零部件，通过生产转换和销售等活动传递到用户的一个过程。因此，这一阶段的供应链仅仅被视为企业内部的一个物流过程，它所涉及的主要是物料采购、库存、生产和分销诸部门的职能协调问题，最终目的是优化企业内部的业务流程、降低物流成本，从而提高经营效率。

2. 价值增值阶段

进入20世纪90年代，人们对供应链的理解又发生了新的变化。由于需求环境的变化，原来被排斥在供应链之外的最终用户——消费者的地位得到了前所未有的重视，从而被纳入供应链的范围。这样，供应链就不再只是一条生产链，而是一个涵盖了整个产品运动过程的增值链。

3. 网链阶段

随着信息技术的发展和产业不确定性的增加，今天的企业间关系正在呈现日益明显的网络化趋势。与此同时，人们对供应链的认识也正在从线性的单链转向非线性的网链，供应链的概念更加注重围绕核心企业的网链关系，即核心企业与供应商、供应商的供应商及一切向前的关系，与用户、用户的用户及一切向后的关系。供应链的概念已经不同于传统的销售链，它跨越了企业界限，从扩展企业的新思维出发，并从全局和整体的角度考虑产品经营的竞争力，使供应链从一种运作工具上升为一种管理方法体系、一种运营管理思维和模式。供应链的网链结构如图1-3所示。

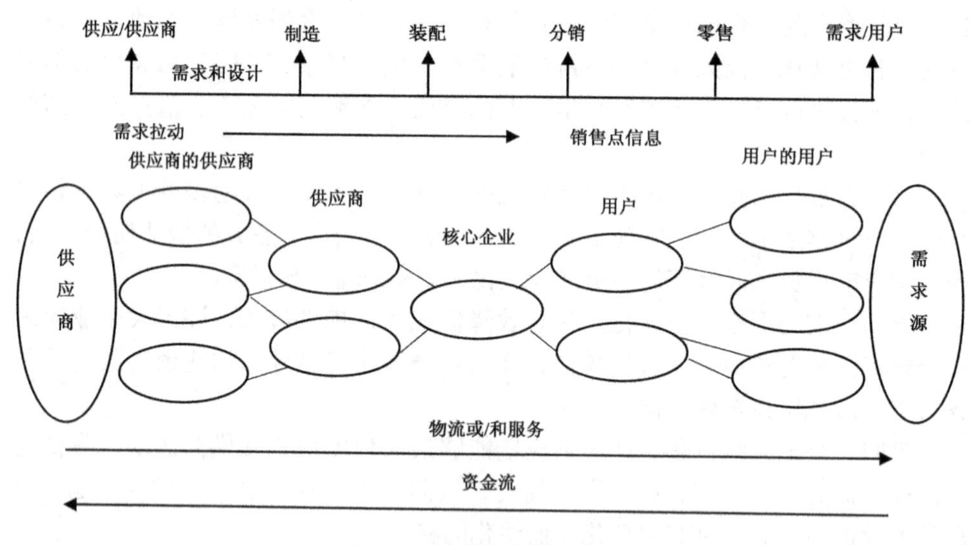

图1-3 供应链的网链结构

1.1.2.4 供应链的分类

根据不同的划分标准，可以将供应链分为以下几种类型。

1. 根据范围不同划分

根据供应链的范围不同，可将供应链分为内部供应链和外部供应链。内部供应链是指企业内部产品生产和流通过程中所涉及的采购部门、生产部门、仓储部门、销售部门等组成的供需网络。外部供应链则是指企业外部的，与企业相关的产品生产和流通过程中涉及的原材料供应商、生产厂商、储运商、零售商及最终消费者组成的供需网络。

内部供应链和外部供应链共同组成了企业产品从原材料到成品到消费者的供应链。可以说，内部供应链是外部供应链的缩小化。如对于制造厂商，其采购部门就可看作外部供应链中的供应商。它们的区别在于外部供应链范围大，涉及企业众多，企业间的协调更困难。

2. 根据稳定性不同划分

根据供应链存在的稳定性，可将供应链分为稳定的供应链和动态的供应链。基于相对稳定、单一的市场需求而组成的供应链稳定性较强，而基于相对频繁变化、复杂的需求而组成的供应链动态性较高。在实际管理运作中，需要根据不断变化的需求，相应地改变供应链的组成。

3. 根据功能不同划分

根据供应链的功能（物理功能、市场中介功能和客户需求功能），可把供应链划分为有效性供应链和反应性供应链。有效性供应链主要体现供应链的物理功能，即以最低的成本将原材料转化成零部件、半成品、产品，以及在供应链中的运输等；反应性供应链主要体现供应链的市场中介功能，即把产品分配到满足用户需求的市场，对未预知的需求做出快速反应等。

4. 根据企业地位不同划分

根据供应链中企业地位的不同，可将供应链划分为盟主型供应链和非盟主型供应链。对于盟主型供应链，其供应链中某一成员的节点企业在整个供应链中占据主导地位，对其他成员具有很强的辐射能力和吸引能力，通常称该企业为核心企业或主导企业，如以生产商为核心的供应链——奇瑞汽车有限公司，以中间商为核心的供应链——中国烟草系统、香港利丰公司，以零售商为核心的供应链——沃尔玛、家乐福。对于非盟主型供应链，其供应链中企业的地位彼此差距不大，对供应链的重要程度相同。

5. 根据供应链的驱动模式划分

根据供应链的驱动模式，可将供应链划分为推动型供应链和拉动型供应链。推动型供应链是受市场需求导向间接作用所进行的活动，其特点为：一般是以制造企业的生产为中心，以制造商为驱动源点；侧重于供应链的效率；强调供应链各成员企业按基于预测的预先制订的计划运行。需求拉动型供应链是在市场需求导向直接作用下进行的经济活动，其特点为：以消费端的客户需求为中心，以销售商为驱动源点；整个供应链的集成度较高，信息交换迅速；缩短提前期，减少供应链系统库存；响应市场的速度快，根据客户的需求实现定制化服务；对供应链上的企业要求较高，对供应链运作的技术基础需求也较高。

推动型供应链与拉动型供应链的优缺点见表1-1。

表 1-1　推动型供应链与拉动型供应链的优缺点

供应链	优点	缺点
推动型供应链	能实现运输和制造的规模经济；利用库存平衡供需之间的不平衡，增加了系统产出并提高了设备利用率；供应链的实施比较容易。	不能快速响应市场；由于牛鞭效应导致库存量较大，当某些产品需求消失时，产品容易过时；生产批量更大且更容易变动；企业间信息沟通少，协调性差，服务水平较低。
拉动型供应链	能更好地满足客户个性化的需求；能有效缩短提前期；随着提前期缩短，零售商和制造商的库存都减少，供应链系统成本降低。	对各节点及供应链技术基础的要求较高；实施有一定难度，难以实现制造和运输的规模经济；设备利用率不高，管理复杂。

1.2 供应链管理概述

1.2.1 供应链管理的定义

供应链形成了一个涵盖供应商、生产商、分销商、零售商和消费者的网络，实现了物流、信息流和资金流的有效集成。供应链管理（Supply Chain Management，简称 SCM）就是指对整个供应链进行计划、协调、运营、控制和优化的各种活动与过程。

我国国家标准《供应链管理　第 2 部分：SCM 术语》（GB/T 26337.2—2011）对供应链管理的定义是："利用信息技术全面规划供应链中的商流、物流、资金流及信息流等，并进行计划、组织、协调与控制的各种活动和过程。"它是一种从供应商开始，经由制造商、分销商、零售商，直到最终客户的全要素、全过程的集成化管理模式，其目标是从整体的观点出发，寻求建立供、产、销企业以及客户间的战略合作伙伴关系，最大限度地减少内耗与浪费，实现供应链整体效率的最优化。

供应链管理作为一种先进的管理理念，已经发展成为保障供应链成员协调运营、实现"利益共享，风险共担"的工具。供应链管理的目标是全方位的。例如，以更完整的产品组合，满足不断增长的市场需求；以不断缩短的交货期，应对市场需求多样化的趋势；通过缩短供给与消费之间的距离，快速、有效地反应市场需求的不确定性；借助供应链成员之间协调、协同的运营机制，不断降低整个供应链的运营成本，在创新的管理体系中创造管理价值。

1.2.2 供应链管理的基本内容

供应链管理包括计划、采购、制造、配送、退货五大基本内容。

1. 计划

计划是供应链管理中的策略性部分，即通过某种策略来管理所有的资源，以满足客户对产品或服务的需求。好的计划能够有效、低成本地为客户提供高质量和高价值的产品或服务。

2. 采购

采购是指选择能为产品和服务提供货品和服务的供应商，和供应商建立一套定价、配送和付款流程并创造方法监控和改善管理，把对供应商提供的货品和服务的管理流程结合起来，包括提货、核实货单、转送货物到制造部门并批准对供应商的付款等。

3. 制造

制造是指安排生产、测试、打包和准备送货所需的活动。它是供应链管理中测量内容最多的部分，包括质量水平、产品产量和工人的生产效率等的测量。

4. 配送

配送被很多“圈内人”称为“物流”，其工作主要包括调整用户的订单收据、建立仓库网络、派递送人员提货并送货到顾客手中、建立货品计价系统、接收付款等。

5. 退货

退货是供应链管理中的问题处理部分。其主要工作是建立网络接收客户退回的次品和多余产品，并在客户应用产品出问题时提供支持。

供应链管理是以同步化、集成化生产计划为指导，以各种技术为支撑，尤其以 Internet/Intranet 为依托，围绕供应、生产作业、物流（主要指制造过程）、需求来实施。供应链管理的目标在于提高客户服务水平和降低总的交易成本，并且寻求两个目标之间的平衡。

1.2.3 供应链管理涉及的流程

一般来说，一条完整的供应链必须包括物流、商流、信息流、资金流四个流程。四个流程有各自不同的功能以及不同的流通方向。

1. 物流

物流的物品和服务流向客户，即物料或产品从供方开始，沿着各个环节向需方流动。供应链中的物流从原材料至产成品到最终客户的运动仅仅是一个方向。这个流程主要是物资（商品）的流通过程，这是一个发送货物的程序。该流程的方向是由供货商经由厂家、经销商、零售商与物流等过程后达到消费者手里。一般认为，供应链是物流、商流、信息流、资金流的统一体，而物流贯穿于整个供应链的始终，它连接着供应链上的各个企业，是企业之间相互合作的纽带。

2. 商流

这个流程主要是买卖的流通过程，是接受订货、签订合同等的商业流程。目前商业流通形式趋于多元化，既有传统的店铺销售、上门销售、邮购的方式，

又有通过互联网等新兴媒体进行购物的电子商务形式。

3. 信息流

信息流即订单、设计、需求、供应等信息在供应链中的双向流动。供应链中的信息流需要在供应商和客户之间双向流动，一个是从客户到供应商的需求信息流，另一个是与需求信息流相反的从供应商到客户的供应信息流。

4. 资金流

这个流程就是货币的流通。为了保障企业的正常运作，必须确保资金的及时回收，否则企业就无法建立完善的经营体系。资金流是供应链中货币形态的单向流动。物料是有价值的，物料的流动会引发资金的流动。资金流是从下游向上游流动的。财务是业务运作的生命，没有资金流，企业将无法运营。购买原材料、支付员工薪金、产品广告宣传、各种设备设施的维护，以及维持服务等都不能没有资金流。高效的资金流管理是构成供应链核心竞争力的有效途径之一。必须保证资金的顺畅流通，否则无法建立完善的供应链运作体系。要实现高效的资金流管理必须做到：建立完善的支付信用体系，供应链各合作伙伴必须讲信用，保证及时支付货款，杜绝“三角债”的出现；加强库存管理，在供应链的客户端，由于客户需求信息的变动，往往造成库存量的波动，无论在供应链中的哪个环节，如果库存量过高，都将会造成过多的资金沉淀；大力推行使用电子支票、网上银行等先进的网上支付工具，减少在途资金的占压。

1.2.4 供应链管理的原则与步骤

1.2.4.1 供应链管理的原则

根据美世（Mercer）管理咨询公司的研究报告，有近一半接受调查的公司经理将供应链管理作为公司的10项大事之首。调查还发现，供应链管理能够提高投资回报率，缩短订单履行时间，降低成本。著名的安达信（Andersen）咨询公司提出了实施供应链管理的7项原则。

1. 根据客户所需的服务特性来划分客户群

传统意义上的市场划分基于企业自己的状况，如行业、产品、分销渠道等，然后对同一地区的客户提供同一水平的服务。供应链管理则强调根据客户的状况和需求，采取具有不同服务水平的服务模式。

2. 根据客户需求和企业可获利情况来设计企业的物流网络

企业物流网络的设计是以客户需求为基础的，并能够反映企业的获利情况。一家造纸公司发现两个客户群存在截然不同的服务需求。大型印刷企业允许较长的提前期，而小型的地方印刷企业则要求在24小时内供货，于是它要建立3个大型配送中心和46个紧缺物品快速反应中心。

3. 倾听市场的需求信息

在企业销售计划和运营计划建立过程中，必须监测整个供应链的状况，及时发出需求变化的早期警报，并据此安排和调整计划。可见，来自市场的客户需求信息成为拉动供应链的原动力。

4. 运用时间延迟策略

由于市场需求的剧烈波动，客户接受最终产品和服务的时间越早，需求量预测就越不准确，企业不得不维持较大的中间库存。为此，企业可以将最终产品和服务定型的时间向后延迟，以提高产品和服务系统的柔性。例如，一家洗涤用品企业，实施大批量客户化生产，在企业生产线上只完成产品加工，而产品的最终包装是在零售店根据客户需求才完成的。

5. 与供应商建立双赢的合作策略

迫使供应商相互压价，固然能使企业在价格上受益，但与供应商合作则可以降低整个供应链的成本，企业会获得更大的收益，而且这种收益是长期的。

6. 建立供应链管理信息系统

信息系统首先应该处理日常事务和电子商务，然后支持多层次信息决策，如需求计划和资源规划，最后根据大部分来自企业之外的信息进行前瞻性的战略分析。

7. 建立整个供应链绩效评价体系

供应链绩效评价体系应该建立在整个供应链上，不能仅是局部的个别企业的孤立标准。供应链绩效评价体系的建立和完善应围绕如何提高客户满意度这个中心展开，这是因为供应链是否具有竞争优势、能否生存和发展的最终验收标准就是客户满意度。

1.2.4.2 供应链管理的步骤

1. 分析市场竞争环境，识别市场机会

竞争环境分析是为了识别企业所面对的市场特征和市场机会。要完成这一过程，可以根据波特模型提供的原理和方法，通过调查、访问、分析等手段，对供应商、用户、现有竞争者及潜在竞争者进行深入研究，掌握第一手准确的数据、资料。这项工作要求企业经营管理人员具备较好的素质和对市场的敏感性。企业应该建立一种市场信息采集监控系统，并开发对复杂信息的分析和决策技术。例如，一些企业建立的顾客服务管理系统，就是掌握顾客需要、进一步开拓市场的有力武器。

2. 分析顾客价值

供应链管理的目标在于提高顾客价值和降低总的交易成本，经理人员要从顾客价值的角度来定义产品或服务，并在不断提高顾客价值的情况下，寻求最低的交易成本。按照营销大师科特勒的定义，顾客价值是指顾客从给定产品或服务中所期望得到的所有利益，包括产品价值、服务价值、人员价值和形象价值。一般来说，发现了市场机会并不意味着真正了解某种产品或服务在顾客心目中的价值，因此，必须真正从顾客价值的角度出发来定义产品或服务的具体特征，只有不断为顾客提供超值的产品，才能满足顾客的需求，而顾客的需求拉动是驱动整个供应链运作的源头。

3. 确定竞争战略

从顾客价值出发找到企业产品或服务的定位之后，经理人员要确定相应的竞争战略。竞争战略形式的确定可使企业清楚地认识到要选择什么样的合作伙伴以及与合作伙伴的联盟方式。根据波特的竞争理论，企业获得竞争优势有三种基本战略形式：成本领先战略、差别化战略以及目标集中战略。譬如，当企业确定应用成本领先战略时，往往会与具有相似资源的企业联盟，以形成规模经济；当企业确定应用差别化战略时，它选择的合作伙伴往往具有很强的创新能力和应变能力。商业企业中的连锁经营是成本领先战略的典型，它通过采用大规模集中化管理模式，在整个商品流通过程中把生产商、批发商与零售商紧密结合成一个整体，通过商品传送中心——发货中心把货物从生产商手中及时、完好地运送到各分店手中，进而提供给消费者。这样就减少了流通环节，使企业更直接地面对消费者，不仅加快了流通速度，也加快了信息反馈速度，从而达到了成本领先的目的。

4. 分析企业核心竞争力

核心竞争力是指企业在研发、设计、制造、营销、服务等某些环节上明显优于并且不易被竞争对手模仿的、能够满足客户价值需要的独特能力。供应链管理注重的就是企业核心竞争力，企业把内部的能力和资源集中在有核心竞争优势的活动上，将剩余的其他业务活动移交给在该业务上有优势的专业公司来弥补自身的不足，从而使整个供应链具有竞争优势。在这一过程中，企业要回答这样几个问题：企业的资源或能力是否有价值；资源和能力是否稀有，拥有较多稀有资源的企业才可以获得暂时竞争优势；这些稀有资源或能力是否易于模仿，使竞争对手难以模仿的资源和能力才是企业获得持续竞争优势的关键所在；这些资源或能力是否被企业有效地加以利用。在此基础上，重建企业的业务流程和组织结构。企业应认真清点自己的业务，并挑选出与企业的生存和发展有重大关系、能够发挥企业优势的核心业务，而将那些非核心业务剥离出来交由供应链中的其他企业去完成。在挑选出核心业务之后，企业还应重建业务流程。

5. 评估、选择合作伙伴

供应链的建立过程实际上是一个供货商的评估、选择过程，企业需要从产品的交货时间、供货质量、售后服务、产品价格等方面全面考核合作伙伴。如果企业选择合作伙伴不当，不仅会削弱企业的盈利能力，还会使企业失去与其他企业合作的机会，从而无形中抑制企业竞争力的提高。

1.3 供应链管理的产生与发展

对供应链管理的研究最早是从物流管理开始的，起初人们并没有把它和企业的整体管理联系起来，主要是进行供应链管理的局部性研究。随着经济全球化和知识经济时代的到来，以及全球制造的出现，供应链管理在制造业管理中得到普遍应用。

1.3.1 传统企业管理模式及其弊端

传统企业管理模式具有以下主要特征：（1）以规模化需求和区域性的卖方市场为决策背景；（2）少品种、大批量生产，刚性、专用流水生产线；（3）多级递阶控制的组织结构，管理跨度小、层次多；（4）管理思想和管理制度上集权式特征明显，以追求稳定和控制为主。

在这种思想指导下，企业为了最大限度地掌握市场份额，必然要牢牢控制用于生产和经营的各种资源。在企业的运作模式上，采用了“高度自制”的策略，一个企业囊括了几乎所有零部件的加工、装配活动。不仅如此，还把分销甚至零售环节的业务也纳入自己的业务范围之内，最后形成了无所不包的“超级组织”，即纵向一体化管理模式。

纵向一体化管理模式的主要弊端有：（1）增加企业投资负担；（2）承担丧失市场时机的风险；（3）迫使企业从事不擅长的业务活动；（4）在每个业务领域都直接面临众多竞争对手；（5）增大企业的行业风险。

1.3.2 供应链管理模式的产生

在经济全球化迅速发展的今天，企业仅靠原有的管理模式和自己有限的资源，已经不能满足快速变化的市场对企业所提出的要求。企业必须放弃传统的基于纵向思维的管理模式，朝着新型的基于横向思维的管理模式转变。“横向一体化”形成了一条从供应商到制造商再到分销商的贯穿所有企业的“链”。由于相邻节点企业表现出一种需求与供应的关系，当把所有相邻企业依次连接起来，便形成了供应链。这条链上的节点企业必须达到同步、协调运行，才有可能使链上的所有企业都能受益。于是便产生了供应链管理这一新的经营与运作模式。

供应链管理利用现代信息技术，通过改造和集成业务流程、以网状动态组织结构与供应商以及客户建立协同的业务伙伴联盟，大大提高了企业的竞争力。它可以用最低的成本、最快的速度、最好的质量赢得市场，在供应链中受益的不止一家企业，而是一个企业群体。因此，实施供应链管理适应了经济全球化与新经济业态发展的要求。

供应链管理与传统管理模式的区别如表1-2所示。

表1-2　供应链管理与传统管理模式的区别

类别	传统管理模式	供应链管理
库存管理	公司为主	供应链成员间协调
存货流	间断	平衡/可见
成本	公司成本最小化	供应链系统成本最小化
信息	公司控制	分享
风险	公司为主	分担
计划	公司内	供应链成员间
组织间关系	公司内降低成本	基于最终成本的合作
管理基础	以职能部门为基础	以供应链流程为基础

由表1-2可知，供应链管理的特点主要有以下几个方面。

（1）供应链管理强调单个企业物流系统的优化，即对运输、仓库、包装、装卸搬运、流通加工、配送和物流信息实施一体化管理。

（2）供应链管理把供应链中所有节点企业看成一个整体，供应链管理涵盖整个链上从供应商到最终用户的采购、制造、分销、零售等职能领域。

（3）供应链管理强调和依赖战略管理。“供应”是整个供应链中节点之间共享的一个概念（任两节点之间都存在供应与需求关系），同时又是一个具有重要战略意义的概念，因为它影响或者决定了整个供应链的成本和市场占有份额。

（4）供应链管理采用集成的思想和方法，而不仅仅是节点企业、技术方法等资源简单地链接，或者将业务外包出去。

（5）在供应链管理下，强调得更多的是供应链各节点企业的合作与协调。供应链管理具有更高的目标，通过管理库存和合作关系去达到最高水平的服务，而不是仅仅完成一定的市场目标。这种协调运作必须依靠激励机制来保证，这是供应链管理面临的极具挑战性的问题。

1.3.3　供应链管理的发展历程

供应链管理利用现代信息网络技术，通过重构企业业务流程，与供应商及用户建立良好的战略合作伙伴关系，从而大大提高了企业竞争力。供应链管理的发展历程大致可分为以下四个阶段。

1. 传统供应链管理

供应链管理是20世纪80年代末，在哈佛大学教授迈克尔·波特提出的价值链理论基础上形成和发展起来的。1980—1989年是供应链管理的萌芽阶段，也是传统供应链管理阶段，如图1-4所示。在这一时期，企业竞争的焦点已由过去的数量和质量的竞争转向生产效率的竞争；本着“为库存而生产”的理念，企业内部的职能划分及相应的组织结构也发生了转变，大多数企业开始进行组织机构的精简与改革，并更加关注业务流程的变革。

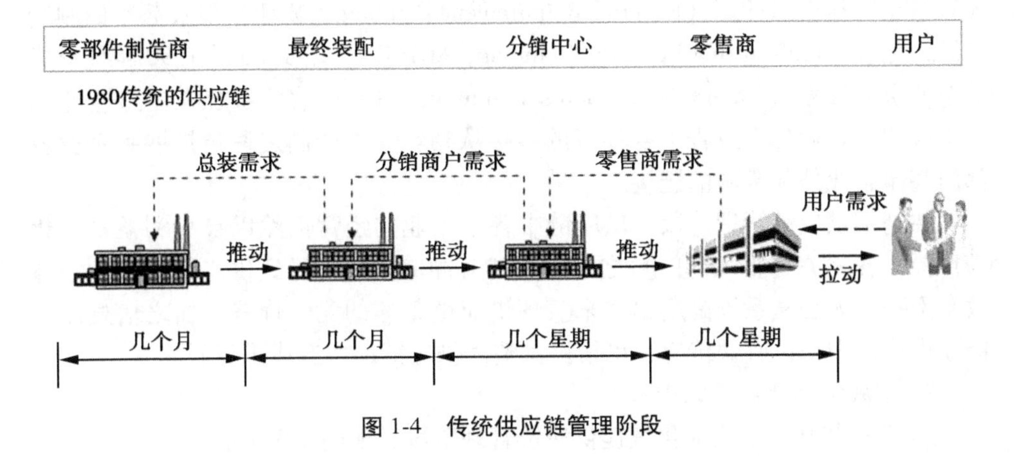

图1-4　传统供应链管理阶段

传统供应链管理还局限于对企业内部进行管理，缺乏对企业与上游企业和下游用户之间关系的管理。1989年，史蒂文斯（G. C. Stevens）提出了供应链管理的概念，包括了在企业内外部集成的思想，这标志着供应链管理的萌芽阶段已经结束，进入了供应链管理的初级阶段。

2. 精细供应链管理

1990—1995年是精细供应链管理阶段，如图1-5所示。在这一时期，企业纷纷将眼光从管理企业内部生产过程转向从原材料供应到将产品送到最终客户的整个供应链周期。

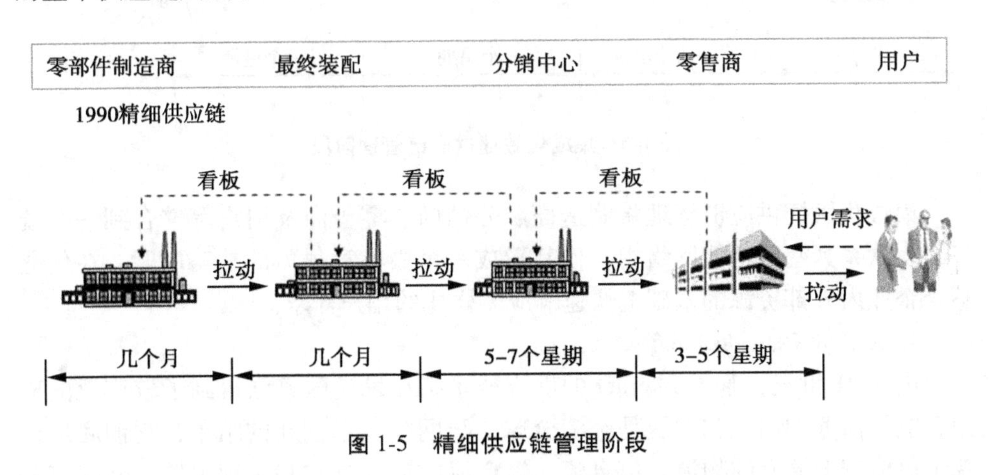

图1-5　精细供应链管理阶段

精细供应链管理的出现，使不确定性对供应链的负面影响大大降低，生产经营过程更加透明，生产周期得以缩短。在这个阶段，由于计算机的广泛使用和信息技术的发展，企业有了更好的管理工具，如精益生产系统（Lean

Production System，LPS）、敏捷制造系统（Agile Manufacturing System，AMS）、柔性制造系统（Flexible Manufacturing System，FMS）以及计算机集成制造系统（Computer Integrated Manufacturing System，CIMS）等。在这种管理模式下，企业集中资源进行优势生产，并利用社会分工将非核心业务外包给协作企业完成。随着基于物料需求计划（Material Requirement Planning，MRP）发展起来的制造资源计划（Manufacturing Resource Planning，MRPII），以及20世纪90年代形成的企业资源计划（Enterprise Resource Planning，ERP）软件系统在制造企业的广泛应用，企业生产过程中各环节的链接从物料、生产制造逐步扩展到企业各部门甚至企业外部资源的链接。

在精细供应链管理阶段，供应链中各个企业的经营仍然以自身利益最大化为目标，各相关企业（部门）之间时有利益冲突，从而导致供应链管理的整体效率不高，无法从系统高度出发来实现供应链整体的竞争优势。加之信息流不能在供应链中得以有效传递，也给提供整体供应链绩效造成了障碍。

3. 集成化敏捷供应链管理

1995—2000年是集成化敏捷供应链管理阶段，如图1-6所示。

零部件制造商	最终装配	分销中心	零售商	用户

1995集成化的敏捷供应链

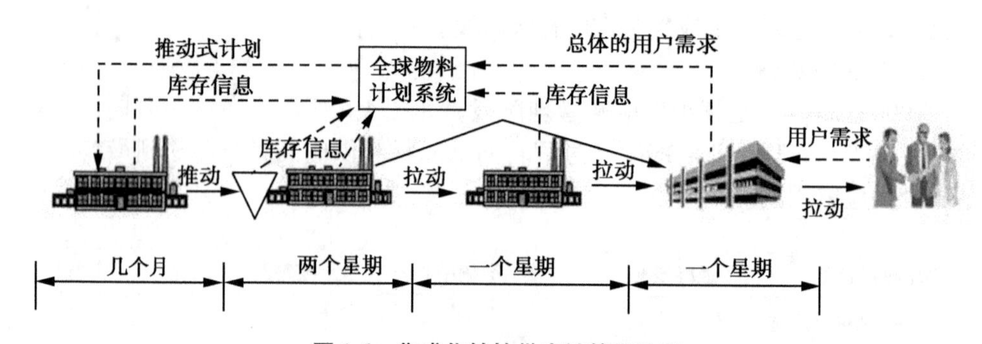

图1-6　集成化敏捷供应链管理阶段

集成化敏捷供应链管理将制造商、分销商、零售商及用户等整合到一个统一的、联系紧密的功能网络中，使其形成一个极具竞争力的战略联盟，在优化整合企业内外部资源的基础上快速响应多样化的用户需求。

4. 用户化敏捷供应链管理

进入21世纪，基于Internet的供应链系统在发达国家已得到了较广泛的应用，电子商务的出现和发展是经济全球化与网络技术创新的结果，它彻底地改变了供应链上原有的物流、信息流、资金流的交互方式和实现手段，能够充分利用资源、提高效率、降低成本、提高服务质量。Internet和电子商务重新改写了全球商务的状况，客户把以前不可能提供的服务当成现在理所当然应该提供的服务而对供应商提出要求，这将要求上游的企业采用专门的技术来解决这些新的需求，从而满足客户。许多企业开始把它们的努力进一步集中在供应链成员之间的协同，特别是与下游成员业务之间的协同。在这个阶段，企业通过与供应商和用户协同运作，能更准确地把握“要从供应商那里得到什么”“要为用户提供什么”等。用户化敏捷供应链管理强调在敏捷供应链的基础上，进一步加大对用户个性化的满足。供应链的上游是通用化过程，按照推动模式组织通用模块或部件的生产、包装和配送；供应链的下游是用户个性化需求体现过程，从事产品的差异化生产，以拉动模式对产品定制单元进行生产、包装和配送等，如图 1-7 所示。

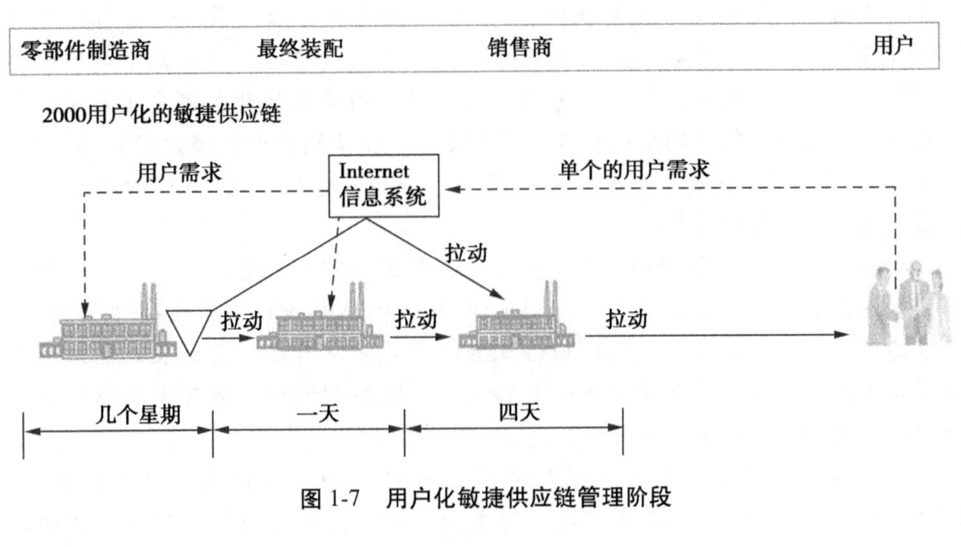

图 1-7　用户化敏捷供应链管理阶段

思考题

1. 如何理解供应链？供应链有哪些类型？
2. 如何理解供应链管理？供应链管理包括哪些基本内容？
3. 供应链管理与传统管理模式有哪些区别和联系？
4. 概述供应链管理的步骤。
5. 供应链管理模式的发展过程大致分为哪几个阶段？

怡亚通供应链管理的革新之路

怡亚通作为我国供应链管理的开拓者，凭借其庞大的规模、广阔的覆盖范围、灵活的服务网络以及卓越的创新能力，成功打造出供应链综合服务企业，始终致力于推动供应链服务的变革创新，打通产业供需之间的交易通道，做品牌商扁平渠道的连接器，为供应链企业的发展注入强心剂。2007 年 11 月，怡亚通在深交所上市，开创了以“供应链”命名企业的先河，正式开始核心业务由传统物流向供应链管理服务的转型。

2009年前后，受宏观经济环境影响，进出口受到巨大冲击，怡亚通原有的客户业务量缩水，新客户发展速度缓慢，同比收入下降。深陷供应链服务行业竞争“泥沼”的怡亚通试图通过打通产业上下游的各个环节，实现流通环节业务整合来摆脱困局，因此开始考虑战略转型。怡亚通选择从流通行业开始整合，方向是正确的，但开始还摸不到门路。2009—2012年，企业广纳贤士，在全球铺设节点，自建分销网络，结果全军覆没。此路不通，转而提出以纵向深耕为主要策略的转型之路，核心业务由“广”向“精”转变，全新打造“深度供应链分销平台”，在中国一至六线城镇的380个城市全面铺设——业内称之为“380计划”。怡亚通聚集各地优秀的经销商置于统一平台，用分销平台取缔部分层级交易与代理交易，推动原有商品流通模式由多级代理向扁平化变革，减少品牌商品向终端供应的中间环节。自那之后，怡亚通经营业绩开始持续增长。截至2013年年末，380服务平台涵盖各种终端门店系统超过55万个，重点业务区域实现了全渠道覆盖。

2015年6月初，怡亚通发布停牌公告，拟披露重大事项。7月16日，停牌已久备受关注的怡亚通正式发力，提出“O2O供应链商业生态圈战略”，准备弯道超车，计划以新经济模式助推传统经济模式变革升级，全面展开供应链行业商业生态圈建设，旨在通过平台互联网化、服务智能化、运营大数据化以及管理精细化实现业务全球化目标。

2016年，怡亚通发布众多星链产品（星链云商、星链生活、星链云店、O2O终端营销平台等），期望实现资源全面共享。星链云商打造下游门店的商品采购供应平台；星链云店帮助实体门店激活线上云店账户，助力门店转型升级；星链生活展示终端门店产品，帮助品牌方进行产品营销。怡亚通借助数字化工具开展互联网供应链服务，构建B2B2C/O2O交易营销平台链，形成线上线下全渠道运营，通过重构“人、货、场”关系，推动零售业运营多元化，盈利模式生态化，运营管理得到整体优化。

作为供需对接的最后一棒，“流通”担负着不可替代的重要使命。怡亚通在2017年启动“新流通”战略，以“新流通”引领“新零售”，持续流通供应链的效率革命，打造出星链通证电商、蚂蚁零售、小怡家社区、380生活超市等平台，推动零售行业转型升级。新流通搭建起商品流通行业的商业生态闭环，解决了商品的品牌营销问题、中间流通问题以及消费者购物体验三大问题，更是精准破解了广大零售从业者的实际痛点——打破供应链每一环节客户之间的交流壁垒，全渠道用户资源共享，全面扁平化、共享化和去中心化逐渐成为商品流通的普遍特性。

随着互联网的兴起，技术手段逐渐成为怡亚通供应链服务体系建立的重要支撑，怡亚通也借此成功搭上第三代互联网革命的快车，在供应链行业率先开启了从传统行业服务模式向平台型企业及生态型企业的转型，踏出了供应链管理的革新之路。

近年来，敏捷供应链的呼声一直很高，但受限在多数企业的应用都是流于形式，怡亚通作为供应链服务企业，把握时机主动对全产业链进行整合优化，同时在企业内外部贯彻敏捷性思维，通过提升供应链上各个节点的敏捷性能以实现1+1>2的总体效益。例如，在服务方面，怡亚通推出“平台+合伙人”模式，通过合伙非雇佣的方式，聚合力量搭建共享经济平台，与合伙人以“三合”（整合、融合、联合）思想联合启动了“星火计划”，结合其二十多年来积累的模式、网络、技术等品牌能力，招募更多合伙人参与，携手打造商业共同体。

通过一系列举措，怡亚通供应链基地高效融合“一站式”供应链服务优势与供应链地产优势，创造出供应链管理服务的新局面。总部基地设在深圳，并先后在深圳、上海、大连、连云港、宜宾等地建设供应链产业基地，未来供应链产业基地的布局将涵盖区域总部、科技产业园和物流园区，呈现“一二三”布局，即一个平台（全球采销平台）、两个基地（直播直销基地、品牌孵化基地）、三个中心（综合物流及交易中心、品牌整合创新中心、数字化转型中心），集区域总部办公、人才公寓、科技研发、商贸交易、仓储物流、展示体验中心于一体。

怡亚通经过二十多年的辛勤耕耘，创造了非凡的成就。但是在新技术革命的冲击下，传统的“链式思维”已无法适应多变的市场环境。为此，怡亚通正积极推动数字化转型，准备向供应链高阶进军。

（资料来源：史杨焱，吴瑞瑞，刘璇．逆势奋进，乘势前行——怡亚通供应链管理的革新之路［R］．中国管理案例共享中心案例库，内容有改动。）

案例思考

1. 根据敏捷供应链的特征，解析怡亚通在这方面的管理变革是如何实施的。

2. 基于供应链生态商圈的搭建目标，思考怡亚通进行供应链整合的手段有哪些。

能力训练

【训练内容】根据案例分析提供的材料，绘制怡亚通供应链结构图，并说明其运作过程。

【训练目的】通过训练使学生加深对供应链概念与供应链管理知识的理解，从整体上了解怡亚通供应链运作过程，为后续学习打下基础。

【训练安排】将学生按4~6人划分为一个小组，进行适当的任务分工。以小组为单位收集整理相关资料，分析怡亚通供应链管理可能存在的问题及其优化建议，并制作PPT及电子文档进行汇报。教师可组织小组讨论，根据小组讨论情况给予点评。

第 2 章

供应链战略规划

学习目标

1. 掌握供应链战略的概念、内容和特征；
2. 了解供应链战略规划的概念、内容和主要影响因素；
3. 熟悉供应链战略匹配的概念、步骤和挑战。

引导案例

联想的可持续供应链治理

联想集团（以下简称联想）是一家国际化科技公司，也是全球最大个人电脑、平板电脑生产厂商。联想可持续供应链治理目标的实现是一个循序渐进的三阶段过程，如图 2-1 所示。

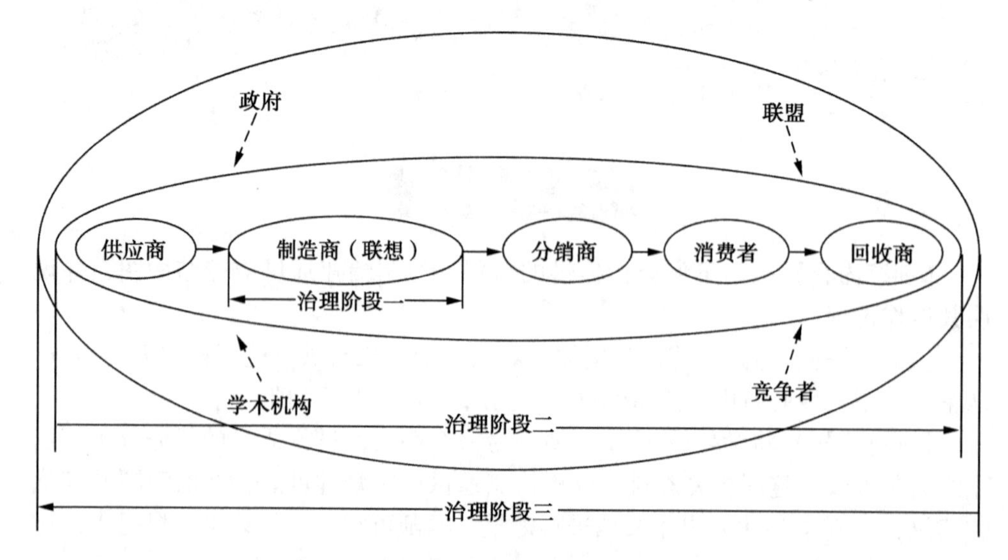

图 2-1　联想可持续供应链的三个治理阶段

第一阶段：联想的可持续治理

在这一阶段，一方面，随着全球消费者绿色意识普遍提高，绿色产品的市场响应倒逼联想进行可持续治理；另一方面，受世界可持续发展潮流影响，联想的责任公民意识，促使其主动实施内部可持续治理。

在这一阶段，联想设立了可持续发展工作委员会，制定了可持续发展的战略文化和流程制度，并于 2009 年 1 月成为联合国全球契约组织的缔约方，在企业价值链的各个环节均支持可持续发展。

第二阶段：供应链成员的可持续治理

在这一阶段，联想充分利用供应商、分销商、消费者和回收商等供应链资源，协助企业进行绿色创新技术开发和绿色产品设计制造，同时帮助供应链成员改进可持续性做法和透明度，建立了彼此信赖和规范有序的合作基础。联想的可持续项目深入到第二层和第三层供应商，因此供应链密度很高，成员之间的关联性强，信息共享程度大。联想不仅与供应商合作研发和推广新型闭环再生材料，还借助生产者责任延伸试点和回收试点示范工作，积极与分销商、回收商、消费者合作，将其纳入电子废弃物多元化回收体系。

经过第二阶段的供应链治理，联想通过集中式资源组合扩充自身资源基础，激活联结能力，协调供应链合作伙伴构建了“生态设计—绿色包装—绿色制造—绿色回收—绿色物流”五个维度的绿色创新体系，实现了供应链成员的可持续治理。

第三阶段：供应链生态系统的可持续治理

在这一阶段，联想利用技术优势，与政府、联盟、学术机构和竞争者企业形成共生式资源组合，成本共担，利益共享，构建技术、市场、资本等不同类型资源之间的平衡与可持续，实现不同资源组合之间的跨功能性协同。

经过第三阶段的治理，联想开拓了外部利益相关者资源，撬动一致能力，将中国的成熟经验复制到全球新兴市场，形成具有弹性的供应链生态系统。

（资料来源：李婧婧，等．资源和能力视角下可持续供应链治理路径研究——基于联想全球供应链的案例研究［J］．管理评论，2021，33（09）：326-339，内容有改动。）

案例思考

联想实现可持续供应链治理的路径是什么？该路径与其供应链战略是如何匹配的？

2.1 供应链战略概述

2.1.1 供应链战略的概念

供应链战略是指从企业战略的高度来对供应链进行全局性规划，确定原材料获取和运输、产品制造或服务提供，以及产品配送和售后服务的方式与特点等。供应链战略突破了一般战略规划仅仅关注企业本身的局限，通过在整个供应链上进行规划，进而实现为企业获取竞争优势的目的。供应链战略管理所关注的重点不是企业向顾客提供的产品或服务本身给企业增加的竞争优势，而是产品或服务在企业内部和整个供应链中运动的流程所创造的市场价值给企业增加的竞争优势。

2.1.2 供应链战略的基本内容

供应链战略是将一条供应链上面的各企业联系起来组成战略群。在这个战略群中，有一个处于支配地位、起主导作用的总战略——供应链竞争战略，它可以被分解为多个子战略——各节点企业的竞争战略；其他一些处于被支配地位、起配合作用的战略是各节点企业的职能战略，职能战略又可以分为核心职能战略和辅助职能战略。

2.1.2.1 供应链竞争战略

供应链竞争战略定义了整条供应链试图通过其最终产品和服务来满足的顾客需求的类型。通过对供应链类型的准确定位，针对不同的供应链，采取不同的组织安排、控制流程和创新体制，以充分发挥供应链的潜能，获取竞争优势。供应链竞争战略一般可以通过分解为供应商竞争战略、生产商竞争战略、分销商竞争战略以及零售商竞争战略得以实现。

2.1.2.2 供应链核心职能战略

1. 产品开发战略

它说明如何通过改造现有产品（或服务），或开发新产品（或服务）来增加销售业绩。实施这一战略需要明确的是，要做新技术产品的领先企业，还是跟随开发潮流。

2. 供应链运作模式选择战略

供应链有推动型供应链和拉动型供应链两种基本运作模式。作为供应链管理战略内容之一，就是要选择适合自己实际情况的运作方式。拉动型供应链虽然整体绩效表现出色，但对供应链上企业的要求较高，对供应链运作的技术基础要求也较高。而推动型供应链相对较为容易实施。企业采取什么样的供应链运作模式，与企业系统的基础管理水平有很大关系，切不可盲目模仿其他企业的成功做法，因为不同企业有不同的管理文化，盲目跟从反而会得不偿失。

事实上，在现实的企业实践中通常将两种模式进行结合使用，只是两者的比例和程度有所差异而已。对此，可以通过市场需求的不确定性和企业生产规模经济性两个维度来分析适合企业的供应链运作模式。如图 2-2 所示，根据两个维度的两两组合，可以将推拉结合的供应链运作模式划分为四个象限，根据不同产品特性，选择适当的运作模式，以获取供应链的整体效益。

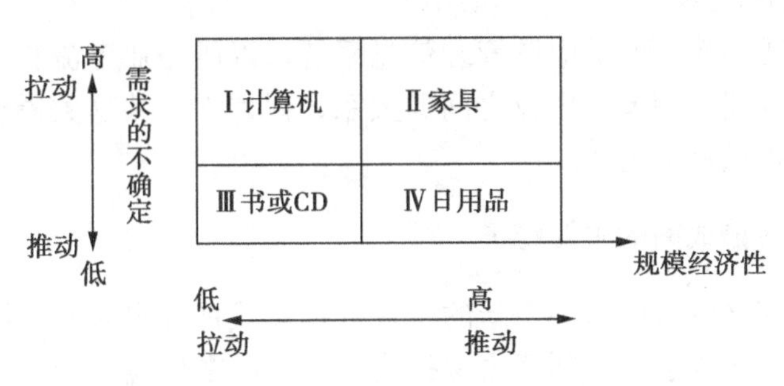

图 2-2　推拉结合的供应链运作模式

3. 供应链运作战略

它说明原材料的获取和运输、产品的制造或服务的提供以及产品分销和售后服务的方式与特点，指明生产、分销和服务所要做好的工作。它包括以下一系列的战略：

（1）生产战略：需要工厂数量、位置，工厂生产的产品类型、流程、技术，以及工厂的市场定位。

（2）配送战略：选择直接运输或设置区域库存点，确定配送中心数量和所在区域，配送中心服务客群类型和运输模式。

（3）外包：确定供应链中不同部分由企业内部完成或外包完成。

（4）新产品和流程设计：在现有产品线中增加新产品时，应该采用的基础结构和额外的供应源。

4. 市场营销战略

它说明如何通过市场细分以及产品定位、定价和促销，以提高现有产品或服务的市场份额或打入新市场。其中，定价战略是供应链管理战略中的关键因素之一。定价将直接影响选择购买此产品或服务的顾客的期望，价格不仅能够体现顾客的满足感还是实现供应链利润重要的杠杆工具之一。在进行战略定价时，一般要遵循以下三个准则：用需求导向代替成本导向定价；用差别定价代替统一定价；把产品留给最有价值的顾客。此外，还需注意价格的可变性、合理性、诚实性、接受性等多种因素，制定合适的定价战略以提高供应链所获取的利润。

2.1.2.3 供应链辅助职能战略

1. 财务战略

财务战略包括投资决策、融资决策和分配决策。它要求企业制定全方位、多角度、突破企业边界的财务管理战略，以实现供应链中资金流的优化。

2. 人力资源战略

它详细说明人力资源的获取、整合、保持激励、控制调整及开发的规划，以发挥个人潜力，提高人才素质和吸收熟悉现代化管理知识和先进生产技术的创新型人才，提高供应链的运营业绩。

3. 信息管理战略

它详细说明如何设计供应链管理信息系统，以压缩业务流程时间、提高需求预测精度，并能协调节点企业之间的关系，促进它们共享关键信息，并为供应的优化管理提供决策支持。

2.1.3 供应链战略的主要特征

供应链管理之所以作为一个新的企业管理模式被提出来，是因为企业面对日益激烈的国际化竞争，必须努力保持竞争优势。在供应链管理环境下，供应链战略具有以下主要特征。

1. 互补性

供应链战略是基于业务外包的一种互补性的、高度紧密的企业联盟，这个联盟以核心产品、核心资产或核心企业（通常是最终产品的生产者和服务的提供者）为龙头组成，它包括原材料、配件供应商，生产商，配送中心，批发商，零售商和客户等，这个联盟的目标是通过联盟内各个成员统一协调的无缝隙的工作，以价低质优的产品、及时供货和提供优质的售后服务来提高市场供应的有效性和客户的满意度，以较高的市场占有率取得竞争优势。

供应链网络与一般意义的企业联盟不一样，它不局限于企业的相互参股和资本流动，而是以价值链为纽带，将企业间的合作和协作拓展到原材料、组件、技术、资本、设备、市场以及信息等各个方面。事实上，供应链战略是将某一行业分散在世界各地的研究开发、生产加工、资源提供和市场营销等价值增值诸环节上具有特定优势的不同企业联合起来，实行分工合作、优势互补、强强联合、利益共享，使生产要素的流动更加扩张到国际一体化的范围。

因此，一个有远见的公司从战略的角度出发，应该发展自己的供应链网络，或者努力争取成为某个强大的供应链网络中的一员。可以说，今后全球范围内所有的商业竞争都是一个团结紧密、利益共通的“企业团队”的竞争，联结它们的就是这种特殊的供应链。

2. 强关联性

供应链战略能使企业在下一步的竞争中具有引导和争夺市场的能力，超越临时竞争优势而获得持续性发展。如果企业在考察市场的时候发现业务的发展正朝向一个新的领域，而本企业所拥有的竞争优势随着时间的推移已发生变化，使得它所要达到的战略绩效目标与它依靠自有资源和能力所能达到的目标之间存在一个“缺口”，那么，它必须借助于业务外包或寻找优秀的供应者来帮助它在供应链中改进技术、提高效率、降低成本，以改善其价值链上的薄弱环节，填补企业发展战略的“缺口”，强化企业的核心能力。

企业与关键性的客户（客户、供应商、分销商）在日益复杂的市场竞争中，逐步形成相对稳定的供应链体系，在分配信息和相互信任的前提下，确定一个长久的利益共同体，兼顾各个成员企业的经营战略，实行“双赢”乃至“多赢”，是构成企业之间紧密合作的战略联盟和供应链竞争成功的关键。

3. 抗风险性

在经济的周期性变化中，任何一个企业都要经历它的高涨和低落时期，可以说每个企业都需要随时应对不期而至的经营危机。我们会发现：一些企业得以平稳地度过危机，持续、协调地向前发展，并非完全是因为他们拥有最大的客户，而是他们重视业务发展的规律，重视其商业经营中的客户关系。他们不仅选择了一条重要的供应链，而且成为这个网络上的 一个重要组成部分，这个供应链网络的整体竞争优势强化了这个企业的生存和发展能力。因此，良好的供应链关系可以使企业获得了抗拒风险、承受打击的能力，使其能够安然地度过危机，然后寻找新的发展机遇和下一个经济增长周期的起点。

2.2 供应链战略规划与实施

2.2.1 供应链战略规划的概念和内容

2.2.1.1 供应链战略规划的概念

供应链战略规划指的是从供应链整体的角度出发来决定如何构造供应链，决定供应链的配置以及供应链的每个环节所应执行的与流程决策有关的计划。供应链战略规划决策包括生产和仓储设施的位置布局和能力规模、产品制造或存放地点、根据不同交货行程采用的运输模式以及将要使用的信息系统的类型等，必须保证供应链配置能够支持其实现在这一战略目标。

2.2.1.2 供应链战略规划的内容

1. 定义企业的目标

定义企业的目标，能够指导企业的努力方向，也可以指导企业中每一个成员的个体行动。定义企业的目标和制订企业供应链战略规划是一个相互作用的过程，企业的管理者通过这个过程提出有关企业健康运转的基本问题，并改变企业的运作策略，以迎接突然出现的挑战。

供应链战略规划，侧重于整个供应链中的节点企业之间的关系管理。建立供应链网络、建立战略合作伙伴关系和共同市场战略是供应链战略规划的核心。

2. 明确企业的战略性竞争任务

战略性竞争任务的关注点面向未来，而不是现有的能力和市场。尽管企业的战略任务往往从企业现有的市场、运作结构、产品、流程以及顾客目标开始，但它的确是在新的竞争空间发现市场机会、指导企业激活变革性竞争力的有力手段，而这些竞争力存在于企业内部或者在供应链中。战略任务是寻找企业所面临的问题，如谁是明天的行业领导者、将有什么样的技术会对市场产生重大影响、什么样的产品或服务组合可以赢得市场、哪一家公司将形成企业的关键伙伴或联盟、企业的技能和变革性精神如何才能被重塑，从而形成未来的新市场。

3. 形成企业的核心运作策略

企业的核心运作策略关系到企业在现有的行业结构中，如何对现有的产品、市场和业务进行定位与衡量。其中最为重要的是决定采用什么样的产品策略、什么样的定价和促销方案、什么样的分销渠道，以及选择什么样的供应链伙伴会给企业提供最好的市场份额和高利润。

综上，供应链战略规划的内容如图 2-3 所示。

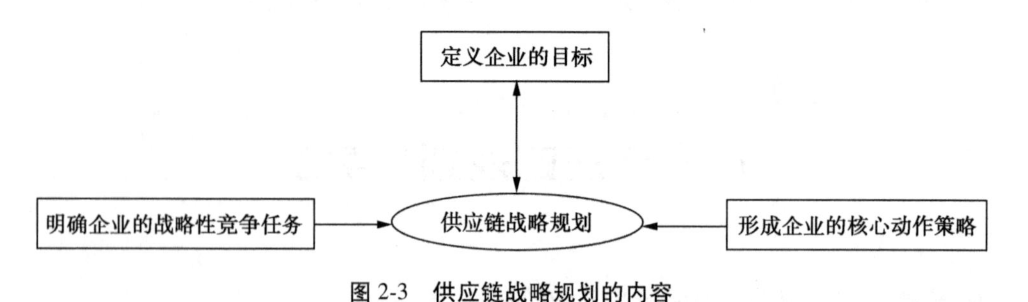

图 2-3　供应链战略规划的内容

2.2.2 影响供应链战略规划的主要因素

供应链战略规划是为了打破效率和响应的平衡以便取得与竞争策略的吻合。要达到这一目标，供应链战略规划就必须考虑四个主要的供应链驱动因素：库存、运输、设施和信息，这也是影响供应链战略规划决策的主要因素。对每个影响因素，供应链战略规划都必须在效率和响应性之间做出取舍，四个驱动因素的联合作用决定了整个供应链的响应性和效率。

1. 库存

库存是指供应链中的所有原材料、在制品和成品。库存是一个重要的供应链驱动，因为改变库存政策能大大地改变供应链效率和响应。

（1）库存在供应链中的作用。

供应链中存在库存是因为供应和需求的不匹配。库存在供应链中的一个重要作用就是，满足当客户想要时随时有货这样的需求数量；库存在供应链中所起的另一个重要作用是通过利用生产和销售过程中的经济规模来减少成本。库存分布在整个供应链中，它是供应链中成本的主要来源，对供应链响应有巨大影响。

库存对供应链中的物流时间也有显著影响。物流时间是指物料进入供应链到物料流出供应链所花费的时间。因为减少供应链物流时间能产生很大效益，因此，供应链经理应当采取措施，在不增加成本或不降低响应的同时，减少必要的库存。

（2）库存在竞争策略中的作用。

库存对支持公司竞争策略的供应链能力起着重要作用，如果一个公司的竞争策略要求很高的响应水平，那么公司可以通过定位大量库存靠近用户来取得这种响应；相反，公司也可以利用库存使自己变得更有效率，如通过集中存货来减少库存。这种策略支持低成本制造商的竞争战略。库存决策就是要在增加库存获得响应和减少库存获得效率之间做出选择，供应链经理能够利用库存作为驱动来取得竞争策略所瞄准的响应和效率水平。

（3）影响库存决策的因素。

一是周期库存。周期库存是指在供应商两次发货收讫之间，用于满足需求的平均库存量。周期库存的大小是大批量物料生产或采购的结果，公司大批量生产或采购是为了利用生产、运输或采购流程中的规模经济。

二是安全库存。安全库存是指以防需求超过预期指标而保持的库存，主要是考虑到需求中的不确定性。在供应链中需要保持多少安全库存是一个关键决策，人们必须在库存过多造成的成本，和库存不足造成的脱销成本之间做出取舍。

三是季节性库存。季节性库存是指考虑可预测的需求变化而保持的库存。

2. 运输

运输是把供应链中的库存从一点移到另一点。运输可以采取多种模式和途径的组合形式，每一种形式都有自己的性能特点。运输选择对供应链响应和效率有很大影响，运输的一个基本决策就是要在运送指定产品的成本（效率）和产品运输的速度（响应）之间作出选择。

（1）运输在供应链中的作用。

运输就是在供应链各个组织之间移动产品，它同其他供应链驱动一样，对供应链响应和效率有很大影响。更快的运输方式（即各种运输模式和不同的运输数量）容许供应链响应更快，但却降低了效率。此外，一个企业将要使用的运输类型也会影响供应链中库存水平和设施位置的决策。

（2）运输在竞争策略中的作用。

运输在竞争策略中的作用显著地体现在企业考虑最终客户需求的时候。如果企业的竞争策略是瞄准具有快速响应要求的客户，且客户也愿为这种快速响应做一些额外付出，那么企业可以利用运输作为驱动器使供应链具有更快的响应；反之，如果企业的竞争策略定位于以价格考虑为主的客户，那么企业可以利用运输来降低产品成本（以牺牲响应为代价）。企业也可以同时利用库存和运输来增加供应链响应和效率，这时的最优决策通常意味着在两者之间找到正确的平衡。

（3）影响运输决策的因素。

一是运输模式。运输模式是指把产品从供应链网络中的一个地点移到另一个地点所使用的方式。它包括六种基本模式：空运——最昂贵但也是最快的模式；卡车——比较快又不太昂贵的模式，有很高的灵活性；铁路——用于大量运输，不太昂贵；船运——最慢的模式，是海外大量运输最经济的选择；管道——基本上用于传输石油和煤气；电子运输——最新的“运输”模式，通过Internet传送音乐、资料等产品。

二是运输路径和网络选择。路径是指运输产品经过的途径；网络是指运输产品经过的地点和路径的集合。企业在供应链设计阶段要做一些运输路径的决策。

三是运输自主或外包。过去，运输职能许多是由企业内部自己完成的，由于现在强调的是企业核心能力，因此许多运输任务（甚至整个物流系统）都是由外包（第三方物流）完成。

3. 设施

设施是指供应链网络中库存存放、装配或制造的地方，工厂和仓库是两种主要的设施类型。无论哪种类型的设施，有关定位、能力以及设施柔性的决策对供应链性能都有很大的影响。

（1）设施在供应链中的作用。

如果我们把库存看作是沿供应链传递的物料，而把运输看作是物料怎样沿供应链传递，那么设施就是供应链的地点。在一个设施中，库存或是转化到另一种状态（制造），或是在传到下一级前被存放（仓储）。

（2）设施在竞争策略中的作用。

设施及其相应的执行能力是供应链响应和效率性能的关键驱动器。例如，当一个产品只在一个地方制造或存放，企业就可以获得经济规模。集中增加了效率，然而这种集中带来的成本减少是以牺牲响应为代价的，尤其当企业的许多客户位于远离生产设施的时候。反之，把设施建在靠近客户的地方将增加必要的设施数量，加快了响应，但降低了效率。设施决策能帮助企业调整供应链吻合其竞争策略目标。

（3）影响设施决策的因素。

一是选址。企业的设施选址决策占供应链设计的一大部分工作。这里的一个基本选择是，把设施选址作为集中获得经济规模还是分散接近客户获得更快的响应为准则。

二是能力（柔性与效率）。设施的能力对供应链响应和效率也有影响，过剩的能力具有柔性但低效率。因此，企业必须正确决定每个设施的能力。

三是制造方法。企业必须决定其制造方法是生产还是装配，或是既生产又装配；企业也必须决定制造设施的柔性能力和专用能力之间的相对水平。

四是仓储方法。企业在设计仓储设施时必须选择的方法包括：SKU（Stock-Keeping Unit）库存——把同一种类型的产品存放在一起；工作批量库存——把所有用于完成专门工作或满足特殊客户的不同类型的产品存放在一起）；接驳方法（Cross Docking）——产品实际上并不在仓储设施中存放，当不同供应商的卡车把产品运到仓储设施时，产品在那被分成更小的批量，然后各类产品被迅速重新装车，运往各零售商店。

4. 信息

信息包含了整个供应链中有关库存、运输、设施和客户的所有数据和分析。由于信息能直接影响其他的驱动，所以它是供应链性能改进的最大的潜在驱动器。信息为企业取得响应更快、效率更高的供应链提供了机会。

（1）信息在供应链中的作用。

信息作为主要的供应链驱动，由于没有一定的物理形式而可能被忽略，事实上，信息对供应链中的每个环节在许多方面都有深层的影响。信息作为供应链各组织之间的连接，允许各组织协同运作，从而获得最大的供应链盈利。信息对供应链各组织内部的日常运营也至关重要。例如，生产计划系统使用有关需求的信息来制定计划，保证工厂以有效的方式生产正确的产品；仓库管理系统为管理人员提供仓库的库存信息，这些信息可用来决定是否填充新的订单。

（2）信息在竞争策略中的作用。

信息已经成为一个很重要的驱动，许多企业利用信息使供应链变得更加有效、响应更快。信息技术的巨大发展表明信息对企业发展策略的改进有重大影响。跟其他驱动一样，企业对信息也必须做出效率和响应的选择。有关信息的另一个关键决策是决定在供应链中哪些信息对减少成本和改进响应最有价值，这一决策会因供应链结构和所服务的市场段不同而不同。

（3）影响信息决策的因素。

一是协作和信息共享。当供应链各组织都朝着最大化总盈利的目标运作时，供应链协作就出现了，缺少协作可能导致供应链盈利的显著损失。供应链中不同组织之间的协作要求每个组织与其他组织共享适当的信息。

二是预测和集合计划。预测是根据现有的信息对未来需求和情况进行计划的方法，获得预测信息通常意味着使用复杂的技术来估计将来的需求和市场状况。集合计划（Aggregate Planning）把预测信息变成满足计划需求的活动计划，这里的关键决策是怎样在供应链组织的管理层和整个供应链中使用集合计划。

三是使能技术。有许多技术可用来共享和分析供应链中的信息，供应链经理必须决定使用什么技术，以及如何集成这些技术到他们自己的公司及其伙伴公司。随着这些技术能力的增强，这种决策的结果也变得越来越重要。这些使能技术包括 EDI、Internet、ERP 系统、SCM 和 CRM 软件等。

2.2.3 供应链战略实施的困难和对策

2.2.3.1 供应链战略实施的困难

1. 对供应链管理思想认识不足

由于供应链管理在我国还是一个比较新的概念，再加上我国企业原来的管理思想较落后，许多管理者对供应链管理的理解存在片面的和错误的倾向。很多管理者对横向一体化、业务外包等管理思想认识不够，还停留在原有大而全的纵向一体化管理思想上。有些管理者把供应链管理与物流管理、电子商务混淆起来，另外一些管理者则把供应链管理理解为供应管理。实际上，物流管理只是供应链管理中的一个组成部分，而电子商务则是供应链管理过程中部分环节的电子化实现形式，供应链管理涵盖的范围很广，供应管理仅仅是其中一个环节而已。

2. 对供应链战略没有足够的重视

有些企业仅仅是将供应链管理作为一种管理方法来看待，认为供应链管理是一个操作层面上的问题，是对企业的生产和供应进行优化的方法而已。即使在国外的很多企业中，供应链战略也未得到足够的重视。德勤（Deloitte）管理咨询公司对北美制造企业供应链管理进行研究发现，众多企业难以成功实施供应链管理的一个重要原因就在于这些企业没有正规的供应链战略。

3. 供应链战略与其他战略的匹配存在问题

供应链战略作为企业的一项职能战略，需要与企业的竞争战略以及其他职能战略密切配合，才能保证供应链管理的成功实施。但是在很多企业中，本来需要密切配合的不同战略之间却是孤立的。在制定供应链以及相关战略的过程中，没有能够从全局的角度系统地考虑战略制定问题，导致不同战略之间不匹配，在实施的过程中由于不匹配而难以发挥供应链管理的真正优势。

4. 供应链战略合作关系有待加强

建立战略性合作伙伴是供应链战略管理的重点，也是供应链管理的核心。供应链管理的关键就在于供应链各节点企业之间的连接和合作，以及相互之间在设计、生产、竞争策略等方面良好的协调。但是，很多国内企业与合作伙伴的关系还停留在旧模式下的合作关系之上，企业之间的关系还是一种不稳定、以价格作为唯一标准的买卖关系。供应链上不同企业之间稳定、有效的信息资源共享、共同制定相关决策、利益共享的战略合作伙伴关系还鲜有出现，企业之间的供应链战略合作关系有待建立和加强。

2.2.3.2 供应链战略实施的对策

1. 正确认识供应链管理思想

企业在实施供应链管理之前必须建立正确的供应链管理思想，并以供应链管理思想来指导供应链战略规划和实施。供应链管理的基本思想主要包括：“横向一体化”的管理思想，也就是集中资源建立核心竞争优势；非核心业务外包，与业务伙伴结成战略联盟关系；供应链企业形成一种合作性竞争关系；以顾客满意度作为目标的服务化管理；追求物流、信息流、资金流、工作流和组织流的集成；借助信息技术实现目标管理等。企业必须树立这些管理思想，并在供应链管理过程中认真贯彻这些思想，保证供应链管理的成功实施。

2. 从战略高度规划供应链管理

供应链管理不是一种单纯地对生产和供应进行优化的方法，而是需要从战略层上来考虑的一个重要问题。供应链管理是对传统的企业内部各业务部门间以及企业之间的职能从整个供应链进行系统的、战略性的协调，目的是提高供应链以及每个企业的长期绩效。企业必须从战略上重视供应链管理，并对其进行战略上长远的规划。

3. 全面系统地规划供应链及相关战略以实现战略匹配

企业在开展供应链管理时，需要从系统的观点出发，通过全面规划相关战略，以实现供应链战略、企业基本竞争战略以及其他职能战略之间的协调一致。

首先，企业的供应链战略必须和企业竞争战略相互匹配。迈克尔·波特（Michael·E. Porter）提出了三种基本竞争战略：低成本战略、差异化战略和目标集聚战略。而企业供应链战略可以分成有效性供应链战略和反应性供应链战略。其中，有效性供应链战略需要与低成本竞争战略相匹配，而反应性供应链战略需要与差异化或者目标集聚的竞争战略相匹配。

其次，供应链战略作为一种职能战略，需要与新产品开发战略以及市场营销等其他职能战略相互匹配。对于反应性供应链战略而言，新产品开发和营销战略都需要围绕提高反应能力来设计。新产品开发战略就需要使顾客和供应商及时参与新产品的设计和开发，提高企业的反应能力。市场营销战略就要求建立足够的零售网络、避免缺货、与客户进行良好的沟通、开展有效的广告和促销活动。对于有效性供应链战略而言，新产品开发和营销战略都要围绕降低成本来设计。新产品开发战略需要通过尽量采用标准件和通用件来降低成本。营销战略的目的则要求定位于在扩大市场占有率的基础上，尽量降低销售成本。

4. 建立供应链管理的战略支撑体系

供应链管理的战略支撑体系指的是培育企业的核心竞争力、实施业务外包以及建立战略合作伙伴关系。

核心竞争力是企业供应链战略规划、实施的基础和前提，企业在进行供应链管理时，必须了解自己核心竞争力，并以此为基础来规划和构建供应链，而且在实施过程中集中有限资源不断培育核心竞争力。

业务外包是供应链战略实现的有效途径。供应链管理的目的在于建立竞争优势，为了实现这一目的，必然要求在集中资源于核心业务的同时，开展业务外包。通过业务外包减少长期资本投资、合理利用资源以及有效平衡企业的关键能力，最终实现提高竞争优势的战略目的。

战略合作伙伴关系则是供应链战略成功的保证。供应链战略规划突破了传统战略规划仅仅关注企业内部的局限，追求实现整个供应链价值最大化，这必然要求供应链各节点企业之间的联系和合作，以及相互之间在设计、生产、竞争策略等方面良好的协调，也就是建立战略合作伙伴关系。只有建立并不断培育战略合作伙伴关系，才能实现供应链战略的目标。

2.3 供应链战略匹配

2.3.1 供应链战略匹配的概念

供应链战略从企业发展战略的高度考虑供应链管理这一核心问题，其关键任务是确定供应链的结构和每一环节必经的流程，包括采购战略、供应战略、经营战略和物流战略等。因此，供应链战略强调公司内部所有职能战略之间的密切联系。如果公司既要满足顾客需求，又要盈利，那么每一环节的战略规划都至关重要，它们紧密地交织在一起，相互配合，相互支持。企业竞争战略是以顾客偏好为基础，针对一个或多个顾客群设定目标，由顾客对产品的质量、价格、交货时间等需求特点来决定的，其目的在于提供满足顾客要求的产品或服务。

一家成功的企业，其供应链战略与竞争战略必须是相互匹配的。供应链战略匹配是指供应链战略旨在构建的供应链能力目标与竞争战略用来满足的顾客需求目标之间协调一致。如果不能实现供应链战略与企业竞争战略之间的匹配，很可能发生目标冲突，导致供应链采取行动与客户需求不一致，进而使供应链所获利润降低。因此，获取战略匹配已经成为企业在战略制定时必须遵循的原则。

战略匹配意味着竞争战略和供应链战略要有共同目标。共同目标是指竞争战略所要满足的顾客至上理念和供应链战略旨在建立的供应链能力之间的一致性。对一个企业而言，要想实现战略匹配，必须实现以下三点：

（1）竞争战略要和所有的职能战略相互匹配以形成协调一致的总体战略。任何一个职能战略，必须支持其他职能战略帮助公司实现竞争战略目标。

（2）企业的不同职能部门必须恰当地构建本部门的流程以及配置资源，以成功执行这些战略。

（3）整体供应链战略的设计和各环节的作用必须协调一致，以支持供应链战略。

2.3.2 供应链战略匹配的方法

1. 分析顾客的隐含需求

顾客需求的不确定性，帮助企业决定需求的成本和服务要求。顾客的需求表现在多种不同的属性，如顾客的需求数量、产品的品种、顾客所愿意接受的响应时服务水平及价格等，而这些需求属性通常是不确定的。因此，企业必须在设计竞争战略时充分考虑顾客需求的不确定性，以期尽可能地满足客户需求，减少因不确定性带来的损失。

以顾客选择不同类型的超市，来说明其需求的不确定性。顾客走进便利店购买洗涤用品，是因为商店就在附近，节省时间成本，而不一定要找价格最低的产品。相反，顾客进入批发市场选购时，主要考虑价格低。

需求不确定性反映的是顾客对一种产品需求的不确定性。尽管顾客需求有随时变化的许多属性，我们仍需要一个关键的衡量指标——隐含需求不确定性，来捕捉所有这些属性的变化，帮助定义最适合公司产品的供应链。隐含需求不确定性（Implied Demand Uncertainty）是由于供应链只是针对部分需求，而不是完整需求而造成的需求不确定性。

隐含需求不确定性是指供应链计划满足的那部分需求以及顾客期望的那部分产品特性所产生的不确定性。比如，仅提供紧急订单商品的公司将要比提供同种商品但交货期更长的公司所面对的隐含需求不确定性更高，因为后者有机会在更长的交货期履行订单。服务水平的冲击从另一个侧面说明了这个区分的重要性。随着供应链服务水平的提高，必须满足的实际需求的比例越来越高，迫使供应链要为不常见的需求骤增做准备。这样，服务水平的提高增加了隐含需求不确定性，但是附着于产品上的需求不确定性并没有变化。

隐含需求不确定性既受到产品需求不确定性的影响，也受到供应链试图满足的不同顾客需求的影响。表 2-1 列出了不同的顾客需求是如何影响隐含需求不确定性。

表 2-1　顾客需求对隐含需求不确定性的影响

顾客需求	隐含需求不确定性
需求数量范围扩大	增加，因为更大的需求数量范围意味着更大的需求变化
提前期缩短	增加，因为只有较少的时间响应订单
需求的产品种类增加	增加，因为每种产品的需求更加分散
获得产品的渠道增多	增加，因为总顾客需求分散于更多的供货渠道
创新速度加快	增加，因为新产品会有更多的不确定性需求
需求的服务水平提高	增加，因为公司需要处理不常见的需求骤增

马歇尔·L. 费舍尔（Marshall L Fisher）认为，隐含需求不确定性经常与需求的其他特性相关，如表 2-2 所示。这是因为：第一，具有不确定需求的产品通常不够成熟并且直接竞争很少，因此边际收益趋高。第二，当需求不确定性下降时，预测更准确。第三，隐含需求不确定性的增加会导致供求平衡难度加大。对于给定产品，这既可能导致缺货，也可能导致产品积压。隐含需求不确定性的增加会使缺货率和积压率都增加。第四，当产品积压经常发生时，隐含

需求不确定性高的产品降价的可能性加大。

表 2-2 隐含需求不确定性与需求其他特性的相关性

需求的其他特性	低隐含需求不确定性	高隐含需求不确定性
产品边际收益	低	高
平均预测误差	10%	40%—100%
平均缺货率	1%—2%	10%—40%
平均被迫季末降价率	0	10%—25%

2. 评估供应链响应能力

供应链响应能力包括应对范围变化很大的需求、实现短期交货、满足高水平服务、处理供给不确定性、经营品种繁多的产品、创新产品等各项能力。供应链具备这些能力越多，其响应性越强。

这里以产品的生产周期为自变量，以隐含需求不确定与供给不确定性为影响因素，展现供应链响应能力作为因变量的不确定性，以说明评估供应链响应能力的必要性和重要性。新产品的设计和生产工艺仍在不断改进，所以新引进产品的供给不确定性较高；相反，成熟产品的供给不确定性较低。举例说明，推出新款手机的公司，面对的是高隐含需求不确定性和高供给不确定性，所以供应链面临很高不确定性。相反，销售食盐的超市面临低隐含需求不确定性和低供给不确定性，因而供应链响应不确定性低。农产品区域面临低隐含需求不确定性，但有来自于天气的高供给不确定性，所以供应链中有中等水平不确定性。把需求和供给不确定性结合起来创建一个连续带，如图 2-4 所示。

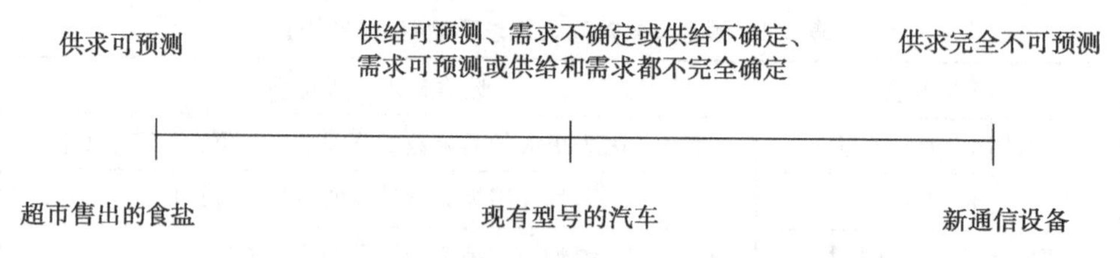

图 2-4 隐含供给和需求不确定性连续带

然而响应能力的获得是要付出成本的，因此企业需要在供应链响应能力与盈利水平之间找到最佳结合点，以建立最合适的供应链战略。图 2-5 是成本—响应性效率边界曲线，表示在给定响应性时可实现的最低成本。最低成本的界定是以现有技术为基础的，并不是所有企业都能在效率边界上经营，所以效率边界代表的是最理想的供应链的成本—响应性。不在效率边界上的企业可以向效率边界移动，提高其响应性和降低运营成本。相反，在效率边界上的企业只能通过增加成本或降低效率来提高响应性。这样的企业必须在效率与响应性之间作出权衡取舍。当然，效率边界上的企业也在不断改善工艺和改造技术，并以此移动自身的效率边界。如果给定了成本与响应性之间的平衡，那么任何一条供应链的关键战略选择都是确定其所要提供的响应性水平。

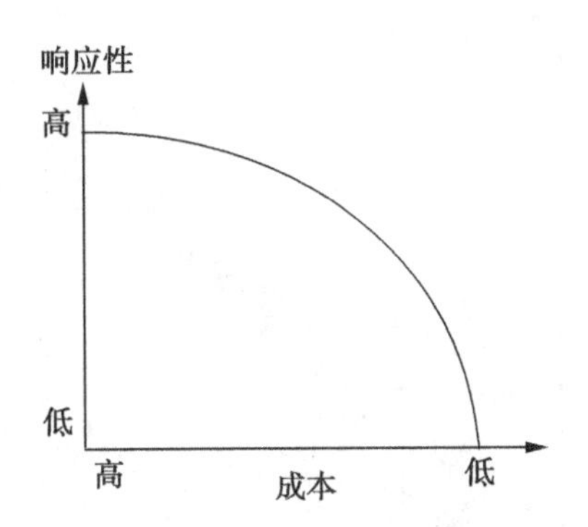

图 2-5　成本—响应性效率边界曲线

综上，供应链的类别分布范围如下：从仅仅强调响应性的供应链到以可能的最低成本进行生产和供货为目标的供应链。图 2-6 显示了响应性连续带和各种类型供应链在连续带上的位置。

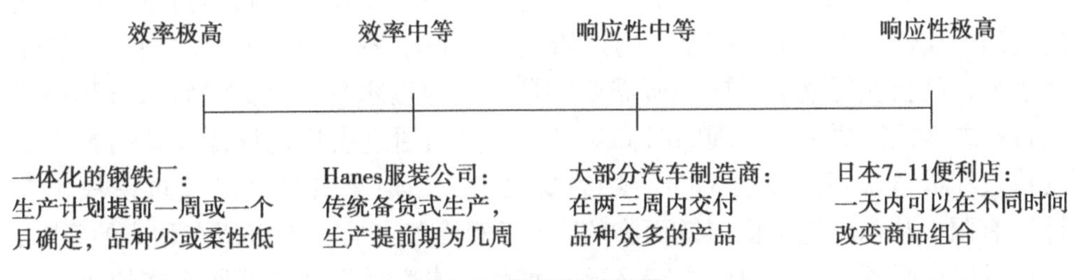

图 2-6　响应性连续带

构成供应链响应能力的成分越多，其响应性就越好。7-11 连锁便利店早上用早餐物品、上午用午餐物品、晚上用晚餐物品充实其商店，结果在一天的不同时间有不同的品种变化。7-11 便利店快速响应订单，商店管理人员从发出订单到得到供给不超过 12 小时。这样的实践使得 7-11 连锁便利店的供应链响应性非常好。响应性好的另一个例子是固安捷公司，该公司面对需求和供给两方面的不确定性，因此，它把供应链设计得能够处理这两方面的不确定性，它能够在 24 小时之内给顾客提供多种多样的工业用品。相反，效率型供应链通过消除某些响应性来降低成本。例如，山姆会员店大量销售有限的几种产品。这种供应链有能力实现低成本，明显地专注于供应链的效率。

3. 实现战略匹配

实现战略匹配关键是要保证供应链响应能力与客户需求以及由此产生的隐含不确定性保持一致，给供应链的不同环节分配不同的角色，以保持适度的响应能力；更重要的是，要通过分配不同的响应效率水平得到整条供应链所需要的响应能力。随着供应链响应能力的增加，顾客需求和供给方的隐含不确定性也随之提高。这种关系用战略匹配区域来描述，如图 2-7 所示，企业应该沿着战略匹配区域调整其竞争战略和供应链战略。

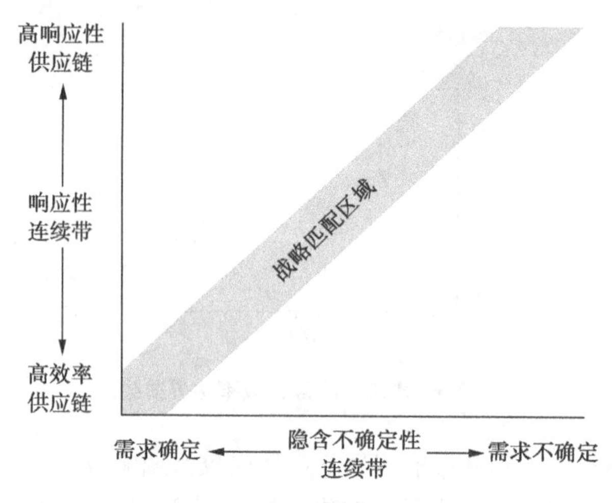

图 2-7 发现战略匹配区域

实现战略匹配的下一步是根据供应链的不同环节分配不同的角色，以保证适度的响应性水平。重要的是，通过给供应链各个环节分配不同的响应性和效率水平，就会获得整条供应链所需要的期望响应性水平。例如，宜家（IKEA）的目标顾客群需要价位合理的时尚家具。该公司通过模块化设计对其销售的家具款式和数量加以限制。每个商场的规模很大，但家具品种（通过模块化设计）有限，从而降低了供应链面临的隐含不确定性。宜家拥有所有款式的库存，并通过库存服务顾客。因此，它是通过库存方式来吸收供应链所面临的所有不确定性。因为宜家各大商场库存的存在，向制造商发出的补货订单就更加稳定和可预知。这样的结果是宜家向其制造商传递的不确定性微乎其微，而这些制造商通常位于低成本国家，专注于效率。宜家在供应链中提供了响应性，商店吸收了大部分的不确定性并且响应迅速，而供应商吸收了很少的不确定性并且提高了效率。

相反，另一种处理响应性的方法就是零售商持有较少的库存。在这种情况下，零售商对供应链响应性的贡献不大，大部分隐含需求不确定性都转移给制造商。此类供应链要增加响应性，就需要制造商灵活应对并且缩短响应时间。这种方式的例子是位于美国田纳西州的一家家具制造商——英格兰公司。每个星期，该公司都要按订单生产数千件沙发和椅子，并在三周内送到美国各地的家具商店。英格兰公司的零售商让顾客从众多的款式中进行选择，并保证较快送货。这种情况给供应链施加了很高的隐含不确定性。

然而，由于零售商并不持有太多库存，因此将大部分隐含不确定性传递给了英格兰公司。正因为大部分隐含不确定性由英格兰公司通过柔性的制造过程吸收，零售商才可以表现出高效率。英格兰公司也可以选择把部分不确定性转移给它的供应商。它可以通过持有更多原材料库存让供应商专注于提高效率。

如果英格兰公司减少原材料库存，它的供应商就要有更高的响应性。

以上的讨论证明了：通过调整各个环节的效用，供应链可以实现一定水平的响应性；提高供应链某环节的响应性，可以使其他环节更有效率；每一个阶段的效率和灵活性水平决定了各个效用的最佳组合。图 2-8 展示了通过给供应链不同环节分配不同的作用和不确定性水平，获得预定水平的响应性。图中给出两条面临相同隐含不确定性的供应链，但是它们获得的期望响应性来自整条供应链上不确定性和响应性不同的分配方式。第一条供应链的零售商响应性很高，吸收了大部分不确定性，使制造商和供应商能保持高效率。相反，第二条供应链的制造商响应性很高，吸收了大部分不确定性，使其他各阶段能专注于提高效率。

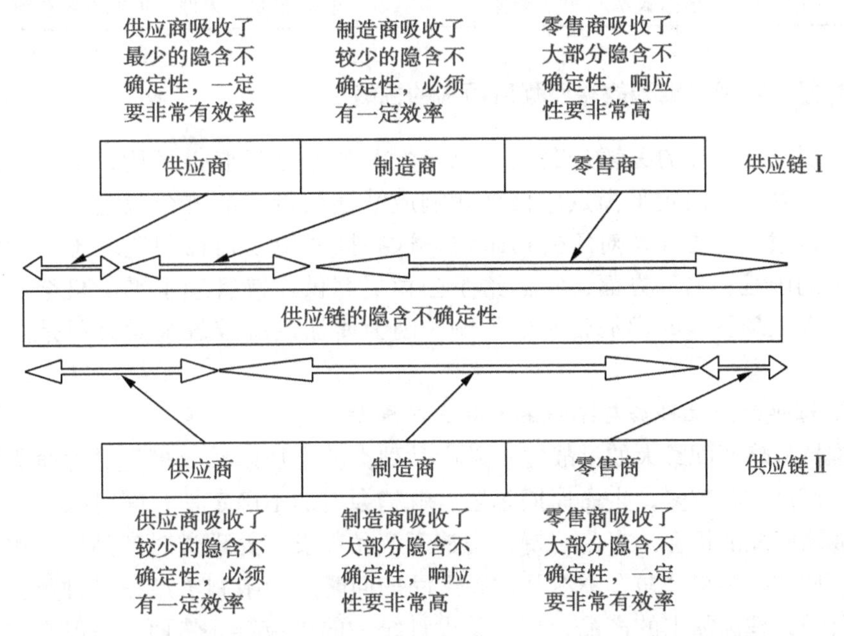

图 2-8 在给定供应链响应性水平下隐含不确定性的不同作用和分配

企业要想实现战略匹配，就必须保证所有职能部门战略决策的一致性以便支持竞争战略；所有职能战略都要支持竞争战略；所有供应链内的下一级战略，如制造、库存和采购，都要与供应链的响应性水平保持一致。表 2-3 列出了效率供应链与响应性供应链在职能战略上的一些主要区别。

表 2-3 效率供应链与响应性供应链的比较

	效率供应链	响应性供应链
主要目标	以最低成本满足需求	对需求做出快速响应
产品设计战略	以最低成本产生最大绩效	利用模块化方法，通过延迟实现产品差异化

续表

	效率供应链	响应性供应链
定价战略	因为价格是最主要的驱动力，所以边际收益较低	因为价格不是主要的驱动力，所以边际收益较高
制造战略	通过高利用率降低成本	维持生产能力的柔性来缓冲需求/供应的不确定性
库存战略	最小化库存以降低成本	维持缓冲库存来应对需求/供应的不确定性
提前期战略	缩短，但是不能以增加成本为代价	大幅缩短，哪怕是付出较大成本
供应商战略	根据成本和质量选择	根据速度、柔性、可靠性和质量选择

2.3.3 实现和维持战略匹配所面临的挑战

实现战略匹配的关键是公司在响应性和效率之间取得平衡，更好地服务其目标顾客。在决定平衡点应该处在响应性连续带上的哪个位置时，公司面临很多挑战。一方面，对于公司来说，这些挑战使公司在创造理想平衡时面临更大的困难；另一方面，它们给予公司提高供应链管理水平的机会。管理者需要深刻理解这些挑战带来的影响，因为增加供应链盈余对公司是至关重要的。

1. 增加的产品种类与缩短的产品生命周期

维持战略匹配最大的挑战之一是产品种类的增加以及众多产品生命周期的缩短。产品品种越多，生命周期越短，就越会增加不确定性，同时减少供应链实现战略匹配的机会。当公司持续增加新产品却没有处理过时产品时，挑战会更大。例如，苹果公司在不断开发新产品的同时成功限制了产品的种类。这更便于公司处理高需求的产品，更容易设计统一的供应链。然而，一般来说，公司必须通过公共组件设计产品平台并保持根据实际情况量身定做的供应链，它具有处理新产品和其他低产量产品的响应性，并具有以低成本生产高产量产品的能力。同时，多样性必须限于那些只会给顾客增加价值的产品，这需要持续减少过时产品。

2. 全球化与不断增加的不确定性

全球化给供应链既带来了机会，也带来了风险。随着全球化进程不断加剧，汇率、原油价格和全球需求等因素的重大波动，都会影响供应链运行。例如，2022 年 7 月 18 日，欧元兑美元汇率为 1∶1.008 4，较 2008 年 7 月的历史峰值 1∶1.599 0 累计下跌约 37%。很明显，公司要想维持战略匹配，必须考虑全球风险和不确定性因素。

3. 供应链所有权的分散

在过去的几十年里，大多数公司已经不再进行纵向整合了。随着非核心部门的逐渐剥离，公司可以利用自身并不具备的供应商和顾客的能力。然而，新的所有权结构使统一协调和管理供应链变得更困难。供应链的所有权不断分化，使得每个业主都有自己的政策和利益，使供应链变得更难协调。这个问题潜移默化地影响着供应链的每个环节，它们只是朝着自己的目标而不是供应链的整体目标努力，导致整条供应链盈利减少。供应链所有成员的联盟对实现战略匹配至关重要。

4. 不断变化的技术和商业环境

我们所处的时代是一个知识和经验不断被颠覆、技术和产品快速迭代的时代，这个时代被称为数字化时代。在过去的商业环境下，某种战略可能非常成功，但在不断变化的数字化时代环境中却很容易成为劣势。

5. 环境和可持续发展

与环境和可持续发展相关的问题越来越多，这也是设计供应链战略时必须考虑的。在某些情况下，制度催生了变化；在另一些情况下，对可持续发展的感知作为一个风险因素也催生了变化。例如，来自欧盟的报废电子电气设备和限制有害物质指令驱使移动电话制造商重新思考它们的设计和供应链战略。相反，星巴克公司则被迫把注意力放在当地供应源的可持续发展上，这是因为一个供应源尤其是高质量供应源的失败，将会对它的成长能力产生重大影响。为了保证供应链每个环节所生产的咖啡满足环境和社会绩效标准，星巴克公司开发了供应源指南。环境问题对公司是一个巨大的机会，它能够增加顾客价值，降低生产成本（例如采用更合适的包装）。这也代表着一个巨大的挑战，因为这些机会需要供应链不同成员的相互合作。

思考题

1. 简述供应链战略的概念以及管理现状。
2. 供应链战略规划的实施原因是什么？该如何解决？
3. 供应链战略匹配的步骤是什么？
4. 实施战略匹配会遇到哪些挑战？

案例分析

基于生态链战略的小米供应链协同效应

为了提前抢滩布局物联网平台，小米科技有限责任公司（以下简称小米）以投入一定资金实现在生态链企业中拥有一定的股份但不控股的方式进行生态链布局。在以小米手机为基石的前提下，小米依据其生态链战略布局推出的平台体系更容易得到用户的认可，小米手机带来的用户群体是生态链产品布局的有利条件。

前店后厂模式

小米供应链的核心特点是中间环节少。前店后厂的供应链模式去除了所有的中间商，使得小米与消费者之间的距离最小化。随着生态链体系中产品数量和种类的增多，受到的关注就越多，加之物联网的变化趋势逐步加快，效率成为了小米供应链评价标准的重中之重。只有在高效率供应链的支持下，生态链企业才能完成高效的发展，并帮助自身提高盈利能力。

供应商选择

小米选择的都是一流的供应商，这也源于小米生态链战略的优势：首先，小米拥有众多生态链企业，热销商品的销售方式也是先预约再下单，这就使得小米有数量大且稳定的订单提供给供应商，降低了供应链的牛鞭效应风险；其次，小米投资的生态链企业所研发的产品大都相互关联，虽然小米的低成本战略会同时降低供应商的毛利率，但生态链企业全系列产品的长期合作可以保证供应商的长期利润。

新产品开发

小米生态链从一开始定义产品就选择了大市场、生产通用性强的产品。与小米核心产品定价方法不同，小米对生态链公司生产的产品的定价策略是诚实定价。采取这样的定价策略可以满足生态链企业的利益需要，达到小米要求的投资收益率。生态链产品的质量会影响消费者对小米品牌的判断，而品质是小米生态链模式运行的根本保障。

完善销售渠道

小米在发展初期，没有铺设线下渠道，渠道成本的节省使得小米能够以成本定价，从而在最初几年实现快速发展。但在互联网时代激烈竞争的市场背景下，仅仅依靠线上渠道很难使小米获得更大的市场份额，增加线下渠道成了小米抢占更多市场份额和保证生态链战略健康发展的必然选择。因此，小米之家诞生了，小米和小米生态链产品一同在小米之家进行销售，线下渠道的拓展更有利于生态链产品的销售。

在生态链战略的布局中，小米和生态链企业之间的合作、生态链企业与生态链企业之间的合作产生了供应链协同效应。拥有了小米品牌的生态链产品迅速在同领域的竞争中脱颖而出，生态链企业也快速成长，这其中不乏成为行业“独角兽”的例子。

（资料来源：周晗同．基于生态链战略的小米供应链协同效应分析［J］．中国物流与采购，2020（03）：62-63，内容有改动。）

案例思考

1. 小米供应链为什么要布局生态链战略？
2. 小米和生态链企业战略合作是如何实现生态链企业价值共创的？

能力训练

【训练内容】根据案例背景材料，制订小米公司新的供应链战略规划方案。

【训练目的】通过训练使学生加深对供应链战略规划的理解。

【训练安排】将学生按 4~6 人划分为一组，进行适当的任务分工，以小组为单位收集整理相关资料，分析小米公司市场竞争战略，制订公司新的供应链战略规划方案，并制作 PPT 及电子文档进行汇报。教师可组织小组讨论，根据小组讨论情况给予点评。

第 3 章

供应链构建与设计

学习目标

1. 了解供应链的结构模型；
2. 掌握供应链设计的原则；
3. 识别供应链设计的影响因素；
4. 掌握供应链设计的主要内容与步骤；
5. 了解供应链构建与设计的主要策略。

引导案例

盒马鲜生的供应链模式

随着人们对生鲜产品的需求不断增大，生鲜产品供应链的建设也逐渐加速。传统的生鲜供应链虽然能够促进产品的流通，但是周转次数多、流通时间长，容易导致生鲜产品损害严重以及销售价格过高等问题。自互联网技术在生鲜产品供应链建设中应用以来，这些问题得到了有效缓解，借助电商平台供应链的运作模式，消费者能够与生产者产生有机互动，促进了生鲜产品市场从产品主导转向服务主导。生鲜电商平台供应链是指将生鲜产品供应链前端的生产者、供应商、物流企业、电商平台以及供应链终端的消费者形成一个链条。

一、盒马鲜生简介

2016 年，阿里巴巴集团创立了盒马鲜生，这是一种对线下超市完全重构的生鲜企业。2017 年 10 月，盒马鲜生全国门店数目达到 30 家；2019 年，盒马鲜生全国门店数目超过 130 家；2020 年，盒马鲜生全国门店数目超过 200 家。盒马鲜生主要采取的是线上销售和线下平台同时运作的双渠道经营模式。线下业务是指盒马鲜生通过在大城市建立实体超市，在满足企业自身的仓储和配送需求的同时，也为消费者提供丰富的购物和餐饮体验。门店鼓励消费者通过盒马 App 下单，注册会员不仅能够给消费者提供便利性，还能够通过 App 收集客户信息，进而为客户提供更精准的产品以及服务。

盒马鲜生在阿里巴巴集团的领导下，与淘宝共用一个物流体系，建立了一个三层结构的供应链模式，即“供应商—门店—消费者”。门店是盒马鲜生线上业务和线下业务整合的重要依托，它实现了实体店和仓库的一体化。盒马鲜生的供应链模式如图 3-1 所示。

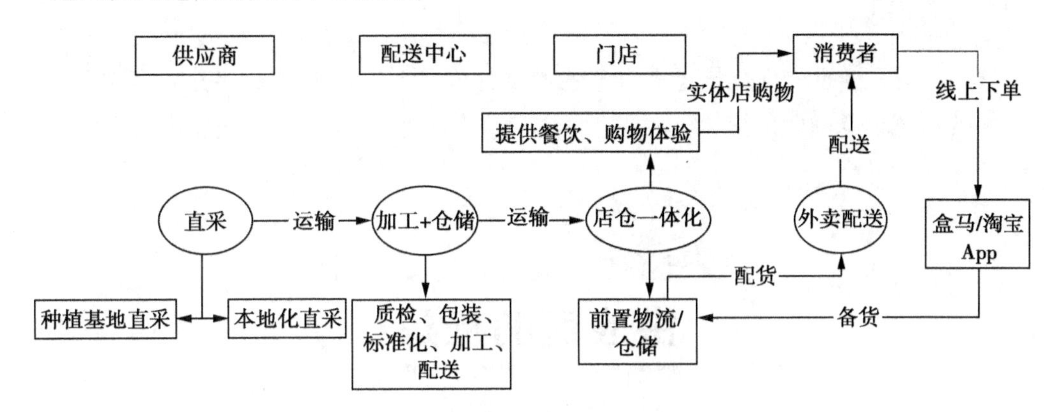

图 3-1　盒马鲜生的供应链模式

二、盒马鲜生的供应链模式特点

盒马鲜生的供应链模式具有以下特点：

（1）盒马鲜生采购和物流计划的制定，主要依托于阿里巴巴的大数据以及云计算等计算机技术。企业可以通过盒马 App 或者淘宝收集客户的购物信息，分析客户的需求偏好，进而预测市场的需求趋势，制定采购计划。实际上，盒马鲜生是以产品为主的销售平台，并未将供应链上下游的主体建立起良性的互动，即积极引导消费者参与生鲜产品的生产与采购环节，满足消费者对于产品多样化的需求。

（2）盒马鲜生采购的方式为直采，主要包含种植基地直采和本地化直采。盒马鲜生的采购范围不仅仅局限于国内，还借助阿里巴巴集团的全球购资源从世界各地采购资源，逐步建立了全球性农产品基地。同时，盒马鲜生对生鲜产品不收取任何渠道费用，吸引了更多品类的生鲜产品入驻企业，从而大大提升了消费者的购物体验。

（3）盒马鲜生的配送中心，主要是指从种植基地或者本地采购生鲜产品后，对生鲜产品的质量进行检测、低温存储和包装以及对原材料或者半成品进行再加工的场所。盒马鲜生的生鲜产品运输是与淘宝共用的物流体系，负责从采购运送到仓储加工中心，根据不同生鲜产品对温度的要求确定选用常温物流还是冷链物流。

（4）盒马鲜生的门店是前置的物流中心，不仅可以为本门店提供备货，而且可以为其他门店紧急调货，从而协调生鲜产品资源的合理分配。同时，门店也是为人们提供购物、餐饮体验的超市。线上与线下结合的运营模式可以帮助企业通过大数据分析掌握消费者的消费偏好，进而实施精准营销。

（5）盒马鲜生门店的配送范围是 3 千米内，它通过大数据技术，帮助配送人员找到合适的路径，保证客户在 30 分钟内收到下单产品。

（资料来源：张欢，田雪莹．基于 SCOR 模型的生鲜电商平台供应链发展研究——以盒马鲜生为例［J］．物流科技，2021（12）：141-144，内容有改动。）

案例思考

盒马鲜生的供应链模式有哪些特点？你认为盒马鲜生的供应链还可以在哪些方面进行优化？

3.1 供应链的构建

3.1.1 供应链构建的系统观

系统一般具有整体性、相关性、结构性、动态性、目的性和环境适应性的特征。在进行供应链的构建时，应认识到供应链具有系统的一般特征。

1. 供应链的整体性

系统整体大于各组成元素之和，组成供应链的元素是企业或企业内的部门，供应链的整体功能取决于它的结构系统中的各组成企业或部门之间的协调关系。

2. 供应链的相关性

系统各部分的特性和行为会相互影响、相互制约，相关性决定了系统的性质和形态。供应链的关系强弱决定了供应链的特性，其相关的优劣或性能在很大程度上受到它的影响。

3. 供应链的结构性

系统的层次结构和协调活动是实现现实世界中一些大系统所特有的结构性反应。

4. 供应链的动态性

供应链内部有三种形式的流在流动：物料流、信息流、资金流。上游企业得到下游企业的信息需求，向下游企业传递供给信息和物料；同时资金流由下游企业向上游企业流动。

5. 供应链的目的性

供应链是参与企业为增强竞争力、拥有强大的竞争优势而建立的动态联盟。

6. 供应链的环境适应性

无论是信息系统的构建还是物流通道设计都应具有较高的柔性，以提高供应链对环境的适应能力。

3.1.2 供应链的基本结构模型

有效地构建供应链是成功地进行供应链管理的基础，而科学合理地设计供应链则是有效地构建供应链的前提。为了有效设计供应链，有必要进一步明确供应链的基本结构模型。供应链的基本结构模型有链状模型和网状模型两种。

3.1.2.1 链状模型

1. 链状模型Ⅰ

链状模型Ⅰ表明产品的最初来源是自然界，如矿山、油田、橡胶园等，最终去向是用户（图 3-2）。产品因用户需求而生产，最终被用户所消费。产品从自然界到用户经历了供应商、制造商和分销商三级传递，并在传递过程中完成产品加工、产品装配形成等转换过程。被用户消费掉的最终产品仍回到自然界，完成物质循环。

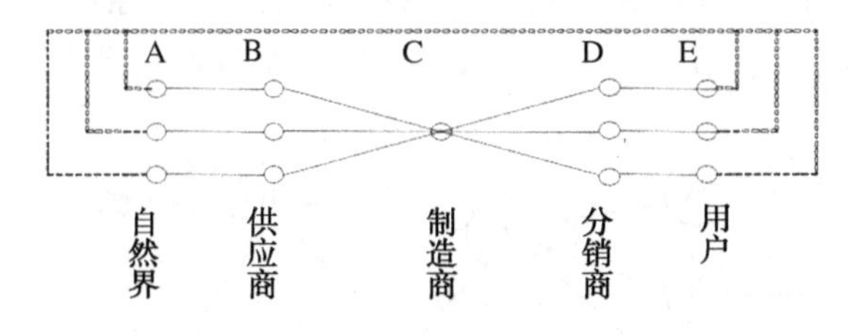

图 3-2 链状模型Ⅰ

2. 链状模型Ⅱ

链状模型Ⅱ是对链状模型Ⅰ的进一步抽象，它把商家都抽象成一个个的点，称为节点，并用字母或数字表示。节点以一定的方式和顺序联结，构成一条图形上的供应链。如图 3-3 所示，在模型Ⅱ中，若假定 C 为制造商，则 B 为供应商，D 为分销商；同样地，若假定 B 为制造商，则 A 为供应商，C 为分销商。

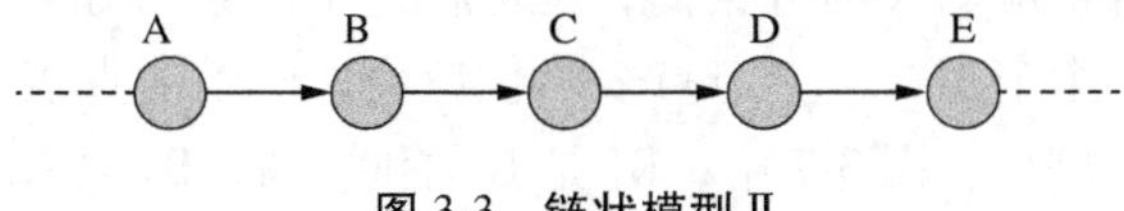

图 3-3 链状模型Ⅱ

3.1.2.2 网状模型

事实上，在链状模型中，制造商 C 的供应商可能不止一家，而是有 B_1，B_2，…，B_n 等 n 家，分销商也可能有 D_1，D_2，…，D_m 等 m 家。动态地考虑，C 也可能有 C_1，C_2，…，C_k 等 k 家，这样链状模型就转变为一个网状模型（图 3-4）。网状模型反映了现实世界中产品的复杂供应关系。在理论上，网状模型可以涵盖世界上所有厂家，把所有厂家都看作是其上面的一个节点，且这些节点存在着联系。当然，这些联系有强有弱，而且在不断地变化着。

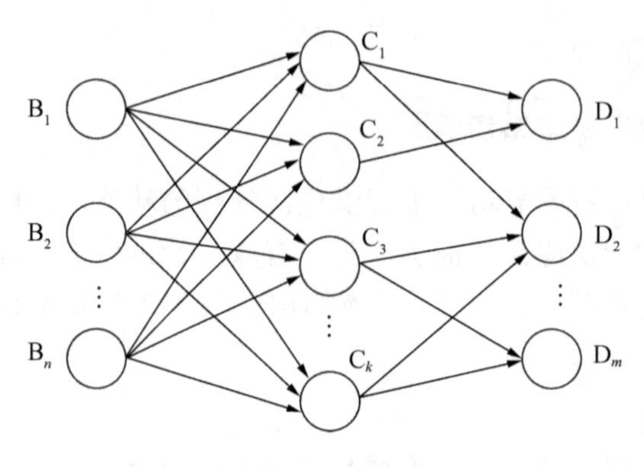

图 3-4　网状模型

1. 入点和出点

在网状模型中，物流作有向流动，从一个节点流向另一个节点。这些物流从某些节点补充流入，从某些节点分流流出。我们把这些物流进入的节点称为入点，把物流流出的节点称为出点。入点相当于矿山、油田、橡胶园等原始材料提供商，出点相当于用户。例如，图 3-5 中，A 节点为入点，F 节点为出点。

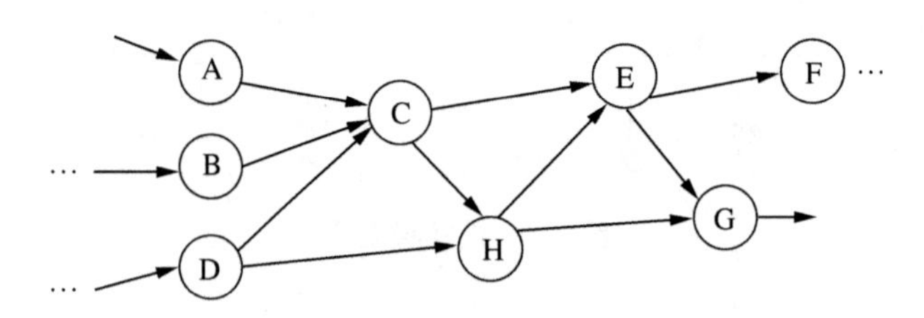

图 3-5　入点和出点

对于有的厂家既为入点又为出点的情况，出于对网链表达的简化，将代表这个厂家的节点一分为二，变成两个节点：一个为入点，一个为出点，并用实线将其框起来。例如，图 3-6 中，A_1 为入点，A_2 为出点。同样地，如有的厂家对于另一厂家既为供应商又为分销商，也可将这个厂家一分为二，甚至一分为三或更多，变成两个节点：一个节点表示供应商，一个节点表示分销商。也用实线将其框起来。例如，图 3-7 中，B_1 是 C 的供应商，B_2 是 C 的分销商。

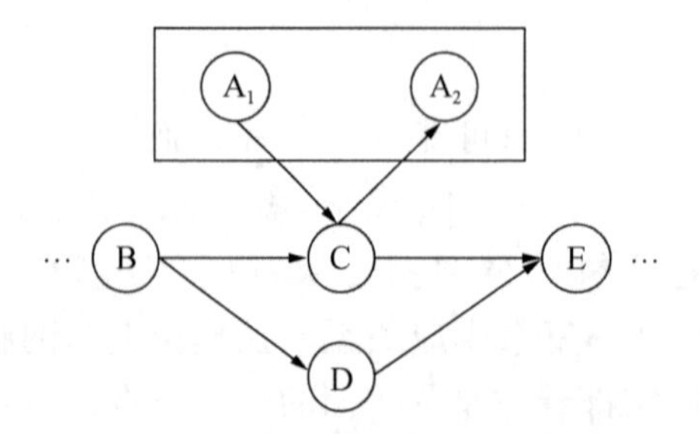

图 3-6　包含入点和出点的供应商

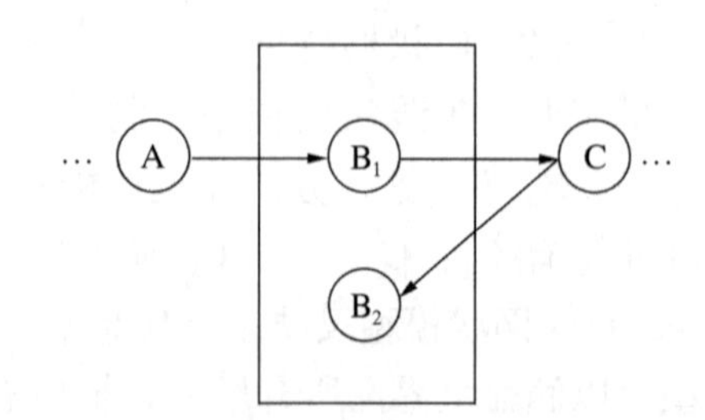

图 3-7　包含供应商和分销商的厂商

2. 子网

有些厂家规模非常大，内部结构也非常复杂，与其他厂家相联系的只是其中一个部门，而且内部也存在着产品供应关系，用一个节点来表示这些复杂关系显然不行，这就需要将表示这个厂家的节点分解成很多相互联系的小节点，这些小节点构成一个网，称之为子网（图 3-8）。在引入子网概念后，研究图 3-8 中 C_1、C_2、C_3、C_4 与 D 的联系时，只需考虑 C_1 与 D 的联系，而不需要考虑 C_2、C_3、C_4 与 D 的联系，这就简化了研究流程。

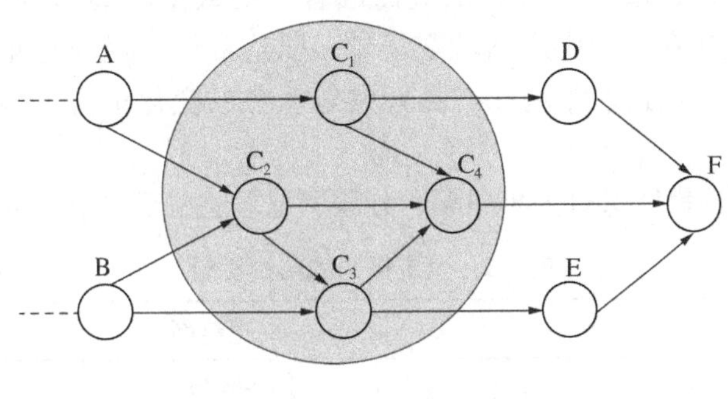

图 3-8　子网

3. 虚拟企业

借助以上对子网模型过程的描述，我们可以把供应链网上为了完成共同目标、通力合作并实现各自利益的厂家形象地看成是一个厂家，这就是虚拟企业。虚拟企业的节点用虚线框起来。虚拟企业是在经济交往中，一些独立企业为了共同的利益和目标在一定时间内结成的相互协作的利益共同体。虚拟企业组建和存在的目的就是为了获取相互协作而产生的效益，一旦这个目的已完成或利益不存在，虚拟企业即不复存在。

4. 网状模型的结构

在分析和管理供应链时，网络的结构维度是基本的要素。网状供应链的结构主要有水平结构和垂直结构（图 3-9）。

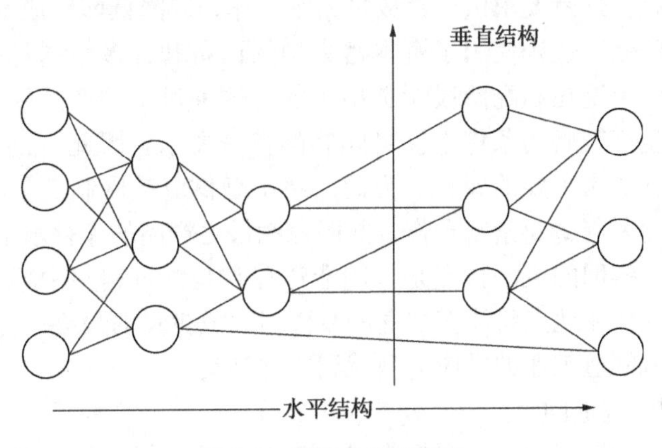

图 3-9　网状供应链结构

（1）水平结构供应链网。

水平结构取决于横跨供应链层次的数目。以散装水泥供应链流程为例，其网络结构相对较短，原材料从地面上取出，与其他材料结合一起制成水泥产品，经过短途运输就可用于建造建筑物。

（2）垂直结构供应链网。

垂直结构取决于在每一层次内成员的数目。例如，一个企业可以有一个前端狭窄的垂直结构，只有少数的供应商，或有一个宽广的末端垂直结构，具有较多的客户。因此，增加或减少供应商或客户的数量将会影响供应链的结构。例如，某些企业从众多的供应商转变为单一供应商时，供应链也将变窄；而物流业务外包、生产制造、市场和产品开发等业务的变化也有可能会改变供应链的结构。

垂直结构供应链网又分为集中型、分散型及适应型三种结构类型（表 3-1）。

表 3-1　供应链网的结构类型

特性指标	供应链网		
	集中型	分散型	适应型
制造模式	集中装配	分散装配	分散区分
业务目标	小批量生产	订货式生产	适应外部环境
产品区分	较早	较晚	较晚
产品种类	较少	多	多
装配阶段	制造阶段	分销阶段	制造阶段
产品生命周期	数年	数月—数年	数周—数月
库存类型	产生品	半成品	原材料

① 集中型供应链网。

在集中型供应链网中，公司完成将零件和组件装配成最终产品的制造过程。由于构成产品的零件成本较高，所以在各个业务实体所建立的零件库存引发了库存成本的问题。这就要求供应链成员紧密合作，以降低库存成本。

由于产品的制造过程使用了资本密集型的设备和许多不同种类的零件，所以最终产品实际上是在装配阶段制造出来的。这种过早的产品区分使供应商很难在采用库存生产策略的条件下满足顾客的特殊要求。因此，当市场需求不确定时，成品库存成为主要的库存。为此，集中型供应链网制定了小批量生产目标，要求供应商和制造商紧密合作，共同控制最终产品的库存水平。

集中型供应链网的突出特点是，制造过程和装配过程集中于某地完成，也就是说，在一处作业地点将许多独立的零件组装成少量的最终产品。汽车工业、航空工业和机械制造工业的供应链网就属于这种类型。

② 分散型供应链网。

在分散型供应链网中，公司拥有最终产品的装配线和分销机构。装配分两步进行：一是在工厂完成通用产品的复杂装配过程；二是在分销地完成订货产品的简单装配过程。这种延迟的产品区分策略适合于产品大量订货的情况。制造商在复杂的装配过程结束后，采用了分散装配方法，对通用的零件进行不同组装，形成不同种类的最终产品。这里，库存对象主要是第一步装配生产出来的组件。由于半成品和组件要运送到不同的地点装配成顾客所需要的最终产品，所以半成品库存遍及分散型供应链网的每一处。为满足订货者的要求，公司往往采用订货生产方式。但是，这种生产方式延长了从订货到交货的时间，可能降低顾客的满意度。因此，管理分散型供应链网的主要问题是，设计出一种缩短这段时间的方法。机械工业、电子工业和计算机行业的供应链网属于这种类型。

③ 适应型供应链网。

适应型供应链管理提供内在紧密结合的进程结构，将供应链伙伴联系起来，提供可视化功能，监控环境的变化。当条件发生变化时，立刻确定可能的后果，并通知会受到影响者，提供相应的最优解决方案，一旦发生这样的情况，立刻采取新的行动，并适当改变计划，以便使供应链整体性能得到改善。适应型供应链管理有两个基本组成部分：适应型执行和适应型计划。这一模式多适用于服装业、制鞋业。

3.1.3 供应链构建的基本步骤

现代供应链的重心已向销售领域倾斜，在市场日益规范、竞争日趋激烈的情况下，建立供应链、推行供应链管理是企业的必由之路。企业主要采取如下步骤构建供应链，如图 3-10 所示。

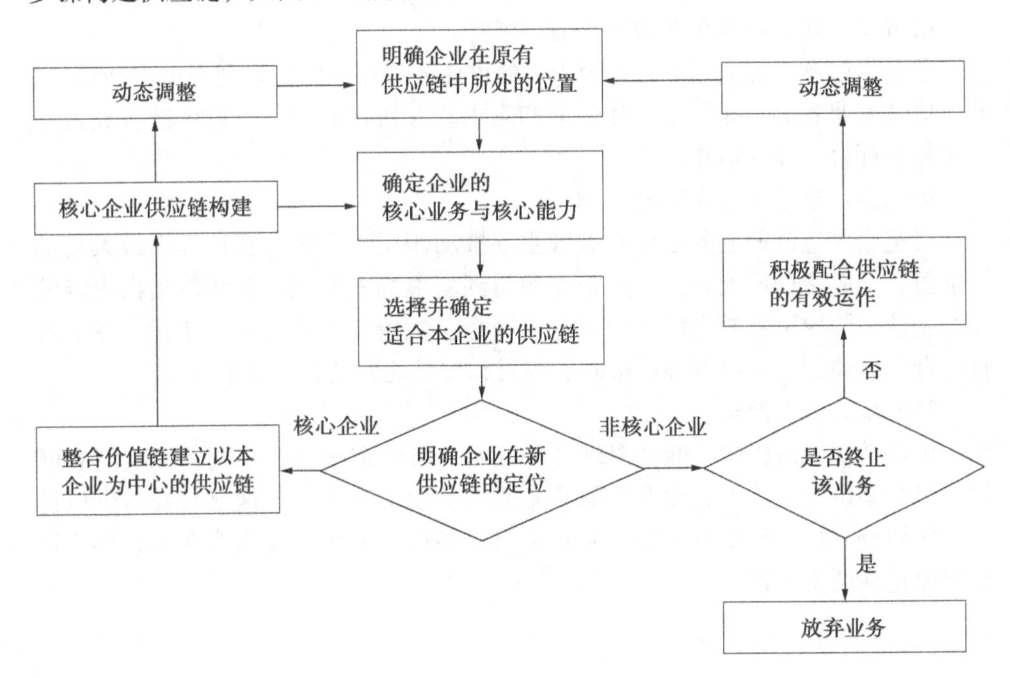

图 3-10　供应链构建的基本步骤

第一步，明确自己在供应链中的定位。

供应链由原料供应商、制造商、分销商、零售商及消费者组成。一条富有竞争力的供应链要求组成供应链的各成员都具有较强的竞争力，不管每个成员为整个供应链做什么，都应该是专业化的，而专业化就是优势。当然，在供应链中总会有处于从属地位的企业。任何企业都不可能包揽供应链的所有环节，它必须根据自己的优势来确定自己的位置，制定相关的发展战略，比如对自己的业务活动进行调整和整合，着重培养自己的业务优势等。

第二步，确定企业的核心业务与核心能力。

当企业专注于自身的核心业务，而把非核心业务外包时，企业与企业之间的依赖性加强。只有了解自身的核心优势，才能把非核心业务活动正确而不是盲目地委托给其他企业，明确和什么样的企业进行合作，才能与其他企业建立真正的合作伙伴关系。

第三步，选择并确定适合本企业的供应链。

根据不同的供应链组成形式和具体任务制定不同的选择原则和标准，选择适合本企业的供应链，实现供应链总成本最小化和共赢战略目标。选择供应的方法很多，一般要根据供应单位的多少、对供应单位的了解程度以及对物资需要时间是否紧迫等要求来确定。

第四步，明确企业在新供应链的定位。

供应链一般由物料供应商、制造商、分销商、零售商和最终消费者组成。一条富有竞争力的供应链，不仅要求组成供应链的各成员都有较强的竞争力，更要明确本企业在新供应链的定位、权重和掌握能力。

第五步，建立以本企业为中心的供应链。

整合价值链，建立以本企业为中心的供应链，在供应链管理中占主动地位，对供应链的业务起主导作用，让供应和需求相互协调匹配，使供应链各成员之间可相互配合、高效运作。

第六步，核心企业供应链构建。

对整个供应链的业务运作起关键主导推动作用，既能为客户提供最大化的附加值，又能帮助链上其他合作企业参与到新市场中的主体企业就是供应链的核心企业。构建上下游供应链中符合自身企业供应链要求的核心企业，建立良好的合作伙伴关系，可以确保按时、按质和按量地满足客户订单需求。

第七步，动态调整。

供应链实施过程中可能会出现各种问题，可能选择的核心企业配合度有问题，可能某供应链节点企业在产品质量或交货期上有问题，这就需要对供应链企业的协调、控制和及时调整。尤其是当市场环境和客户要求改变时，供应链也需要重新调整构建。

3.2 供应链的设计

3.2.1 供应链设计的内容

供应链设计是指以用户需求为中心，运用新的观念、新的思维、新的手段，从企业整体角度去勾画企业蓝图和服务体系。供应链设计通过降低库存、减少成本、缩短提前期、实施准时制生产与供销、提高供应链的整体运作效率，使企业的组织模式和管理模式发生重大变化，最终达到提高用户服务水平、有效平衡成本与服务、提高企业竞争力的目的。供应链设计的主要内容有以下几个方面。

3.2.1.1 供应链成员的选择

一个供应链是由各个供应链成员组成的。供应链成员包括了为满足客户需求，从原产地到消费地，供应商或客户直接或间接相互作用的所有公司和组织。由于市场化程度高，分工越来越细化，因此叠加起来的供应链成员总数可能会很大。面对如此复杂的供应链，供应链成员的选择便成为供应链管理的重点。以什么样的标准界定供应链，需要从哪些方面考察供应商，以何种方法及流程考核和选择成员是供应链设计首先要考虑的内容。

3.2.1.2 网络结构设计

供应链网络结构主要由供应链成员、网络结构变量和供应链间工序连接方式三方面组成。为了使非常复杂的网络更易于设计和合理分配资源，从整体出发进行网络结构的设计显得尤为重要。网络结构设计内容包括物流网络节点设计、物流网络线路设计、信息网络设计、流程网络设计等。

3.2.1.3 供应链运行基本规则

供应链上节点企业之间的合作除了以信任为基础，还需要设定供应链运行的基本规则，使供应链企业共同认同并遵守。其主要内容包括协调机制、信息开放与交互方式、生产物流的计划与控制体系、库存的总体布局、资金结算方式、争议解决机制等。

3.2.1.4 供应链设计的基本思路

1. 供应链设计与物流系统设计的关系

物流系统是供应链的物流通道，是供应链管理的重要内容。物流系统设计是指原材料和外购件所经历的采购入厂—存储—投料—加工制造—装配—包装—运输—分销—零售等一系列物流过程的设计。物流系统设计也称通道设计（Channel Designing），是供应链系统设计中最主要的工作之一。设计一个结构合理的物流通道对于降低库存、减少成本、缩短提前期、实施及时生产与供销、提高供应链的整体运作效率都是很重要的。但供应链设计却不等同于物流系统设计，供应链设计是企业模型的设计，它从更广泛的思维空间以及企业整体角度去勾画企业蓝图，是扩展的企业模型。它既包括物流系统，还包括信息和组织以及价值流和相应的服务体系建设。

2. 供应链设计与环境因素的关系

设计供应链要考虑供应链的运行环境及未来可能的环境变化，无论是信息系统的构建还是物流通道设计都应具有较高的柔性，以提高供应链对环境的适应能力。

3. 供应链设计与企业再造的关系

从企业的角度来看，供应链的设计是一个企业的改造的问题，供应链的设计或重构不是要推翻现有的企业模型，而是要从管理思想革新的角度，以创新的观念重塑企业（比如动态联盟与虚拟企业、智能化管理、精细生产等）。

4. 供应链设计与先进制造模式的关系

供应链设计是先进制造模式的客观要求，也是先进制造模式的客观要求和推动的结果。如果没有全球制造、虚拟制造这些先进的制造模式的出现，集成化供应链的管理思想也难以实现。正是先进制造模式的资源配置沿着劳动密集—设备密集—信息密集—知识密集的方向发展，才使得企业的组织模式和管理模式发生相应的变化，从制造技术的技术集成演变为组织和信息等相关资源的集成。供应链管理适应了这种趋势，因此供应链的设计应把握这种内在的联系，使供应链管理成为适应先进制造模式发展的先进管理思想。

3.2.2 供应链设计的原则

3.2.2.1 自上而下和自下而上相结合的设计原则

在系统建模设计方法中存在两种设计方法，即自上向下的方法和自下向上的方法。自上而下的方法是从全局走向局部的方法，是系统分解的过程；而自下而上的方法则是从局部走向全局的方法，是一种集成的过程。在设计一个供应链系统时，往往是先由主管高层根据市场需求和企业发展规划做出战略规划与决策，然后由下层部门实施决策，因此供应链的设计是自上而下和自下而上的综合。

3.2.2.2 简洁性原则

简洁性是供应链设计的一个重要原则，为了能使供应链具有灵活快速响应市场的能力，供应链的每个节点都应是简洁的、具有活力的，能实现业务流程的快速组合。比如供应商的选择就应以少而精的原则，通过和少数供应商建立战略伙伴关系，减少采购成本，推动实施 JIT 采购法和准时生产。生产系统的设计更是应以精细思想（Lean Thinking）为指导，努力实现从精细的制造模式到精细的供应链这一目标。

3.2.2.3 互补性原则

供应链的各个节点的选择应遵循强强联合、优势互补的原则，以达到实现资源外用的目的。每个企业致力于各自核心的业务过程，就像一个独立的制造单元，这些所谓单元化企业具有自我组织、自我优化、面向目标、动态运行和充满活力的特点，能够实现供应链业务的快速重组。

3.2.2.4 协调性原则

供应链业绩好坏取决于供应链合作伙伴关系是否和谐，因此建立战略伙伴关系的合作企业关系模型是实现供应链最佳效能的保证。

3.2.2.5 动态性原则

要预见供应链中随处可见的不确定性以及变化市场的需求信息对供应链运作的影响，减少信息传递过程中的信息延迟和失真。供应链需要有一定的柔性以适应变化的环境，增加透明性，减少不必要的中间环节，提高预测的精度和时效性，这对降低不确定性的影响都是极为重要的。

3.2.2.6 创新性原则

没有创新性思维，就不可能有创新的管理模式，因此在供应链的设计过程中，创新性是很重要的一个原则。要产生一个创新的系统，就要敢于打破各种陈旧的思维框框，从新的角度、新的视野审视原有的管理模式和体系，进行大胆的创新设计。进行创新设计要注意几点：一是创新必须在企业总体目标和战略的指导下进行，并与战略目标保持一致；二是要从市场需求出发，综合运用企业的能力和优势；三是发挥企业各类人员的创造性，集思广益，并与其他企业共同协作，发挥供应链整体优势；四是建立科学的供应链和项目评价体系及组织管理系统，进行技术经济分析和可行性论证。

3.2.2.7 战略性原则

供应链的设计应与企业的战略规划保持一致，如产品规划和市场规划等。供应链的设计应有战略性观点，减少不确定带来的影响。供应链设计的战略性原则还体现在供应链发展的长远规划和预见性上，供应链的系统结构发展应和企业的战略规划保持一致，并在企业战略指导下进行。

3.2.3 影响供应链设计决策的因素

一个设计精良的供应链在实际运行中并不一定能达到预期效果，甚至无法达到设想的要求，这是主观设想与实际效果的偏差，原因并不一定是设计或构想得不完美，而是环境因素在起作用。因此构建和设计一个供应链，一方面要考虑供应链的现实运行环境，同时还应考虑未来环境变化的影响。一般情况下，在供应链设计决策中要考虑宏观因素、产业因素、企业内部因素等方面。

3.2.3.1 宏观因素

1. 政治因素

政治因素在供应链网络布局中起着重要的作用。比如爆发于2022年2月24日的俄乌冲突对全球供应链造成了深远影响，已造成能源短缺、粮食危机、物流受阻等，麦当劳、星巴克、壳牌等一众西方企业也宣布退出俄罗斯市场。因此在供应链设计时必须要考虑政治因素，一个国家的政治稳定性在选址决策中起到关键的作用。企业倾向于将企业布局在政局稳定、法律体系和经济贸易规则较为完善的国家。但是政治稳定很难量化，所以企业在设计供应链时只能进行主观的评价。

2. 经济因素

经济因素包括税收、汇率以及运费等，它们并不属于企业内部的因素，所有企业都会受到宏观经济因素的影响。因此设计供应链网络时必须考虑由于宏观经济波动而导致的需求波动。比如企业布局于税收减让地区可获得成本优势；良好的供应链网络能利用汇率波动增加利润。

3. 基础设施因素

基础设施的好坏直接影响供应链运营的成本。良好的基础设施是在特定区域进行布局的先决条件，它可以提供场地的供给、充足且合格的劳动力供给、便利的交通供给。

3.2.3.2 产业因素

1. 技术因素

可获得的生产技术的特性对供应链设计决策有着重要的影响，不同技术水平的产品，其相应的供应链设计侧重点也会有所不同。对于高科技精密制造产业，例如半导体产业，技术门槛高，涉及上下游企业多，存在巨大的规模效应，这是因为产品创新的成本很高，唯有大规模生产的生产线才可以取得较低的平均成本；同时由于技术要求高，开设新厂的投资代价非常高。这类产业供应链的生产性设施具有地域高度集中的特征，主要通过原有生产设施的扩张来扩大生产能力。对于技术含量相对较低的产品的供应链，例如服装企业，其工厂则是遍布全球。

2. 竞争因素

一个企业的竞争战略对供应链中的网络设计决策有着重要的影响。在设计供应链网络时，企业必须考虑竞争对手的战略、规模和布局。企业要做的一个重要决策是将其设施设在靠近或者远离竞争对手的地方。如果市场竞争氛围是倡导共赢，则企业会把设施建在竞争对手旁边；如果处在以瓜分市场为特征的竞争环境下，企业会尽量把设施建在尚待开发的新市场中。这样做的目的首先是避免其他已瓜分市场的进入风险，其次是尽快抢占新市场的市场份额，形成对竞争对手的无形进入壁垒。

3. 物流和设施成本因素

设计供应链的目的一般是要使总的运营成本降低。供应链运营成本的两个重要来源是物流成本和设施相关成本。物流成本主要包括库存成本和运输成本。对于某些产品的供应链，仓储的特点是整批运入分批运出，例如书籍、香烟等，这类产品仓储设备一般选在目标市场附近，尽管加长了产品运入仓库的距离从而增加运入成本，但缩短了配送商品到终端客户的距离，降低了商品的运出成本，综合效应是降低成本。还有一些产品是整批运入、整批运出，例如钢铁、煤炭等，这类产品的仓储设备一般设在原材料产地，临近生产加工厂，仓库运入成本低，输出成本高，但综合效应也是降低了成本。

设施相关成本包括设施新建成本、设施运营成本等，从根本上可以把这类成本分为两类：固定成本和可变成本。固定成本具有一次性投入、数额巨大、长期返本的特点，如新建设施的购买土地、厂房、机器等成本；可变成本则是伴随产品的每一个流动周期发生的生产、加工、包装、售后服务等成本，具有反复性投入、数额较小等特点。对设施相关成本的评估一定要把眼光放长远，全面考虑投入产出比。

4. 顾客需求因素

企业目标客户的特点也是供应链设计的决定因素之一。企业的目标客户若能容忍较长的反应时间，企业就能集中力量扩大每一设施的生产能力。若企业的客户群认为较短的反应时间很重要，企业就必须布局在离客户较近的地方或采用更快捷的物流方式。这类企业应当设有许多生产基地，每个基地的生产能力较小，由此来缩短对客户的反应时间。

3.2.3.3 企业内部因素

1. 企业战略定位因素

一个企业的战略定位对供应链设计决策起着决定性作用。比如，强调生产成本的企业适合在成本最低的区位布局生产设施，因而会选择地点偏远的生产工厂；强调反应能力的企业则会在市场区附近布局生产设施，有时甚至不惜以投入高成本为代价；需要全球化供应链网络的企业则会通过在不同国家或地区布局物流设施来支持其不同战略目标的实现。

2. 企业发展因素

一个企业处在不同的发展周期对供应链设计决策有着十分重要的影响。如处于发展初期的企业，在拓展业务初期产量不大，需要采购的原料多为小批量，企业更多的是强调生产成本控制，因此在供应链设计中更多地考虑可以配合的、供应比较灵活的企业。而处在成熟期的企业产量较大，在供应链中议价能力较强，可选择的供应商范围更广，则可以选择有实力的、体系完善的供应商。

3.2.4 供应链设计步骤

客户的需求是供应链运转的动力之源，产品是供应链设计的核心，基于产品的供应链设计一般有以下步骤（图 3-11）。

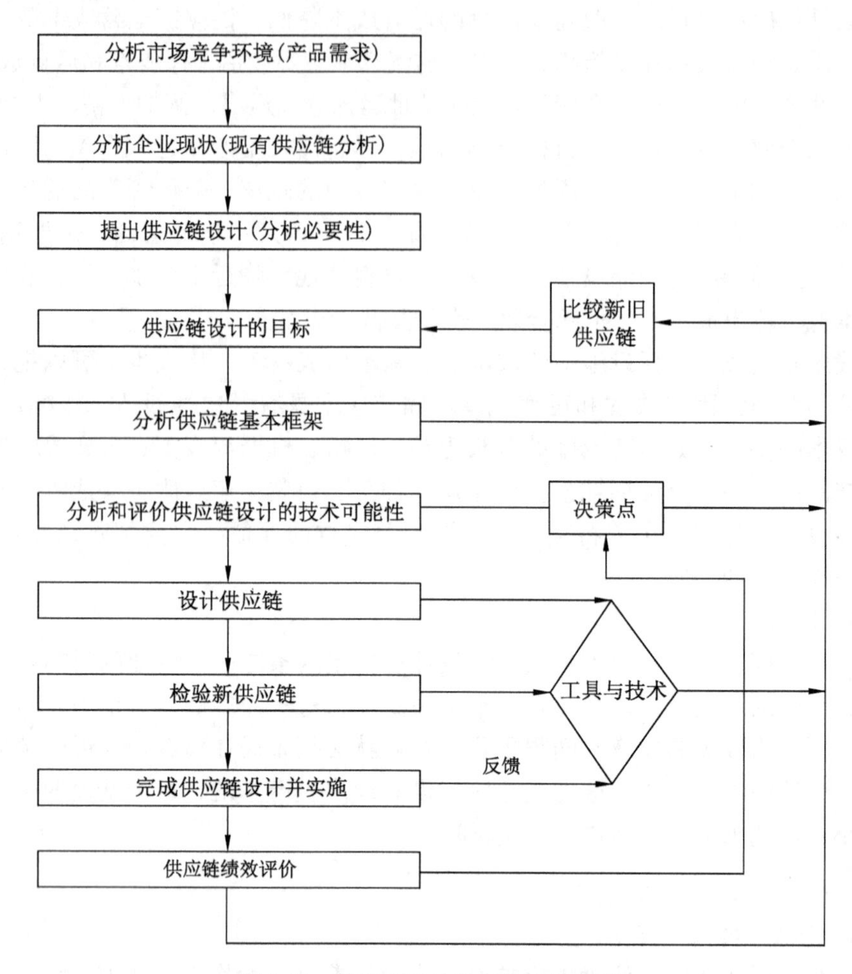

图 3-11　基于产品的供应链设计步骤

3.3 供应链构建与设计的策略

3.3.1 基于产品的供应链构建与设计策略

不同的产品类型对供应链设计有不同的要求，高边际利润、不稳定需求的革新性产品与低边际利润、有稳定需求的功能性产品的提供链设计就完全不同。供应链的构建必须符合不同产品的特征（表 3-2），否则将出现因供应链系统与产品特征不相匹配而导致的效率低下。

表 3-2　不同产品需求特征比较

需求特征	功能性产品	革新性产品
产品生命周期/年	>2	1~3
边际利润/%	5~20	20~60
产品多样性	低（每一目录 10~20 个）	高（每一目录上千个）
预测的平均边际错误率/%	10	40~100
平均缺货率/%	1~2	10~40
季末降价率/%	0	10~25
按订单生产的提前期	6 个月~1 年	1 天~2 周

由表 3-2 可以看出，功能性产品一般用于满足用户的基本需求，变化很少，具有稳定的、可预测的需求和较长的寿命周期，但它们的边际利润较低。为了避免低边际利润，许多企业在产品设计或技术上革新以刺激消费者购买，从而获得高的边际利润，这种革新性产品的需求一般不可预测，寿命周期也较短。正因为这两种产品的特征不同，才需要有不同类型的供应链去满足不同的管理需要。

当知道产品和供应链的特性后，就可以设计出与产品需求一致的供应链。图 3-12 策略矩阵的四个元素代表四种可能的产品和供应链的组合，管理者可以根据它判断企业的供应链流程设计是否与产品类型一致，这就是基于产品的供应链设计策略：有效性供应链流程适用于功能性产品，反应性供应链流程适用于革新性产品，否则就会产生问题。

	功能性产品	革新性产品
有效性供应链	匹配	不匹配
反应性供应链	不匹配	匹配

图 3-12　供应链设计与产品类型策略矩阵

3.3.2　基于产品生命周期的供应链构建与设计策略

每一种产品都有一个有限的生命周期，且在其生命周期不同阶段，都体现着不同的市场特点，利润有高有低，因而也有不同的供应链策略与之对应，如表 3-3 所示。

表 3-3　产品生命周期与供应链策略

阶段	特点	供应链策略
引入期	① 无法准确预测需求量； ② 大量的促销活动； ③ 零售商可能在提供销售补贴的情况下才同意储备新产品； ④ 订货频率不稳定且批量小； ⑤ 产品未被市场认同且易夭折	① 供应商参与新产品的设计开发； ② 在产品投放市场前制订完善的供应链支持计划； ③ 原材料、零部件的小批量采购； ④ 高频率、小批量地发货； ⑤ 保证高度的产品可得性和物流灵活性； ⑥ 避免缺货发生； ⑦ 避免生产环节和供应链末端的大量储存； ⑧ 安全追踪系统，及时消除安全隐患或追回问题产品； ⑨ 供应链各环节信息共享
成长期	① 市场需求稳定增长； ② 营销渠道简单明确； ③ 竞争性产品开始进入市场	① 批量生产，较大批量发货，较多存货，以降低供应链成本； ② 做出战略性的顾客服务承诺以进一步吸引顾客； ③ 确定主要顾客并提供高水平服务； ④ 通过供应链各方的协作增强竞争力； ⑤ 服务与成本的合理化
成熟期	① 竞争加剧； ② 销售增长放缓； ③ 一旦缺货，将被竞争性产品所代替； ④ 市场需求相对稳定，市场预测较为准确	① 建立配送中心； ② 建立网络式销售通路； ③ 利用第三方物流公司降低供应链成本并为顾客增加价值； ④ 通过延期制造、消费点制造来改善服务； ⑤ 减少成品库存
衰退期	① 市场需求急剧下降； ② 价格下降	① 对是否提供配送支持及支持力度进行评价； ② 对供应链进行调整以适应市场的变化，如供应商、分销商、零售商等数量的调整及关系的调整等

由表 3-3 可知：

（1）在产品的引入期，产品的需求非常不稳定，企业需要建立反应性供应链，也就是要对不稳定的需求做出快速反应。

（2）在产品的成长阶段，产品的销售迅速增长，与此同时新的竞争者开始进入市场，企业所面临的一个主要问题是要最大限度地占有市场份额。在这一阶段，需求基本稳定，风险降低，供应链策略需要逐步从以反应性为主转变为以有效性为主，也就是要降低成本，以较低的成本来满足需求。

（3）在产品的成熟阶段，产品的销售增长放慢，需求变得更加确定，市场上竞争对手增多并且竞争日益激烈，价格成为左右顾客选择的一个重要因素。因此，企业需要建立有效性供应链，也就是在维持可接受服务水平的同时，使成本最小化。

（4）在产品的衰退阶段，产品销售额下降，利润降低，企业需要评估形势并对供应链策略进行调整。企业需要对产品进行评估以确定是退出市场还是继续经营。如果企业决定继续经营，就需要对供应链进行调整以适应市场变化，通过调整或者重构供应链，以保证在一定服务水平的前提下，不断降低供应链总成本。

思考题

1. 供应链体系下的结构模型有哪几种？分别是什么？
2. 供应链设计的原则是什么？
3. 影响供应链设计的因素有哪些？
4. 供应链设计的步骤是怎样的？
5. 供应链构建与设计主要有哪些策略？

案例分析

希音的供应链构建与优化

南京希音电子商务有限公司（以下简称希音）是一家面向全球的快时尚跨境互联网企业，秉持“人人尽享时尚之美”的理念，致力于向全世界输出无差别的美学价值观。其主要产品包括女装、男装、服饰配件、家居用品等，女装销售已遍及全球 230 多个国家和地区。希音主要的营销方式是联盟营销，同时，希音还以极速上新、件件潮流的特点吸引了大量粉丝。截至 2021 年 5 月，希音全球的 Facebook 粉丝量达 3 100 万，Instagram 粉丝量达 1 950 万，数目还在不断增长，庞大的流量和粉丝量大大增加了希音产品的曝光度和销量。大规模的上新和大体量的销售之下是希音强大的供应链整合能力在背后支持。

早期希音的运营模式为入驻第三方平台，由团队内的专业买手凭借对于欧美时尚趋势的把握和个性化的品位进行小批量选款，卖得好的款式再委托工厂补货。此时的希音依靠女装起家的基础，开始组建经验丰富的服装产品团队，团队内不乏专业的服装设计师和服装行业采购老手。希音的联合创始人许仰天也开始布局一条能够快速打版、制作及生产的柔性供应链，将大部分成本放在经营独立站上，同时雇佣一大批外包工厂。

自 2019 年以来，希音迎来了强势的品牌扩张期。公司快速响应机制在于，短时间内少量生产一批产品，然后根据其平台的销售情况再决定是否跟单，这也被称为“小单快反”机制。希音设计师们充分利用互联网公司的优势，每天通过互联网图片社区、时尚网站、时装周发布会等渠道检索上万的服装商品图片，然后归类整理，发现当前受欢迎的商品款式，将其作为设计参考的基础。希音的销售跟踪系统还会通过对目标消费群体的划分，总结每一个细分人群的体型、消费偏好、消费能力等，分析细分人群的购买动机，提高产品预测的精确度。对于商品的预判，是从商品上架之前就有数据基础了。与传统服装公司被动式策略相比，希音的供应链系统能及时发现滞销商品从而迅速处理，也能从预售的情况迅速追单“爆款”。

希音在供应链升级方面依赖柔性供应链机制，在保证产品质量的同时，对于产品研发周期、上架周期，以及供应链中间环节都进行了极大程度的压缩，提供了巨大的成本优化空间。2019年希音上新15万个SKU（Stock Keeping Unit，即库存进出计量的基本单元），平均下来每个月上新1万多SKU。

希音在不断优化供应链体系，加速品牌化进程时，制定出了一套严格的供应商评价体系。评价供应商的KPI体系（考核指标）主要包括四个方面，分别是集采发货及时率、备货发货及时率、次品率和上新成功率。同时供应商会被分层处理，并实行末位淘汰制。

为了达到订单能够迅速及时地被响应的目的，CEO许仰天在总部周边打造以希音为中心周围辐射有数百家工厂的产业集群，达到了快时尚供应链建设的理想状态。这样的状态下，希音的工厂辐射在周围，没有在海外的工厂，也不需要外贸商作为中间环节，供应链上下游毗邻，工厂到广州仅需两个小时车程，极易达到“小单快反”的要求。

随着供应商、制造厂商技术的愈加成熟以及效率的逐渐提高，希音开始有富余的产能开放给新的子品牌和新品类生产线。希音也通过合作、收购、投资等方式与公司的供应链进行深度的绑定，将其作为未来的核心竞争力不断地发展与改革，以品牌的发展倒逼供应链升级。在供应链上游，希音通过把控研发环节，严格监督原料供应和产品制造环节，通过与供应商、制造商信息共享、及时付款等积极行为与供应链进行绑定，提升履约的稳定性、生产柔性和“小单快反”的能力。在供应链中下游，通过自建南京仓、广州仓等仓储物流，在中下游实现多仓响应、随时配货、全品类多数量SKU上架的目的。

（资料来源：李姝婷，徐彤彤，王家宝．跨境电商黑马希音的供应链构建与优化［R］．中国管理案例共享中心案例库，内容有改动。）

希音是如何进行供应链优化的？

能力训练

【训练内容】根据案例分析提供的材料，绘制希音公司供应链设计流程图，并说明其运作过程。

【训练目的】通过训练，加深对供应链构建与设计的理解。

【训练安排】将学生按 4~6 人划分为一个小组，进行适当的任务分工。以小组为单位收集整理公司供应链设计与构建相关资料，绘制希音公司供应链设计流程图，分析希音公司供应链设计的优化建议，并制作 PPT 及电子文档进行汇报。教师可组织小组讨论，根据小组讨论情况给予点评。

第 4 章

供应链计划

学习目标

1. 掌握供应链计划的内涵与分类;
2. 理解供应链计划系统的主要步骤;
3. 了解需求预测的主要方法，并掌握常用的预测需求计算方法;
4. 了解库存计划的影响因素;
5. 掌握制订库存计划的方法;
6. 学习使用综合计划解决供应链需求问题。

引导案例

泉源堂药房的供应链计划

成都泉源堂大药房连锁股份有限公司（以下简称泉源堂）成立于 2012 年。2014 年，泉源堂开始进入医药电商领域，很快在天猫、京东开设旗舰店，仓储、物流体系亦站稳脚跟。2015 年是泉源堂的“事业上升期”，泉源堂完成了新三板挂牌上市、第二轮股票发行并成功融资 4 020 万，收购蒲江申通快递，新建的万平仓储中心通过认证。尤为重要的是，泉源堂的电商业务在这一年得到了长足发展，与 2014 年相比，电商收入从不足百万上升至七千多万，营收占比从 2% 上升至 75% 以上，全面转型为医药零售+互联网创新型公司。

2020 年，新冠疫情期间，各行各业都在承受着巨大压力，对于医药连锁公司泉源堂，却是不平凡的一年。在这一年，泉源堂充分利用自己全渠道零售的 O2O（Online To Offline，即将线下商务的机会与互联网结合在了一起，让互联网成为线下交易的前台）优势，提高门店选址的精准度，扩大了业务覆盖范围，新开众多门店，实现了跨越式发展。

2021 年 2 月，一则消息进入泉源堂总裁李总眼帘，上海市药监局、市商务委联合发布通知，对上海药品经营许可审批事项进行改革，主要有四项内容：取消了新开办药店不得低于 300 米间距的限制，对本市新申请的药品零售企业，或原药品零售企业申请变更注册地址的，与附近药店的距离不再作为许可审查条件；取消药品经营企业筹建审批；分步实施乙类非处方药零售企业告知承诺制度；药品经营企业许可实施全程网办。看到这个消息，李总激动不已，心中感慨万千，能够在上海这样标志性的大都市开拓一片天地，对于泉源堂来说，将跨出历史上巨大的一步。

于是，李总让总裁助理立即通知各部门负责人就是否进驻上海事宜问题召开紧急会议。会议结束后，李总留下财务总监施总，拨通了仓储总监文总的电话："老文，上海新政的事你听说了吧？上海是一线城市，对于在上海的供应链运作，你有什么看法吗？"文总说："我建议采用新建连锁仓库的方式，成本可控，运营效果也会更好，不过这样的话前期筹办时间会比较长，预计半年左右。李总您放心，我一定把供应链成本控制下来！"

泉源堂决定进军上海的战略后，文总带着自己的团队马不停蹄地赶往上海负责供应链搭建的工作。在文总看来，上海分公司供应链的核心环节是仓储，仓储就类比于"M+1+N"的供应链模式中的"1"，连锁药店的行业特性决定了其仓库除了要满足药品储存的高要求外，还需要满足政府监管标准，这就导致了仓库的建设成本高、时间周期长，所以仓库的选址与建设需要慎之又慎。如何保证在成本可控的前提下，尽可能地满足公司在上海的战略发展需求，这些都是文总必须考虑的。多年的工作经验让文总对仓库选址的重要性有着深刻的认识，仓库作为连接上下游的重要环节，是整个供应链系统的关键环节，必须同时遵循着费用，原则、长远发展原则、接近用户原则，需要综合考虑外部因素和内部因素，进而做出科学决策。

自从 2021 年 3 月底的仓库选址工作顺利结束之后，泉源堂上海分公司的事业拓展进入了快车道，新上任的分公司总经理蒋总意气风发。在蒋总办公桌对面的墙上，挂着一幅上海地区运营示意图，标注着上海分公司最近所取得的一些进展。面对这些成绩，蒋总却高兴不起来，虽然目前总体的发展态势令人满意，不过随着规模的扩大，对供应链运营能力的要求也越来越高，特别是门店数的迅速增长，对于原有的供应链管理体系提出了巨大的挑战。

面对着种种的压力，蒋总带领着上海团队又开始了披星戴月的奋战。围绕着全渠道的运营，公司从线上与线下两方面展开了工作：

一是线下运营优化。主要措施如下：

（1）解决门店缺货。一是畅销品缺货，整体商品满足率不到 75%，低于其他区域 5%~10%；二是配送时间长，从下达配货指令至收到货，平均用时两天以上。为此，仓储部加强了新招仓库员工的培训工作，优化了司机的行车路线，力争将门店的客户配送时间控制在 30 分钟左右。

（2）完善采购计划。目前的计划都是根据门店提报的要货计划以及销售数据预测得来的安全库存来进行制定的，更多依靠过去在其他地区的经验来进行预测，精准度无法保证，另外有些品类通过总部采购效率不高。针对上述问题，采购部设计了合适的预测模型，作为辅助决策的工具。

（3）改造仓库管理系统。目前的仓库货位体系是固定货位制，造成货位的浪费，配合公司 IT 部门进行改造升级仓库管理系统，实现非固定货位制，提高仓储利用率。引入 RFID 技术，给药品配备 RFID 电子标签，使药品在整个供应链体系中都可以实现数据的自动采集、定位、追踪、汇总。

二是线上数据整合。主要措施如下：

（1）开拓线上渠道。线上业务部门积极对接了美团外卖、饿了么、京东到家、阿里健康、天猫同城达、微信商城等，实现线上和线下全渠道覆盖。

（2）充分利用数据团队开发的自有报告生成系统“有智助手”。

在 2022 年春节前，上海分公司终于圆满完成了总公司布置下来的任务，蒋总也总算是能难得地松了口气。

然而，始料未及，2022 年 3 月，上海疫情形势急转直下，每日新增的阳性患者数量开始呈指数级增长，全市街道都开始了健康管控，疫情区域的大部分门市店面被禁止营业。疫情对于整个医药零售行业的线上业务，实际上从侧面起到了推动作用，泉源堂依然保持着全渠道方面的优势。但是，如何与周边所覆盖的社区建立紧密关系，与大家进行互动，让周边居民遇到问题能够想到药房？如何在企业正常运转体系之外建立应急体系，提高供应链的韧性？……蒋总想到这些，顿感前路漫漫。

（资料来源：戴勇，等. 全渠道零售药房的供应链探索：泉源堂的入沪战“疫”［R］. 中国管理案例共享中心案例库，内容有改动。）

案例思考

1. 如何理解泉源堂供应链计划在疫情期间的逆势拓展？
2. 在上海公司正式运营后供应链出现了哪些问题？泉源堂是如何解决的？

4.1 供应链计划概述

4.1.1 供应链计划概念

供应链计划是供应链管理的重要内容，对供应链运作绩效有着直接的影响。一个企业的供应链包括产品开发所需要的全部功能，从采购制造所需的原材料、制造产品到最终将产品送到客户手中，企业需要对这些功能做出计划，以快速响应客户需求。因此，供应链计划编制应该涵盖整个供应链高效运作所需要的所有活动。供应链计划需要客户、供应链成员的共同参与，各方共享统一的供应链协同计划平台，实现计划的协同。

4.1.2 供应链计划的构成

如图 4-1 所示，供应链计划主要分为需求计划和库存计划。其中，需求计划来源于需求预测和已接订单，最佳实现工具是销售运作计划（Sales & Operations Planning，S & OP）；库存计划也可称为供应计划，由需求计划产生，主要包括采购计划和生产计划两个部分，广义的库存计划包含补库计划。

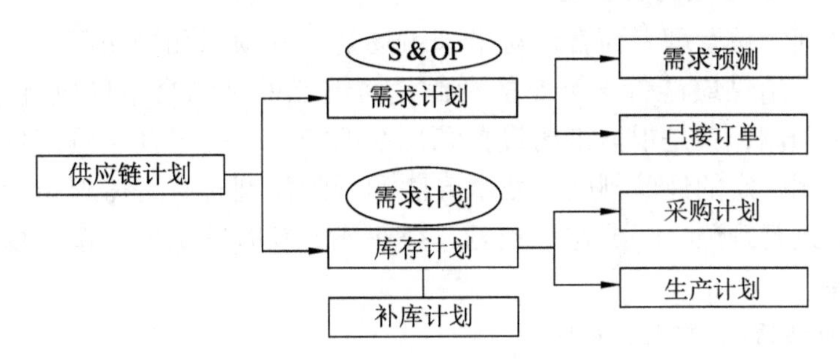

图 4-1　供应链计划构成

1. 需求计划

供应链计划职能最核心的是需求计划，因为它是供应链其他所有计划的计划，几乎其他所有供应链计划都可以从需求计划派生或计算而来。制订需求计划的前提是做好需求预测。需求预测需要收集历史数据后分析数据，根据分析计算预测值，再处理预测结果并及时修正。

2. 库存计划

库存计划，顾名思义就是需要多少库存来满足客户需求。库存来源一是由采购而来（包括外包、外协等），二是来自内部生产，因此库存计划可分为采购计划和生产计划。采购计划是将需求以订单形式给外部供应商，由供应商完成生产。生产计划是将需求以计划形式给内部生产车间，由生产车间完成生产。

补库存计划可以是库存计划的一部分，是管理动态库存以加速库存流转的必要措施，可以按照净需求量补货或是基于公平共享的方式部署或根据预定订单来获得安全库存。

4.2 供应链需求计划

4.2.1 供应链需求预测概述

4.2.1.1 供应链需求预测的含义及作用

1. 供应链需求预测的含义

对于任何一位管理者而言，对未来市场情况的预测和判断都是必要的。一个好的预测会给供应链带来丰厚的利润，而糟糕的预测会给供应链带来麻烦。供应链需求预测，就是根据市场过去和现在的需求状况以及影响市场需求变化的因素，利用一定的经验判断、技术方法和预测模型对有关需求指标的变化以及发展趋势进行预测。根据这种预测，企业能够及时准确地掌握市场需求情况的变化规律。

2. 供应链需求预测的作用

（1）为供应链战略决策提供参考。

供应链的战略决策对企业的发展十分重要，而战略决策的前提是对市场当前和未来发展趋势有一个明确的判断。供应链管理者应该时刻对市场发展方向、客户需求进行判断和预测，然后决定是否应该增强供应链的响应速度，或是应该改变供应链的产品，抑或逐渐降低对供应链的投资，甚至考虑解散当前的供应链。

（2）为供应链运作计划提供依据。

对于任何一条供应链来说，管理者都会编制一系列详细的计划，如需求计划、销售计划、生产计划、配送计划以及财务计划等，而这些计划的初始来源是对市场需求的预测。

4.2.1.2 供应链需求预测的类型

预测结果的准确性和可靠性与预测期限有关，因而按照预测期限的长短可将需求预测的类型分为以下几种。

1. 长期预测

预测期限一般为 5 年或 5 年以上，主要根据企业的长远发展战略和市场的需求发展趋势进行预测。由于预测期较长，不确定性因素较多，预测结果的误差较大，只能对预测对象做一个大致的、粗略的描述。

2. 中期预测

预测期限一般为 1~3 年。基本是围绕企业的经营战略、新产品的研究与开发等进行预测。

3. 短期预测

预测期限一般为 3 个月~1 年，主要是确定某种产品季度或年度的市场需求量，从而调节企业自身的生产能力。

4. 近期预测

预测期限一般以周、旬为单位，主要是对企业内部的各个环节进行预测，从而确定物料的需求量，以保持生产过程的连续性和稳定性。近期预测的目标比较明确，不确定性因素较少，预测结果也比较准确。

4.2.2 供应链需求预测的方法

选择合适的方法对企业进行需求预测至关重要，很多供应链管理者会陷入这样一个误区——最复杂、最昂贵的预测方法通常会产生最好的预测结果。其实不然，简单的预测方法也可能会产生好的效果，同样，复杂的方法也可能得到糟糕的结果，所以应该具体问题具体分析。在现实的企业实践中，常用的需求预测方法如图 4-2 所示。

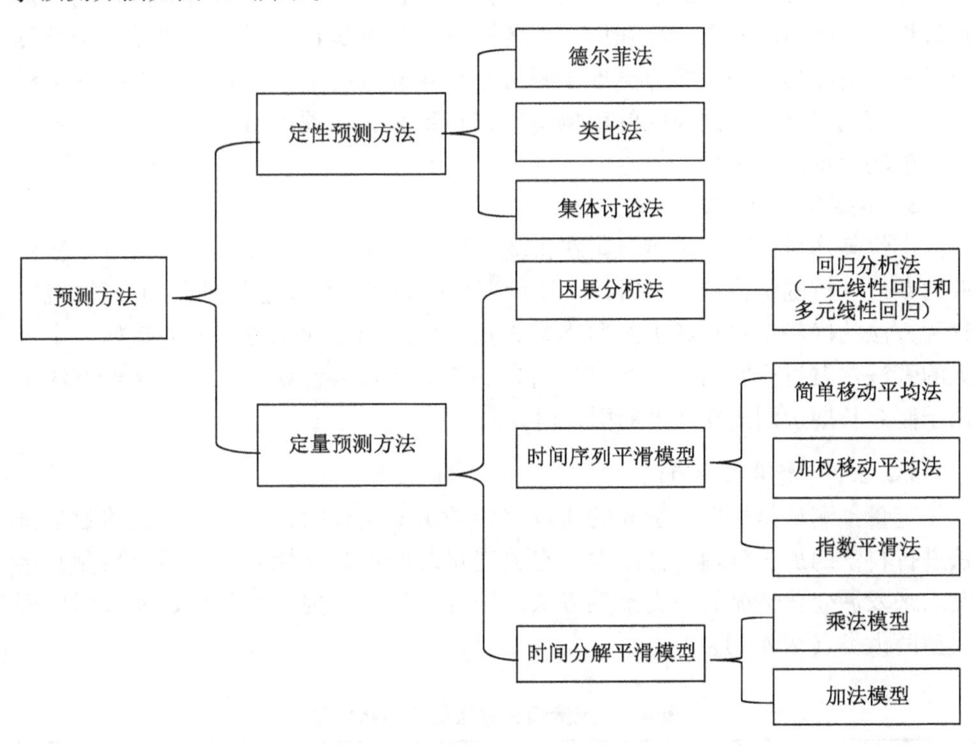

图 4-2 常用的需求预测方法

4.2.2.1 定性预测法

定性预测法依赖于人的主观评估和判断，预测的有效性取决于预测者的经验、技巧和逻辑分析能力。影响预测的相关信息通常是非量化的、模糊的、主观的。当可获得的数据十分有限、不可得或不直接相关时，就需要利用定性的预测方法对需求进行大致的判断。此方法简单易行，不需要经过复杂的运算过程，但同样也存在时间长、不能够提供精确的预测数值等缺陷。定性预测方法多用于中期或长期预测中对未来形势的估计。常用的定性预测方法包括德尔菲法、小组集体讨论法、类比法等。

1. 德尔菲法

德尔菲法，又称专家调查法，是通过对专家背靠背的匿名征询方式进行预测的一种方法。在使用德尔菲法进行预测时，所选的专家必须具有代表性，熟悉和精通预测对象的各个方面，专家人数一般控制在10~20人为宜。每次对专家预测结果进行统计，然后对统计结果进行评价。如果结果显示专家的意见差距较大，就要重新设计调查表；如果统计结果较集中，则得到最终的预测结果。

这种方法耗时间、费用高，预测的质量主要依赖于参与专家的能力，适用于高风险技术、大型项目的预测，或者新产品推介。

2. 类比法

类比法，又称比较类推法，是根据经验判断，通过比较类推，得出预测结论的方法，可分为纵向类推预测法和横向类推预测法两种。纵向类推预测法即通过将当前的市场需求情况和历史上曾经发生过的类似情况进行比较，来预测市场未来情况的方法。横向类推预测法是指在同一时期内，对某一地区的某种产品的市场情况与其他地区的市场情况进行比较，来预测出该产品未来在本地区的市场前景的方法。

3. 小组集体讨论法

小组集体讨论法，是指召集在市场、竞争对手、商业环境方面具有丰富经验的专业人员围绕特定问题讨论，然后汇总所需要的信息进行预测的一种方法。这种方法的优势是参与者为经验丰富人员，可给出专业意见；劣势是如果个别人的看法左右讨论的话，那么讨论结果的价值和可靠性就会减弱。这种方法适用于制定长期规划或新产品的引入时。

4.2.2.2 定量预测方法

定量预测法是根据已掌握的比较完善的历史统计数据，运用一定的数学方法进行科学的加工整理，借以揭示有关变量之间的规律性联系，用于预测和推测未来发展变化情况的一类预测方法。该方法又可分为因果分析法和时间序列模型两大类（表4-1）。

表4-1 定量预测方法的优劣势比较

优劣势	定量预测方法	
	时间序列法	因果预测法
优势	① 适合历史数据稳定的时间序列； ② 可以剔除较小的随机波动； ③ 易于理解和使用； ④ 适用于短期预测	① 适用于长期或者中期的预测； ② 能够支持情景分析，改变影响因子以探索其对预测结果的影响

续表

优劣势	定量预测方法	
	时间序列法	因果预测法
劣势	① 需要大量历史数据； ② 对因素和事件的影响反应迟钝； ③ 数据波动较大时，预测误差较高； ④ 分析人员需要大量的时间和经验拟合模型，估计参数	① 预测准确度依赖于因果变量之间关系的持续性； ② 对自变量的准确评估有很高要求； ③ 分析人员需要投入更多时间进行建模，并且建模人员必须对统计学知识有深入了解； ④ 建模和模型维护成本较高

1. 因果分析法

因果分析法假定需求预测与某些内在因素或周围环境的外部因素有关。运用该方法的主要问题是真正有因果关系的变量常常很难找到，即使找到，它们与预测变量的关系也难以把握。

回归分析法是一种常用的因果分析法，可用于长期预测。此方法所选用的因变量指需要求得的预测结果，即预测对象；自变量指影响预测对象变化的、与因变量有密切关系的变量。在实际操作中，选择一个变量为因变量，而将其余的变量作为自变量，然后根据有关的历史统计数据、因变量与自变量之间的关系拟合成一定的曲线，即回归曲线，表达这条曲线的数学公式就叫回归方程式。回归分析法包括线性回归方法、非线性回归方法、一元回归方法、多元回归方法等，其中常用的是一元线性回归和多元线性回归方法。具体方法请参见相关统计学书籍，本书不再做介绍。

2. 时间序列模型

时间序列模型是指将某变量的数据按时间排成序列，根据数值变化的基本类型，选用数学模型来描述其变化，根据过去的需求变化规律向未来延伸，利用模型进行未来状况的预测的方法。此方法适用于有许多可靠的历史数据且被预测的市场是稳定的，同时几年来市场需求模式没有什么大的变化时。时间序列模型又可分为时间序列平滑模型和时间序列分解模型。前者包含有简单移动平均法、加权移动平均法、指数平滑法等，后者有乘法模型、加法模型等。本书仅对移动平均法做简单介绍，其他具体的应用参见有关参考书。

移动平均法包含简单移动平均法和加权移动平均法。

（1）简单移动平均法。

这种方法从时间序列的第一项数值开始，选取一定的项数求得序时平均数，即可得到下期的预测值，其计算公式如下：

$$F_t = (D_{t-1} + D_{t-2} + D_{t-3} + \cdots + D_{t-n})/n = \frac{1}{n}\sum\nolimits_{i=t-n}^{t} D_t$$

式中，F_t 为对下一期的预测值；n 为移动平均的时期个数；D_{t-1} 为前期实际值；D_{t-2}，D_{t-3} 和 D_{t-n} 分别表示前两期、前三期和前 n 期的实际值。

（2）加权移动平均法。

简单移动平均法中认为每一期历史数据对未来的影响是相同的，实情况并非如此。加权移动平均法认为历史各期产品需求的数据信息对预测未来期内的需求量的作用是不一样的，其计算公式如下：

$$F_t = W_1D_{t-1} + W_2D_{t-2} + W_3D_{t-3} + \cdots + W_nD_{t-n}$$

式中，W_1 为第 $t-1$ 期实际销售额的权重；W_2 为第 $t-2$ 期实际销售额的权重；W_n 为第 $t-n$ 期实际销售额的权重；n 为预测的时期数；$W_1+W_2+\cdots+W_n=1$。

在运用加权平均法时，权重的选择十分重要。经验法和试算法是选择权重的最简单的方法。一般而言，最近期的数据最能预示未来的情况，因而权重应大些。例如，根据前一个月的利润和生产能力比前几个月的生产能力数据能更好地估测下个月的利润和生产能力。但是，如果数据是季节性的，则权重也应是季节性的。

例：某公司 2021 年 1~12 月销售额的统计资料如表 4-2 所示，用移动平均法预测 2022 年 1 月的销售额。

表 4-2　某公司 2021 年销售额统计表

单位：万元

月份	销售额	五期平均数	变动趋势	四期平均发展趋势
1	33			
2	34			
3	37	35. 8	+2. 2	
4	34	38. 0	+3. 2	+2. 45
5	41	41. 2		
6	44	43. 0	+1. 8	+2. 45
7	50	45. 6	+2. 6	+1. 70
8	46	47. 8	+2. 2	
9	47	48. 0	+0. 2	+1. 50
10	52	49. 0	+1. 0	
11	45			
12	55			
2022 年 1 月	53. 5（预测值）			

① 计算相邻五个月的销售额平均数（按多少期计算平均数，要根据具体情况而定，期数少，则反映波动比较灵敏，但预测误差大；期数多，则反映波动平滑，预测较为精确）。如 1~5 月销售额的平均值为：

$\overline{X}_1=\dfrac{33+34+37+34+41}{5}=35.8$，依次类推：求出 $\overline{X}_2$，$\overline{X}_3$，$\overline{X}_4$，…，$\overline{X}_8$，并填

入表中。

② 计算相邻两个平均值的差，即平均值的变动趋势，如$\overline{X}_1$与$\overline{X}_2$之差为：38-35.8=2.2，依此类推，计算变动趋势值，填入表中。

③ 计算相邻四期变化趋势之平均值，称为四期平均发展趋势，如前四期变动趋势的平均值为：（2.2+3.2+1.8+2.6）÷4=2.45，依此类推，将结果填入表中。

④ 预测 2022 年 1 月的销售额，最后 5 个月的平均月销售额为 49 万元，加上最后一期平均发展趋势 1.5 万元，所以 2022 年 1 月的预测值为：49+3×1.5=53.5（万元）（因预测期距平均月销售额为 3 个月，所以是 3×1.5）。

4.2.3 供应链需求预测的一般步骤

需求预测水平的提高，需要有结构化的数据基础、易于使用的预测模型、友好的预测工具等各方面软硬件的支持，并按照以下步骤来进行：

第一步：明确预测目标、对象、内容及时间区间。

第二步：收集、筛选、分析、加工和整理相关的数据。

第三步：选择合适的预测方法。

第四步：对预测结果采用多种方法加以处理和修正，并进行必要的检验和评价，以获得可供决策参考的最终预测结果。

第五步：最后制定决策方案。

4.2.4 供应链需求预测的误差

无论使用多么恰当的预测方法，预测值与实际值之间总会存在偏差。而预测误差很可能会给企业带来巨大的成本损失。因此，企业必须通过对预测误差的度量来改进他们的预测技术，尽可能地缩小误差，减少成本损失。预测误差是指在给定的时间间隔内实际值与预测值之间的差值，它可以为企业决策者提供一个判断预测准确与否的标准。其计算公式如下：

$$E_i = Y_i - \hat{Y}$$

公式中，E_i 为预测误差，Y_i 为预测对象的第 i 个实际观测值，$\hat{Y}$ 为相应的预测值。

表 4-3 中给出了几种常见预测误差度量指标的计算公式，有关其他衡量预测误差指标的内容请参见相关的统计学教材。

表 4-3 预测误差度量指标

累计误差 RSFE	平均误差 ME	均方误差 MSE	平均绝对误差 MAD	误差标准差 SDE
$MSE = \sum_{i=1}^{n} E_i$	$ME = \frac{1}{n}\sum_{i=1}^{n} E_i$	$MSE = \frac{1}{n}\sum_{i=1}^{n} E_i^2$	$MSE = \frac{1}{n}\sum_{i=1}^{n} \lvert E_i \rvert$	$SDE = \sqrt{\frac{\sum_{i=1}^{n} E_i^2}{n-1}}$

4.2.4 供应链中的供需计划

4.2.4.1 需求计划

需求是指一组相关产品或服务的市场总体需求。市场有可能相当成熟，需求也稳定在某一水平上；市场也有可能是正在发展的市场——产品或者服务是新的，没有那么多的历史需求数据，或者是需求变化幅度大，新的消费者刚认识该产品。当进行需求预测时，那些没有历史数据、变化性大的市场是较难预测的。

需求计划的目标是形成一个精确可靠的关于市场需求的认识。要做好需求计划就必须了解产品的结构以及产品是如何被销售出去的。产品构成是需求计划的基础，它决定了我们对销售预测的合并和分解。需求计划运用统计方法进行初步的预测，然后以此为起始点，通过与大型客户和分销合作伙伴的合作，对其包含的信息做进一步的修改调整。销售预测还需要对照已有的重要工作的时间进度，这样才能使需求计划与内外活动保持同步。我们必须评估每一个产品的生命周期并进行持续跟踪以发现差异。引入新产品必须综合上一代产品的在库库存和采购管道中的半成品及零部件数量。需求分析既要最大程度地减少预测错误同时又要充分考虑需求的变化。依据生产模式的不同（按订单生产、按库存生产和按模块定制生产），反应缓冲保护区的设置也就不同。正因为如此，需求计划也会因为生产的模式不同而有所区别。通常，企业会利用短期价格折扣和促销来控制需求，抢占市场份额，增加需求量。

4.2.4.2 供应计划

供应计划是指对企业在计划期内生产经营活动所需各种物品的数量和时间，以及需要采购物品的数量和时间等所作的安排和部署。供应计划是由某产品生产商的数目及与该产品相关的提前期决定的。产品生产商越多，提前期越短，变量就更加容易预测。如果只有小部分的供应商或者提前期较长，那么市场潜在的不确定性就会很大。同需求可变性一样，供应的不确定性使得预测更加困难。而且产品提前期延长，预测期也会延长。供应链预测必须涵盖一段时间，这包括所有组装最终产品的零部件的综合提前期。

制订供应计划的目的是优化供应，帮助准备各种资源以满足由需求计划产生的需求预测。供应计划不仅要考虑原料、产能、分销等制约因素，还要考虑供应商、外包厂商、运输服务公司的协作，以便它们相应调整自己内部的供应计划，减少实现需求时出现物料短缺的情况。一旦供应短缺导致不能满足所有客户需求，供应计划将依据公司战略目标调配紧缺资源以满足关键客户、关键产品或盈利最大的项目。

4.3 供应链库存计划

4.3.1 库存计划概述

库存计划是指企业以物资储备定额为基础，为使生产过程不受干扰，以最少的物资储备费用保证其正常活动进行，而合理确定物资储备数量的计划。

库存计划包括确定订货的时间以及订货的数量。订货的时间取决于产品需求的平均值、需求变化以及补货计划等。订货的数量则由订单数量决定。

补库计划是库存计划的一部分，传统库存补充方式是零售商根据库存情况向贸易伙伴生成订单。为了快速反应客户“降低库存”的要求，供应商通过与零售商缔结伙伴关系，主动向零售商频繁交货，并缩短从订货到交货之间的时间间隔，由此，连续库存补充计划应运而生。连续库存补充计划也叫自动补货模式（简称 CRP），是利用及时准确的销售时点信息确定已销售的商品数量，然后根据零售商或批发商的库存信息和预先规定的库存补充程序确定发货补充数量和配送时间的计划方法。

4.3.2 制订库存计划的影响因素

企业的物资供应计划为进行物资采购提供了有关采购物资的品种、数量、时间、质量等的资料依据。但是，在制订采购计划时，为防止出现意外造成物资供应不及时而出现对生产过程的干扰，需要考虑以下几方面问题。

（1）一般情况下，物资采购量很难与物资消耗量相吻合，为保证生产活动正常进行，不可避免地需要有一定的库存。

（2）在物资采购中，从订货到供货需要一定的时间。因为有的供货期可能特别长，有的供货商可能拖延供货时间，有时会在运输中发生意外而不能及时供货等。

（3）供应计划中的需求量本身就是一个估算数，与生产实际需要会有一定的差距；而计划采购的数量、质量、品种、时间、期限、地点等，都是预计与预测的结果，与实际采购也会有一定的差距。

（4）在市场经济下，企业的生产会因市场变化而急需增加物资供应，这靠临时制订计划后再采购是不行的，只能靠库存来应付。

（5）从经济效益出发，采用一次订购大量的、能供长期使用的物资，可降低各种采购费用。

可见，企业生产过程的顺利进行，需要以一定的库存作保证；制订企业采购计划不仅需要以供应计划为依据，也需要以库存计划为依据。

4.3.3 制订库存计划的方法

4.3.3.1 定量控制法

定量控制法又称动态盘点法，是指对收发的物资随时进行盘点，当库存量降至订购点时就提出订购的一种方法。其优点是：能准确地掌握库存量的变动，及时提出订货，不易出现缺货；可减少保险储备；可采用经济批量法订购物资，提高企业经济效益；订购批量固定，订购手续简单；盘点较简便，适宜采用电子计算机控制。其缺点是：不能多种物资同时订购，增加了订购次数；不能调整订购批量，未能突出重要物资的保管；订购时间不定，很难编制出周密的采购计划。定量控制法适用于缺货损失大、需要量比较稳定和单价较低的物资。

4.3.3.2 定期控制法

定期控制法是按规定的盘点时间和规定的检查时间对库存量进行盘点和检查并提出订购物资的一种方法。它的优缺点恰好与定量控制法相反。该法主要适用于发货任务繁杂、需要量变化大但可以预测的物资，以及需要量大、重点管理的物资等。

4.3.3.3 最高最低储备量控制法

最高最低储备量控制法是以物资最高和最低储备定额为标准，采用动态或定期盘点，使库存量保持在最高储备定额与最低储备定额之间的范围内的一种方法。当库存量高于最高储备量或低于最低储备量时，应采用催交、调剂、变更运输计划或重新安排生产作业计划等办法来调整储备量。

4.3.3.4 警戒点控制法

警戒点控制法是指预先规定最低储备量稍高的警戒点，当库存量降至警戒点时就采取措施的一种方法。它的优点是可以减少缺货的发生和适当减少保险储备量。

4.3.3.5 储备资金定额法

储备资金定额法指对某类物资规定其最高储备资金定额的一种方法。此法适用于类别物资。类别物资库存量直接关系到流动资金的占用和周转速度，应当严格控制。当类别物资库存量过高时，应及时采取处理积压物资、减少订购批量、调整不同物资的进料时间等措施降低库存量。

4.3.3.6 ABC 控制法

ABC 控制法是根据企业物资的种类，按其重要程度、消耗数量、资金的占用和采购的难易程度等将物资分成 A、B、C 三类，对不同类别的物资实行不同控制和管理的一种方法。

4.3.4 制订库存计划的程序

在制订库存计划时，一般应遵循以下程序：

（1）掌握生产计划和生产作业计划的任务及所需物资的种类、规格、数量、质量和时间等。

（2）掌握物资供应计划和物资采购计划中所提供的数据。

（3）根据物资供应计划和物资采购计划确定仓库的数量、所需设施和人员等。

（4）规定物资的发放时间、数量、原则等。

（5）规定物资的保管方法及控制方法等。

4.4 供应链的综合计划

供应链的综合计划是一种全局性决策，公司通过它决定一定时间内（通常3~18个月）的生产能力、生产安排、转包生产、库存水平、出清库存以及定价等问题，其目标是满足需求以实现利润最大化。

4.4.1 综合计划的作用

由于资源的稀缺性与需求的不确定性，企业必须进行综合计划，以预测需求为基础，决定企业如何利用现有能力（生产能力、库存能力及运输能力）满足顾客需求，以实现供应链利润最大化，为制订生产计划和资源配置等决策提供重要依据。具体来说，供应链的综合计划有以下三方面的作用。

1. 明确目标，指明方向

明确目标是综合计划工作的关键，是供应链中各企业协同一致的基础。供应链成员对目标的理解具有很大的激励作用，必须统一目标，为供应链的各项工作指明方向。

2. 使整个供应链的运营协调有效

供应链的综合计划站在全局的观点，将供应链的各项活动系统化，使整个供应链的运营工作协调有效，以发挥整体优势。

3. 减少不确定性带来的损失

综合计划工作承担着预测不确定性并设法减轻不确定性对供应链带来的损失。

4.4.2 制订综合计划需要的信息

在制订供应链的综合计划之前，计划制订者首先要搜集各种确定的信息，然后依据已知信息采用科学的方法进行决策。制订综合计划需要的信息主要有以下几类。

（1）需求预测：估计未来一定时间内，整个产品或特定产品的需求量。

（2）生产成本：指企业为生产产品而产生的成本，包括工时劳动成本、加班劳动成本、转包生产成本、雇用或解雇工人成本、增加或减少机器生产能力的成本等。

（3）生产单位产品所需的劳动或机器工作小时数。

（4）库存成本：指存储在仓库里的物品和资源所需成本，包括库存持有成本、库存获得成本和库存缺货成本。

（5）限制性因素：妨碍综合计划者进行决策的因素，包括加班时间的限制、可利用资本的限制、库存缺货或积压的限制等。

利用上述信息，综合计划制订者可以确定每一个时期的生产率、员工加班时长、生产能力与库存水平等，具体来说，需要确定以下七类参数的具体值。

（1）生产率：单位时间完成的产品数量。

（2）劳动力数量：生产需要的员工数量或产能数量。

（3）加班量：计划加班的时间。

（4）机械生产能力：单位时间内机器的生产量。

（5）转包：在计划期内的转包生产能力。

（6）延期交货需求：当期没有满足而延迟至未来期交付的需求。

（7）现有库存：计划期内各个时期的库存持有水平。

4.4.3 综合计划策略

综合计划者通过在产能（规定时间、加班时间和转包生产时间）、库存、延期交货或损失销售三者之间的权衡综合，形成以下三种策略。

4.4.3.1 追逐策略

追逐策略指每个计划期内的产量都要与需求预测相匹配的策略。它以生产能力为杠杆，当需求变动时，通过调整机器的生产能力、解雇或雇用劳动力等措施使生产率和需求率保持一致。该策略适用于库存成本很高而改变机器产能或工人人数的成本很低的情形。但是在具体的实施过程中，要想在短期内改变生产能力和工人人数较为困难，并且对员工激励有负面影响。

4.4.3.2 弹性时间策略

弹性时间战略是以利用率为杠杆，当需求变动时，不改变机器生产能力或员工数量，而是通过调整机器或员工的工作时间保持生产率与需求率一致。该策略适用于库存成本很高，但工人或机器设备有剩余生产能力的情形。

4.4.3.3 平稳策略

平稳策略将库存作为杠杆，稳定的机器生产能力和劳动力人数使效率保持不变，生产和需求并不协调，通过改变库存数量进行调节。这种策略适用于库存成本或缺货成本相对较低的情形，能保证员工的稳定性以及设备的高利用率。但这种策略的缺点是库存水平较高，积压产品多。

4.4.4 综合计划的实施

4.4.4.1 综合计划的制订步骤

综合计划的基本目标就是在给定的计划期内以最小的成本实现企业的资源能力和预测需求之间的平衡，最大限度地满足客户需求，并获取最佳经济效益。综合计划的制订步骤如下：

（1）确定综合计划期内各期的市场需求。

（2）确定各期的生产能力。

（3）明确相关政策法规以及公司或部门政策。

（4）确定相关成本。

（5）制订初选的计划，并确定相应的成本。

（6）确定可行的综合计划并报审批。

4.4.4.2 综合计划的基本决策方式

综合计划决策一般可分为两大类决策方式：调整供给的决策方式和调整需求的决策方式。

1. 调整供给的决策方式

根据市场需求制订相应的综合计划，即将预测的市场需求视为给定条件，而从企业供给方面寻求满足需求预测的解决方案，通过有效地调整企业的生产能力，使得企业能够稳妥地应变市场需求的波动，故这种决策模式下的综合计划策略常被称为“稳妥应变型策略”。在调整供给的决策方式下，有五种常用方法：通过新聘或解聘来改变劳动力水平；通过超时工作或减时工作来改变生产率；改变库存水平；外包；聘用非全日制雇员。

2. 调整需求的决策方式

通过调整需求模式，影响企业的市场供给，以此来寻能够有效地、低成本地满足需求的解决方案，故这种决策模式下的综合计划策略常被称为“积极进取策略”。在调整需求的决策方式下，有三种常用的方法：调整价格刺激需求；高峰需求时期的延期交货；导入互补产品。

4.4.4.3 综合计划的预测误差

在具体实践中，预测会不可避免地存在着误差，为了提高综合计划的质量，因此应该考虑误差因素。通常采用安全库存和安全产能两种方法来解决综合计划误差问题。安全库存是指为满足高出预测值的那部分需求所保有的库存。安全生产能力是指为了满足高出预测值的那部分需求所必备的生产能力。这两种方法可以为企业的预测误差提供一个缓冲，具体做法如下。

（1）修建更多的仓库，持有更多的库存，以此作为安全库存的一种形式。

（2）将加班作为安全产能的一种形式。

（3）雇用额外的劳动力作为安全产能的一种形式。

（4）使用转包生产作为安全产能的一种形式。

（5）从开放市场购买产能或产品，作为安全产能的一种形式。

思考题

1. 供应链计划由哪几部分构成？
2. 需求预测有何作用？
3. 进行需求预测有哪些具体方法？各种方法适用于什么情形？
4. 制订供应链库存计划有哪些方法？
5. 简述综合计划的作用以及三种常用的综合计划策略。

案例分析

东风日产供应商产能协同数字化探索

东风日产乘用车公司（以下简称东风日产）成立于2003年6月16日，是东风汽车集团有限公司旗下重要的乘用车事业板块，是涵盖企划、研发、采购、制造、销售、服务业务的全价值链汽车企业。东风日产乘用车公司整车年生产能力达136万辆，发动机年生产能力达134万台。

近年来，汽车市场竞争日趋激烈，并呈现出产销规模扩大化和车型多样化等趋势，企业间的竞争逐步转化为供应链之间的竞争，如何更好地与供应商进行产能协同，受到越来越多汽车制造企业的关注。东风日产充分重视汽车供应链产能协同管理中面临的问题，并采取了一系列做法开展产能协同数字化转型。

一、产销协同的可视化管理

东风日产的产销平衡，是基于一种重要的管理方式——CARFLOW管理机制。CARFLOW管理中使用最核心的工具是CARFLOW数字系统平台，它包含了历史的销售和生产实绩，未来的销售和生产预测及库存推移数据，能直观了解各车型最新销售计划与BP计划差异，能查看生产计划波动幅度和库存合理性。

东风日产各车型生产计划的制定是以公司的事业计划BP（Business Plan）为基础，根据最新的销售需求、工厂产能、供应商产能、库存等影响因素，综合平衡计算后确定各车型的月度生产总量。

CARFLOW计划作为供应商产能确认最为重要数据源头，指导短期、中期、长期的供应商产能协同准备。当生产变动大于一定比率（常规为20%），通过下游各类供应商产能协同数字化管控平台反馈瓶颈项目，生产管理团队成员及时修订CARFLOW计划。

二、新车试作零件的供应协同管理

新车试作零件协同管理，包括全新车、中期改款、各种小改款等各试作或工艺变更引起的变更点管理。其中，需要与供应商能力协同的工作，包括试作部品准备状况管理、试作部品订单管理、试作部品纳入管理、试作部品变更管理等业务。在新车零件变更发生前，首先会进行部品状况的确认，此时需要向供应商发送模具的调查、发点的调查和变更采用的调查，基于供应商反馈的调查结果，制定对策并跟踪计划。

全式样限定计算清单是新车试作阶段的基础数据清单信息。导入的全式样限定计算清单，作为供应商能力调查业务的零件清单来源。通过新车供应协同系统生成限定调查清单，并依据零件限定要求计算结果生成内示订单，向供应商发起零件供货能力调查（供货关系承继调查、模具调查、发点调查）。供应商登录系统，即可在反馈页面填报信息后提交。

通过数字化的供应商新车试作协同管理，系统通过自动生成初版清单，以及后台发送调查清单和回收调查结果等处理，提升了新车试作协同的业务处理效率，有效保证系统间新车变更和生产准备信息的数据一致性。

三、量产国产零部件的产能协同管理

东风日产国产零部件产能协调管理，首要目标旨在快速响应，建立先进的供应商产能管理体系，以确保整体销售与运营计划 S & OP（Sales and Operations Planning）的高效运行，可以快速响应市场变化。销售需求为管理的启动程序，车型需求出现波动时，利用系统数据和条件参数，快速精准定位波动影响的对象供应商及零件需求变化，针对性展开计划满足情况调查。供应商收到系统发出的邮件提醒后，按周次更新具体零件的供应量，以及部分需要东风日产承担额外费用可以追加供应的数量。

项目量产以后，供应商产能的规划已经实施完毕，此时产能将会相对固定在某一个瓶颈水平线左右，再突破瓶颈需要一定周期和投入。通过国产零部件产能管理系统，供应商的瓶颈数据和最新编制的每版生产计划，均独立实时更新。一旦系统分析出现供应风险，会立即报警，避免了人工分析中经验不足或者周期过长的问题，第一时间发现风险，可以为对策争取时间。其次，供应商的闲置能力也可以作为机会被显现，在产销平衡时可以辅助团队制定更为高效的生产计划。

四、海外零部件产能的协同管理

东风日产量产海外零部件产能的协同管理，是通过多个系统共享信息、协同作业来实现的。

海外零件供应协同系统作为内部衔接系统，向供应商端，可实现需求—库存—物流信息收集，将散落在各个子系统的数据进行整合，包括线边库存、仓库库存、在途订单情况、物料清单、生产计划等，计算真实需求数据。向计划销售端，根据供应商产能满足情况及未来到货计划，计算缺件时间及数量，提前预示生产风险，监控自身库存状态，保证库存风险处于可视、可控、可追踪，并根据预示风险，提前制定库存—订单应对策略，降低积压风险。

联盟产能调查系统是东风日产用来面向全球供应商进行产能调查反馈，共享产能信息的系统。通过整合雷诺—日产—三菱联盟供需两端所有信息（全球各生产工厂、进出口零件供应商的产能信息），真实把握全球供应链中长周期供

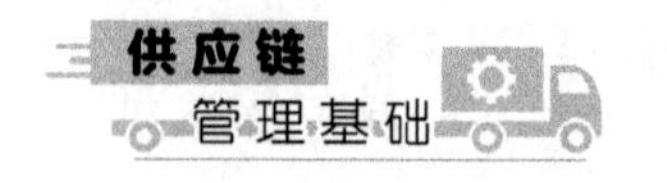

应风险。

五、原材料的产能协同管理

东风日产量产原材料产能协同管理，是以钢材的周订单为试点，联合钢厂销售及生产计划排产团队，以东风日产原材料物流管理系统 MLS（Materials Logistics System）与钢厂的钢材生产销售一体化系统互联互通为基础，通过对未来需求的预测，实现钢厂产能的预分配以及主机厂的订单联动。

钢厂的生产排产部门，会直接根据订单情况进行排产，并且根据产能需求预测进行钢厂产能预分配，在更好地保证主机厂订单产能的情况下，也使得钢厂对于未来订单和产能利用状况更加清晰准确。钢厂的排产和产能预分配确认情况，会返回东风日产 MLS 系统更新订单状态，如存在异议情况，就要启动异议处置方案，调整订货参数进行提取建储。东风日产 MLS 系统采用 EDI 数据通道方式，与钢厂生产销售一体化系统实现数据互通互联。

通过上述数字化建设，东风日产实现了面向制造工厂的原材料、零部件供货协同全流程、覆盖全品牌的供应商产能协同数字化研究与应用，实现了对于新车阶段供应商生产准备数字化管理创新，以及探索与材料供应商核心生产管理系统 EDI 交互的技术创新，为未来继续供应商管理精细化和供应链全面风险管理数字化奠定良好基础。

（资料来源：李少新，乐德林．东风日产供应商产能协同数字化的探索与应用［J］．物流技术与应用．2020，25（09）：76-80，内容有改动。）

案例思考

1. 简述东风日产如何从碎片化的数据着手实现产能协同的？
2. 如何评价东风日产供应商产能协同数字化建设？

能力训练

【训练内容】根据案例分析材料，制订东风日产公司供应商产能协同计划运营方案。

【训练目的】通过训练使学生加深对供应链计划的理解，并运用所学知识解决实际问题，为后续学习奠定基础。

【训练安排】将学生按 4~6 人划分为一个小组，进行适当的任务分工。以小组为单位收集整理相关资料，制订东风日产公司的供应商协同计划运营方案，并制作 PPT 及电子文档进行汇报。教师可组织小组讨论，根据小组讨论情况给予点评。

第 5 章

供应链采购管理

学习目标

1. 掌握采购的内涵及供应链管理环境下采购管理的几种模型；
2. 理解准时化采购的基本概念、特点、基本原则和方法；
3. 知晓供应商管理中的双赢关系管理的概念及方法；
4. 熟悉供应商选择的影响因素和供应商选择的步骤。

引导案例

联合利华的供应链采购

对联合利华（中国）来说，消费者从超市货架上每取走一瓶联合利华生产的洗发水，就意味着它的 1 500 家供应商、25.3 万平方米的生产基地、9 个区域分仓、300 个零售商和经销商都因此而受到牵动。 联合利华的供应链采购管理具有以下几方面特点。

一、深度数据挖掘与需求分析

不同于家电、汽车等耐用消费品比较容易预测消费趋势和周期，快速消费品由于消费者的购买频次更高，消费结构更为复杂，以及销售过程中充满了不确定性，企业较难对其做出需求预测。 最让人头疼的情况是大客户采购，这种情况可能使超市的现有库存顷刻间耗尽。 为了避免类似的手忙脚乱，又不想增加库存加大成本，更不想丢失客户，联合利华需要准确地预测未来的销售情况。 每天，分散在全国各地的业务人员巡店后，将销售数据输入到一个手持终端，源源不断地把销售情况汇总到公司的中心数据库里；与此同时，直接与公司总部数据库对接的，诸如沃尔玛 POS 机系统和经销商的库存系统等，将店里的销售和库存数据及时反映到公司的中心数据库中。 因此，不论是上海中国总部还是伦敦全球总部的管理人员，都能了解到中国超过 1 万家的零售门店在任何一天内的销售情况和业务数据。

二、全球协同采购

2002 年，联合利华在上海成立了全球采购中心，从中国向全球出口原料及成品，这里生产的牙膏最远销售到智利。 如今中国的供应商总数规模已达 1 500 家左右。 利用大数据与业务分析，一些能够同时提高合作方效率的合作会在这里展开：一些在内部被评定为 A 级的供应商被视作战略合作伙伴，它们为生产提供定制化的材料，而公司的设计与研发人员也对供应商的设备、流程等十分熟悉，双方在很早期就针对一款新产品开始合作，联合利华从技术方面对供应商提供指导。

三、高效协同生产

每当商品售出时，生产部门就要和计划部门对接，对售出产品的数据做出响应。 根据售出产品的相关数据，生产计划经理进行分析并做出决策。 除了通过需求计划经理得到需求预测，另外还必须获得其他业务信息，例如，通过采购团队掌握所有供应商的交货能力，通过工厂负责人了解目前生产线上的实际产能，等等。 然后，将这些信息汇集在一起统筹分析，预测下一段时期内的产能供应水平。

根据这些大数据，工厂最终制订生产安排计划，指挥一个年产值为 140 亿元的生产系统在每一周、每一天里如何调度它的每一家工厂、每一条生产线按照速度和专长的不同安排生产（仅洗发水生产线就有十多条），以尽可能达到产能最大化，满足全国各地甚至世界其他地区不断增长的购买需求。

四、渠道供应链管理，赢在货架

联合利华在中国设有 9 个销售大区，首先成品从合肥生产基地的总仓发往上海、广州、北京、沈阳、成都等 9 个城市的区域分仓。 为了保证商品能够准时到达最终的货架，分销资源计划员既要规划路线，又要考虑库存成本和各条运输线上波动的运输能力。 比如，春节是联合利华产品的销售旺季，而临近春节时往西方向的铁路线会很拥挤，公路运输也比较忙，此外还要考虑很多运输过程中临时的突发状况。 因此，必须在充足的数据基础上进行详细周密的分析，并与其他业务部门协商，做出例如“规划如何在西区提前建立库存”等的决策。

（资料来源：楼巧玲．供应链管理实务［M］．北京：中国人民大学出版社，2021，内容有改动。）

联合利华是如何开展供应链下的采购管理的?

5.1 采购与采购管理

5.1.1 采购的内涵

企业竞争环境的变化导致企业管理模式的转变，新的竞争环境体现了企业竞争优势要素的改变。在 20 世纪 70 年代以前，成本是主要的竞争优势，80 年代则是质量，90 年代则是交货时间，即所谓基于时间的竞争，而 21 世纪这种竞争优势转移到所谓的敏捷性上来。在这种环境下，企业的竞争就表现在如何以最快速度响应市场要求，满足多样化的市场需求，即企业必须在实时的需求信息下，快速组织生产资源，把产品送到用户手中，并提高产品的用户满意度。

采购是一个复杂的过程，根据环境的不同可以有不同的定义。狭义地说，采购是企业购买货物和服务的行为。广义地说，采购是企业取得货物和服务的过程。然而，采购的过程并不仅仅是各种活动的机械叠加，它是对一系列跨越组织边界活动的成功实施。长期以来，人们广为接受的采购的定义是："在合适的时候，以合适的质量、合适的数量、合适的价格，从合适的供应商处获得正确的产品和服务等。" 这个概念道出了采购的基本任务，即以最优的成本、从适当可靠的渠道获得所需的原材料和服务。

5.1.2 采购管理及其基本活动

对采购活动进行的领导、组织、计划与控制的总称，就是采购管理。采购管理所包括的基本活动，通常跨越企业内部的功能边界，如果在交易中不是所有职能部门都投入进来，就不能有效地完成采购的过程。成功地实施这些活动，对于买卖双方来说，都能取得尽量大的价值，这有助于供应链价值的最大化。采购管理的基本活动包括以下几个方面。

1. 确定或重新估计客户的需求

采购一般是对用户的需求作出反应。用户可以是企业外部的客户，也可以是企业内部的其他部门，既可以是集体用户（如企业或其他组织），也可以是最终消费者（个体）。采购活动是为了满足用户需求而进行的。用户的需求可以来源于订单，也可以来源于企业对市场需求的预测。在任何情况下，一旦需求被确认，采购过程就可以开始了。需求可以由企业的不同部门（如制造部或销售部），甚至由企业以外的人员来确定（比如客户）。

2. 定义和评估用户的需求

一旦需求确定下来，必须以某种可以衡量的标准形式来定义和表示采购对象。标准可以是简单的，如复印机的用纸标准可以是具有一定数量的白纸，原材料的标准可以是其重量计量单位（如吨或公斤）或计数单位（如个、件等）。如果企业要购买高技术的产品，标准就更加复杂。通过这些标准，采购专业人员可以把这些用户的需求告诉潜在的供应商。

3. 自制与外购决策

在需求由外部供应之前，企业应决定是由自己来制造产品或提供服务还是通过购买来满足用户的需求。即使做出了自己制造或提供的决定，企业也必须从外部供应商处购买某种类型的投入物。目前，这一步骤已变得越来越重要，因为越来越多的企业作出外包的决策，以便集中精力于自己的核心业务。

4. 确定采购的类型

采购的类型将决定采购过程所需的时间和复杂性。按时间和复杂程度不同，采购可以分为三种类型：直接按过去的惯例采购或重新采购；修正采购，需要对目前供应商或投入物作出决定；全新采购，由全新的用户需求引起的采购。

5. 供应市场分析

供应商可以处于一个完全竞争的供应市场（有许多供应商），或在一个寡头市场（有个别大的供应商）或垄断市场（一个供应商）。了解市场类型有助于采购专业人员决定市场供应商的数量、权力与依赖关系的平衡，确定哪种采购方式最有效，如谈判、竞争投标等。市场的信息并不总是明显的，因此必须进行一些研究，参考有关历史资料、行业最新发展动态及行业协会信息等。

6. 确定所有可能的供应商

即找出所有能满足用户需求的供应商。在这一阶段，也可以把过去未被选中的供应商也一起包括在内。在全球化的环境下，找出所有的供应商非常具有挑战性，需要进行一定的研究。如果企业很小，可以依靠常规使用的信息来源，如搜索引擎等。

7. 对所有可能的资源进行初步评估

通过初步评估，选择出可以满足用户需求的少数几家有实力的、优秀的供应商，以备进一步评估。

8. 备选供应商的再评估

对于已经选择出来的少数优秀的供应商，经过再评估后，就有可能确定哪家供应商最能满足用户的要求或期望。如果采购项目既简单又标准，并有足够数量的潜在供应商，采购活动可以通过竞争招标来实现。如果这些条件不存在，则要进行更加详细的评估，测试或模拟最终的使用情况。例如，对汽车的座位安全带进行测试。

9. 选择供应商

供应商的选取决定了买卖双方将建立的关系，这一活动也决定了与未被选上的供应商之间的关系将如何维持。实际选取将根据依次确定的指标数据来进行，如质量、可靠性、服务水平、报价等。

10. 采购执行的评价

供应商确定后，一旦完成相应的产品供应或服务之后，就应对供应商的工作进行评价，以确定其是否真正满足本企业及用户的需求，这也是对采购进行“管理与控制”的活动。如果供应商的工作不能满足用户的需求，必须确定发生这些偏差的原因，并进行适当的纠正。

以上这些活动在实施过程中都会受到采购专业人员控制范围以外因素的影响。这些影响因素可以决定每一个活动执行的效率，它包括企业之间、企业内部的因素以及政府的影响等外部因素。比如，潜在供应商的财务问题会导致采购出现障碍，并有可能推翻前面所做的工作，要重新进行供应商的选择。

5.2 供应链管理环境下的采购管理模式

5.2.1 传统采购模式

5.2.1.1 传统采购模型

传统采购的重点放在如何和供应商进行商业交易的活动上，其特点是比较重视交易过程中供应商的价格比较，通过供应商的多头竞争，从中选择价格最低的供应商作为本企业的供应商。虽然质量、交货期也是采购过程中考虑的重要因素，但在传统采购方式下，这些都是通过事后把关的办法进行控制的，如到货验收等。传统采购过程的重点，尤其是确定供应商的时候，是放在价格的谈判上。因此在供应商与采购部门之间经常要进行报价、询价、还价等来回的谈判，并且多头进行，最后从多个供应商中选择一个价格最低的供应商签订合同，订单才决定下来。传统采购模型如图 5-1 所示。

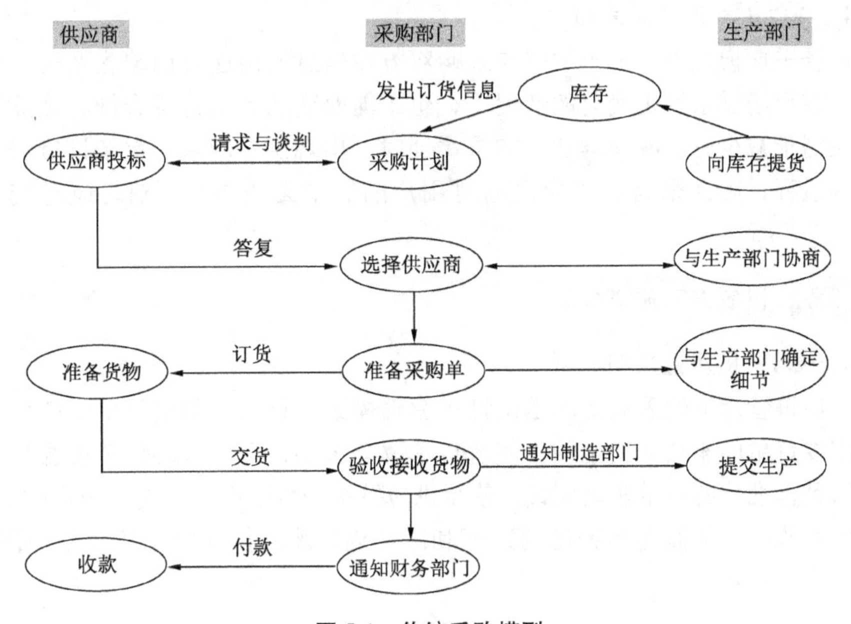

图 5-1　传统采购模型

5.2.1.2 传统采购模式存在的问题

传统采购模式存在的问题主要表现在以下四个方面。

1. 传统采购过程是典型的非信息对称博弈过程

选择供应商是传统采购模式的首要任务。在采购过程中，采购方为了能够从多个竞争性的供应商中选择一个最佳的供应商，往往会保留私有信息。如果给供应商提供的信息越多，供应商的竞争筹码就越大，这对采购方不利。因此，采购方会尽量保留私有信息，而供应商也会在和其他的供应商竞争中保留自己的信息。这样，采购、供应双方都没有进行有效的信息沟通，这就是信息不对称的博弈过程。

2. 传统采购过程的质量控制难度大

质量与交货期是采购方要考虑的两个重要因素。在传统采购模式下，要有效控制质量和交货期只能通过事后把关的办法。因为采购方很难参与供应商的生产组织过程和有关质量控制活动，相互的工作是不透明的。在质量控制上，主要依靠对到货的检查验收，即事后把关。这种缺乏合作的质量控制使采购部门对采购物品质量控制的难度增加，一旦出现不合格产品，即使能够检验出来，也可能会影响整个后续工作流程。

3. 供需关系缺乏战略性合作意识

传统采购模式中，企业通常将供应商看作竞争对手，是一种“零和竞争”模式。因此，供应与需求之间的关系是临时性的，或者短时期的合作，而且竞争多于合作。由于缺乏合作与协调，采购过程中各种抱怨和扯皮的事情比较多，使双方把很多时间消耗在解决日常问题上，没有更多的时间用来做长期性的计划工作。供需之间存在的这种缺乏合作的气氛加剧了运作中的不确定性。

4. 响应用户需求能力弱

传统采购模式中，由于供应与采购双方在信息的沟通方面缺乏及时的信息反馈，在市场需求发生变化的情况下，也不能改变已有的订货合同，因此采购一方在需求减少时，库存增加，需求增加时，出现供不应求。重新订货需要增加谈判过程，因此采购和供应之间对用户的需求无法同步，缺乏应对变化的能力。

5.2.2 供应链采购模式

5.2.2.1 供应链采购模型

供应链管理下的采购活动是以订单驱动模式进行的。制造订单的产生是在用户需要订单的驱动下产生的，制造订单驱动采购订单，采购订单再驱动供应商，这种标准化的订单驱动模式，使得供应链系统可以准时地响应用户的需求，降低库存成本，从而提高物流的速度和库存周转率。供应链采购模型如图 5-2 所示。

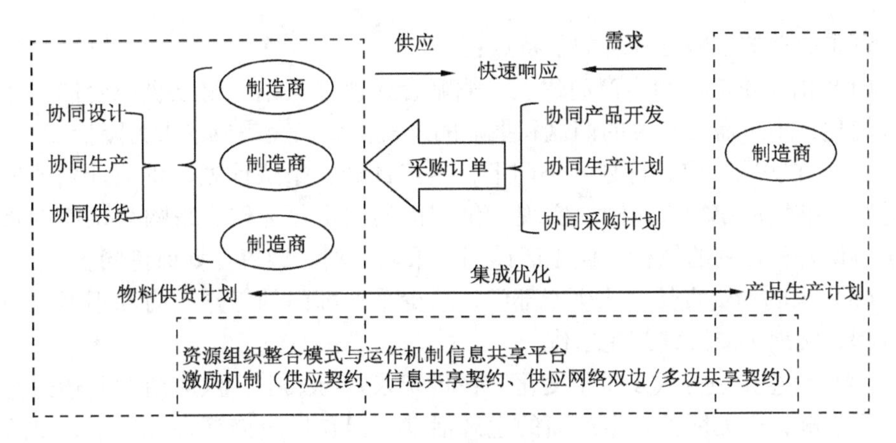

图 5-2　供应链采购模型

在该模型中，整个采购过程的组织、控制、协调都是从供应链集成优化的角度进行的。企业与供应商首先要建立起战略性的合作伙伴关系，与供应商在产品开发、生产和供货方形成协同运作的机制。生产和技术部门通过企业内部的管理信息系统，根据订单编制生产计划和物料需求计划。供应商通过信息共享平台和协同采购机制，可以随时获得用户的采购信息，根据用户企业的信息预测企业需求以便备货。当订单到达时可以迅速组织生产和发货，货物质量由供应商自己控制。这个模型的要点是以协同运作和信息共享实现降低供应链的不确定性，从而降低不必要的库存，提高采购工作质量。实现此模型的关键是企业与供应商建立长期的战略合作伙伴关系，再是畅通无阻的信息交流，最后是供应契约的设计与执行。

5.2.2.2　供应链采购管理的特点

1. 向为订单采购转变

在传统的采购模式中，采购目的就是为了补充库存，即为库存而采购。采购部门并不关心企业的生产过程，不了解生产的进度和产品需求的变化。因此采购过程缺乏主动性，采购部门制订的采购计划很难适应制造需求的变化。在供应链管理模式下，采购活动是以订单驱动方式进行的，制造订单的产生是在用户需求订单的驱动下产生的，制造订单驱动采购订单，采购订单再驱动供应商，如图 5-3 所示。

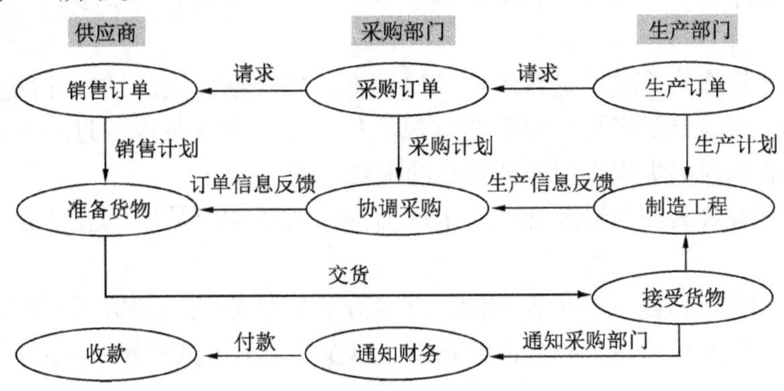

图 5-3　订单驱动采购业务原理

订单驱动的采购方式有如下特点：

（1）由于供应商与生产商建立了战略合作伙伴关系，建立供应合同的手续大大简化，不再需要双方的询盘和报盘的反复协商，交易成本大为降低。

（2）在协同供应链计划的协调下，生产计划、采购计划、供应计划能够并行进行，缩短用户响应时间，实现了供应链的同步化运作。采购与供应的重点在于协调各种计划的执行，使生产计划、采购计划、销售计划保持同步。

（3）采购物资直接进入生产部门，减少采购部门的工作压力和不增加价值的过程，实现供应链精细化运作。

（4）信息传递方式发生了变化。在传统采购方式中，供应商对制造过程的信息不了解，也无须关心生产商的生产活动。但在供应链管理环境下，供应商能共享生产部门的信息，提高了供应商的应变能力，减少了信息失真。同时在订货过程中不断进行信息反馈，修正订货计划，使订货与需求保持同步。

（5）实现了面向过程的作业管理模式的转变。订单驱动的采购方式简化了采购流程，采购部门的作用主要是沟通供应商与生产部门之间的联系，协调供应与生产的关系，为实现精细采购提供基础保障。

2. 向外部资源管理转变

传统的采购管理可以简单地认为就是买卖管理，这是一种交易式的活动，双方都缺乏战略性合作的意识。供应链采购不仅仅是买卖活动，对企业来说，还是一种外部资源管理。

传统采购管理的不足之处，就是企业与供应商之间缺乏合作，缺乏柔性和对需求快速响应的能力。随着市场竞争的加剧，出现了个性化和准时化满足客户订单的需求，这无疑对企业的采购物流提出了严峻的挑战。企业需要改变单纯为库存采购的传统管理模式，增加与供应商的信息联系和相互之间的合作，建立新的供需合作模式，从而提高企业在采购活动上的柔性和对市场的响应能力。供应链采购管理模式就实现了从简单的买卖行为上升到对外部资源（供应商就是企业的外部资源）的战略性管理。

实施外部资源管理也是实施精细化生产零库存生产方式的要求。供应链管理中一个重要思想，是在生产控制中采用基于订单流的准时化生产模式，使供应链企业的业务流程朝着精细化管理方向努力，即实现生产过程的零化管理：零缺陷、零库存、零交货期、零故障、零纸文书、零废料、零事故、零人力资源浪费。

供应链管理的思想就是系统性、协调性、集成性、同步性，外部资源管理是实现该思想的重要步骤，即企业集成。从供应链企业集成的过程来看，它是供应链企业从内部集成走向外部集成的重要一步。

要实现有效的外部资源管理，生产商的采购活动应从以下五个方面着手进行改进。

（1）和供应商建立一种长期的、互惠互利的战略性合作关系。这种合作关系可以保证供需双方能够有合作的诚意，以及参与双方共同解决问题的积极性。

（2）通过提供信息反馈和培训支持，促进供应商改善和保证质量。传统采购管理的不足在于没有给予供应商在产品质量保证等方面的技术支持和信息反馈。在需求越来越顾客化的情况下，产品的质量是由顾客的要求决定的，而不是简单地通过事后的把关能解决的。因此，在这样的情况下，质量管理的工作需要生产企业在提供相关质量要求的同时，也能够及时把产品质量问题反馈给供应商，以便及时改进。对个性化的产品质量提供技术培训，使供应商能够按照要求提供合格的产品和服务。

（3）供应商参与产品设计和产品质量控制过程。同步化是供应链管理的一个重要思想。通过同步化的供应链计划使供应链上各企业在响应需求方面能够采取一致性的行动，增加供应链的敏捷性。实现同步化的措施是并行工程。生产商应该积极组织供应商参与到产品设计和质量控制过程中来，共同设计产品、共同制定有关产品质量标准等，使最终客户的需求信息能在产品开发和生产组织的早期就能让供应商及时了解掌握。

（4）协调供应商的计划。一个供应商有可能同时参与多条供应链的业务活动，在资源有限的情况下必然会造成多方需求争夺供应商资源的局面。在这种情况下，生产企业的采购部门应主动参与供应商的计划协调。在资源可能出现冲突的情况下，保证供应商不至于因为资源紧张而对本企业产生影响，保证供应链能够正常运行，维护企业的利益。

（5）建立不同层次的供应商网络。生产企业应通过逐步减少供应商的数量，致力于与供应商建立合作伙伴关系。一般而言，供应商越少越有利于双方的合作。但是企业的产品对零部件或原材料的需求是多样的，因此不同企业的供应商的数目不同，企业应该根据自己的情况选择适当数量的供应商，建立供应商网络，并逐步减少供应商的数量，致力于和少数供应商建立战略伙伴关系。

外部资源管理并不是采购方的单方面努力就能取得成效的，需要供应商的配合与支持，为此供应商也应该从以下六个方面提供协作：帮助拓展采购方的多种战略、保证高质量的售后服务、对采购方的问题做出快速反应、及时报告可能影响用户服务的内部发现的问题、基于用户的需求不断改进产品和服务的质量。

3. 向战略协作伙伴关系转变

供应链采购管理的第三个特点是供应与需求的关系从简单的买卖关系向双方建立战略协作伙伴关系转变。

在传统的采购模式中，供应商与需求企业之间是一种简单的买卖关系，因此无法解决一些涉及全局性、战略性的供应链问题。基于战略伙伴关系的采购模式为解决这些问题创造了条件。这些问题包括：

（1）库存问题。在传统的采购模式下，供应链的各级企业都无法共享库存信息，因此，各级节点企业都独立地采用订货点技术进行库存决策，不可避免地产生需求信息扭曲的现象，因此供应链的整体效率得不到充分的提高。但在供应链管理环境下，通过双方的合作伙伴关系，供应和需求双方可以共享库存数据，采购决策过程变得透明，减少了需求信息的失真现象。

（2）风险问题。供需双方通过战略性合作关系，可以降低由不可预测的需求变化带来的风险，比如运输过程的风险、信用的风险、产品质量的风险等。

（3）协商机制问题。通过建立合作伙伴关系可以为双方共同解决问题提供便利的条件。合作双方可以为制订战略性的采购供应计划而共同协商，不必要为日常琐事消耗时间与精力。

（5）采购成本问题。通过合作伙伴关系，供需双方都为降低交易成本而获得好处。信息的共享避免了信息不对称的决策可能造成的损失。

（6）组织障碍问题。战略性的伙伴关系消除了供应过程的组织障碍，为实现准时化采购创造了条件。

5.3 准时化采购策略

5.3.1 准时化采购的思想

准时化采购是一种先进的采购模式，也是一种管理思想。它的基本思想是：在恰当的时间、恰当的地点，以恰当的数量、恰当的质量提供恰当的物品。它是从准时化生产发展而来的，是为了消除库存和不必要的浪费而进行的持续性改进。要进行准时化生产必须有准时的供应，因此准时化采购是准时化生产管理模式的必然要求。它和传统采购方法在质量控制、供需关系、供应商的数目、交货期的管理等方面有许多不同，其中供应商的选择和质量控制是其核心内容。两者的区别如表 5-1 所示。

准时化采购不但可以减少库存，还可以加快库存周转、降低提前期、提高货物质量、获得满意交货效果等。

准时化采购与传统采购方式有许多不同之处，两者主要区别如表 5-1 所示。

表 5-1 准时化采购与传统采购的区别

项　目	准时化采购	传统采购
采购批量	小批量，送货频率高	大批量，送货频率低
供应商选择	长期合作，单源供应	短期合作，多源供应
供应商评价	质量、交货期、价格	价格、质量、交货期
检查工作	逐渐减少，最后消除	收货、点货、质量验收
协商内容	长期合作关系，质量和合理价格	获得最低价格
运输	准时送货，买方负责安排	较低的成本，卖方负责安排

续表

项　目	准时化采购	传统采购
文书工作	文书工作量小	文书工作量大
产品说明	供应商革新，强调性能宽松要求	买方关心设计，供应商没有创新
包装	小，标准化容器包装	普通包装，没有特地说明
信息交流	快速、可靠	一般要求

5.3.2 准时化采购的意义

准时化采购对于供应链管理思想的贯彻实施有重要的意义。供应采购采用订单驱动的方式，订单驱动使供应与需求双方都围绕订单运作，也就实现了准时化、同步化运作。要实现同步化运作，采购方式就必须是并行的。当采购部门产生一个订单时，供应商即开始着手物品的准备工作。与此同时，采购部门编制详细采购计划，制造部门也进行生产的准备过程，当采购部门把详细的采购单提供给供应商时，供应商就能将物资在较短的时间内交付给用户。当用户需求发生改变时，制造订单又驱动采购订单发生改变，这样一种快速的改变过程，如果没有准时的采购方法，供应链企业将很难适应。准时化采购策略体现了供应链管理的协调性、同步性和集成性，供应链管理需要准时化采购来保证供应链的整体同步化运作。

5.3.3 准时化采购的特点

相较传统采购模式，准时化采购模式具有以下几个特点。

1. 采用较少的供应商，甚至单源供应的策略

传统的采购模式一般是多头采购，供应商的数量较多。从理论上讲，采用单源供应源比多供应源好。一方面，供应商管理比较方便，也有利于降低采购成本。另一方面，有利于供需之间建立长期稳定的合作关系，质量上比较有保证。但是，采用单一的供应源也有风险，比如供应商因意外原因中断交货，以及供应商缺乏竞争意识等。

在实际中，许多企业并不是很愿意成为单一供应商。原因很简单，一方面供应商是具有较强独立性的商业竞争者，不愿意把自己的成本数据披露给用户；另一方面，供应商不愿意成为用户的一个产品库存点。实施准时化采购，需要减少库存，但库存的成本由采购方转移到供应商。因此，采购方也必须意识到供应商的这种忧虑。

2. 对供应商的选择标准不同

在传统采购模式中，供应商是通过价格竞争来选择的。供应商与用户的关系是短期的合作关系，当发现供应商不合适时，可以通过市场竞标的方式重新选择供应商。但在准时化采购模式中，供应商和用户之间是长期的合作关系，

供应商的合作能力将影响企业的长期经济利益，因此对供应商的要求比较高。在选择供应商时，需要对供应商进行综合评估；在评价供应商时，价格不是主要的因素，质量是最重要的标准，这种质量不单指产品的质量，还包括工作质量、交货质量、技术质量等多方面的内容。高质量的供应商有利于建立长期的合作关系。

3. 对交货准时性的要求不同

准时化采购的一个重要特点是要求交货准时，这是实施精细化生产的前提条件。交货准时取决于供应商的生产与运输条件。作为供应商来说，要使交货准时，可从以下几个方面着手：一是不断改进企业的生产条件，提高生产的可靠性和稳定性，减少由于生产过程的不稳定导致的延迟交货或误点现象。作为准时化供应链管理的一部分，供应商同样应该采用准时化的生产管理模式，以提高生产过程的准时性。二是为了提高交货准时性，要进行有效的运输计划与管理，使运输过程准确无误。

4. 对信息共享的需求不同

准时化采购要求供应与需求双方信息高度共享，保证供应与需求信息的准确性和实时性。由于双方的战略性合作关系，企业在生产计划、库存、质量等各方面的信息都可以及时进行交流，以便在出现问题的时候能够及时处理。

5. 制定采购批量的策略不同

小批量采购是准时化采购的一个基本特征。准时化采购和传统采购模式的一个重要不同之处在于，准时化生产需要减少生产批量，直至实现“一个流生产”（即各工序只有一个工件在流动，使工序从毛坯到成品的加工过程始终处于不停滞、不堆积、不超越的流动状态），因此物资采购也相应采用小批量办法。小批量采购自然会增加运输次数和成本，对供应商来说，这是很为难的事情，特别是供应商在国外等远距离的情形下实施准时化采购的难度就更大。此时可以通过混合运输、代理运输等方式，或尽量使供应商靠近采购方等办法来解决。

5.3.4 准时化采购的原则

准时化采购在具体执行过程中，必须依据一定的原则，主要包括以下几点。

1. 适价

大量采购与少量采购、长期采购与短期采购往往存在价格差异，决策一个适宜的价格必须经过以下步骤：

（1）询价。在采购前，应多方面、多渠道了解市场行情，包括最高价、最低价和平均价。

（2）比价。分析供应商提供的货物或商品的规格、品性、功能、适宜比价的标准。

（3）估价。企业成立估价机构或小组，由采购、业务、技术和会计人员组成，估算出符合企业要求的、较为准确的基本资料。

（4）议价。根据基本资料、市场情报、货物用料、采购量多少、付款方式及时间长短等，与供应商协商制定出一个令双方满意且愿意接受的价格。

2. 适时

由于企业之间竞争异常激烈，企业必须制定非常严密的采购计划，不折不扣地认真执行。特别是要充分掌握进货时间，既能保证生产有序进行，又能保证货物流畅，只有这样，才能合理节约采购成本，提高市场竞争能力。

3. 适量

一般而言，采购货物的数量与价格有一定关系，在一定范围内，采购数量越多，价格越低，但并不是采购越多越好。资金成本、货物储存成本都直接影响采购成本，应综合考虑各种因素，计算出最佳经济采购量。

4. 适质

货物的质量非常重要，直接影响最终产品的质量。如果货物的质量不能符合生产或销售的需要，将会造成一系列后果：经常性退货，管理费用增加；影响生产和销售的连续性，影响成交期，降低企业信誉和竞争能力；增加检查人员和检验次数，增加人员成本。

5. 适地

供应商离采购方越近越好，这样可以降低运输费用，同时采购工作的其他事宜的沟通也会很方便，企业成本也就降低了。

5.3.5 准时化采购的方法

从准时化采购的特点和优点看，成功实施准时化采购的重要关键因素有三个：一是选择最佳的供应商，并对供应商进行有效管理是准时化采购成功的基石；二是供应商与用户的紧密合作是准时化采购成功的钥匙；三是卓有成效的采购过程质量控制是准时化采购成功的保证。

在实践中，围绕以上三点，下面的方法可以作为有效实施准时化采购的参考。

1. 创建班组

一流企业的专业采购人员有三个职责：寻找货源、商定价格、发展与供应商的协作关系并不断改进。因此，专业化的高素质的采购队伍对实施准时化采购至关重要。为此，应成立两个班组：一个是专门处理供应商事务的班组，该班组的任务是认定和评估供应商的信誉、能力，或与供应商谈判签订准时化订货合同，向供应商发放免检签证等，同时要负责对供应商的培训与教育；另外一个班组专门从事消除采购过程中的浪费。

2. 制订计划

制定采购策略，改进采购措施，包括如何减少供应商的数量、评价供应商、向供应商发放签证等内容。在这个过程中，要与供应商一起商定准时化采购的目标和有关措施，保持经常性的信息沟通，确保准时化采购策略有计划、有步骤地实施。

3. 建立伙伴关系

供应商和企业之间互利的伙伴关系，意味着双方充满了一种紧密合作、主动交流、相互信赖的和谐气氛，共同承担长期协作的义务。在这种关系的基础上，供需双方发展共同的目标，分享共同的利益。企业可以选择少数供应商作为工作对象，抓住一切机会加强与他们之间的业务关系。选择供应商从以下几个方面考虑：产品质量、供货情况、应变能力、地理位置、企业规模、财务状况、技术能力、价格，以及其他供应商的可替代性等。

4. 进行试点工作

先从某种产品或某条生产线的试点开始，进行零部件或原材料的准时化供应试点。在试点过程中，取得企业各个部门的支持很重要，特别是生产部门的支持。通过试点，总结经验，为正式实施准时化采购打下基础。

5. 做好供应商的培训，确定共同目标

准时化采购是供需双方共同的业务活动，单靠采购部门的努力是不够的，需要供应商的配合，只有供应商也对准时化采购的策略和运作方法有了认识和理解，才能获得供应商的支持和配合，因此需要对供应商进行教育培训。通过培训，大家达成一致的目标，相互之间就能够很好地协调，做好采购的准时化工作。

6. 向供应商颁发产品免检合格证书

准时化采购和传统采购方式的不同之处在于采购方不需要对采购产品进行过多的检验。要做到这一点，需要供应商能够提供百分之百合格的产品。当其做到这一要求时，即发给免检证书。

7. 实现配合准时化生产的交货方式

准时化采购的最终目标是实现企业的生产准时化。为此，要实现从预测的交货方式向准时化交货方式的转变。

8. 持续改善，扩大成效

准时化采购是一个不断完善和改进的过程，需要在实施过程中不断总结经验教训，从降低运输成本、提高交货的准确性、提高产品的质量、降低供应商库存等各个方面进行改进，不断提高准时化采购的运作绩效。

5.4 供应商的选择与管理

供应商的选择与管理是供应链采购管理中很重要的一个环节，对有效实施准时化采购有着极其重要的作用。

5.4.1 供应商的选择

5.4.1.1 供应商选择方法

供应商选择是企业将投入转换为产出过程的起点，是供应链采购管理的重要内容，是建立供给链合作关系的根源。目前常用的供给商选择方法有以下几种。

1. 直观判断法

这是根据征询和调查的资料并结合采购人员的经验对合作伙伴进行分析、评判的一种方法。

2. 招标法

当订购物资的金额大，可供选择的供应商数量多时，可采用招标法选择适宜的供应商。招标方法竞争性强，企业能在更广泛的范围内选择适当的供应商。但招标法往往手续复杂，所需时间长。

3. 协商选择法

在可选择的供应商较多、企业难以抉择时，可以选择协商选择的方法，即由企业先筛选出供应条件较好的一些供应商，与他们分别进行协商，以确定适宜的合作伙伴。

4. 采购本钱比拟法

采购本钱通常包括价格、订购费用、运输费用等。采购本钱比拟法是通过分析比拟各供给商的采购本钱，选择采购本钱较低的合作伙伴的一种方法。

5. 层次分析法

首先建立供给商评价指标体系，然后根据具有递阶结构的目标、子目标、约束条件建立判断矩阵来评价供应商方案，从而确定合适的供应商。

6. 神经网络算法

将人工神经网络应用于供给管理模式下供给商的选择，其目的主要在于建立接近于人类思维模式的定性和定量相结合的评价选择模型，模仿专家的经验、知识来选择合作伙伴。

5.4.1.2 供应商选择的一般步骤

第一步，成立供给商评价和选择小组。

供给商选择绝不是采购员个人的事，而是一个集体的决策，需要企业各部门有关人员共同参与讨论、共同决定，获得各个部门的认可，参与人员包括采购部的决策者和其他部门的决策影响者。

第二步，确定全部的供应商名单。

通过供应商信息数据库，以及采购人员、销售人员或行业杂志、网站等媒介渠道了解市场上能提供所需物品的供应商。

第三步，列出评估指标并确定权重。

确定代表供应商效劳水平的有关因素，据此提出评估指标。评估指标和权重对于不同行业和产品的供应商是不尽相同的。

第四步，逐项评估每个供应商的履行能力。

为了保证评估的可靠，应该对供应商进行调查。在调查时一方面听取供应商提供的情况，另一方面尽量对供应商进行实地考察。考察小组由各部门有关人员组成，技术部门进行技术考察，对企业的设备、技术人员进行分析，考虑将来质量是否能够得到保证，以及是否能够跟上企业所需的技术，满足企业变动的要求；生产部门考察生产制造系统，了解人员素质、设备配置水平、生产能力、生产稳定性等；财务部门进行财务考核，了解供应商的历史背景和发展前景，审计供应商并购、被并购的可能性，了解供应商经营状况，信用状况，分析价格是否合理，以及能否获得优先权。

第五步，综合评分并确定供应商。

在综合考虑多方面的重要因素之后，就可以给每个供应商打出综合评分，选择出合格的供应商。

5.4.1.3 评价供应商的短期指标

评价供应商的短期主要指标有：物品质量适合、成本低、交付及时、整体效劳水平好。

1. 物品质量适合

采购物品的质量是否符合采购单位的要求是企业生产经营活动正常进行的必要条件，也是采购单位进行采购时首要考虑的因素。质量次、价格偏低的物品，虽然采购成本低，但实际上导致了企业的总成本的增加。因为质量不合格的产品在企业投入使用的过程中，往往会影响生产的连续性和产成品的质量，这些最终都将会反映到企业总成本中去。但是另一方面，质量过高并不意味着采购的物品适合企业生产所用，如果质量过高，远远超过了生产要求的质量，对于企业而言也是一种浪费。因此对于采购物品质量的要求是符合企业生产所需，要求过高或过低都是错误的。评价供应商产品的质量，不仅要从商品检验入手，而且要从供应商企业内部去考察，例如企业内部的质量检验系统是否完善、是否已经通过了ISO9000认证等。

2. 成本低

对供应商的报价单进行成本分析，是有效甄选供应商的方式之一。不过成本不仅仅包括采购价格，而且包括原料或零部件使用过程中到生命周期结束后所发生的一切支出。采购价格低对于降低企业生产经营成本，提高竞争力和增加利润，有着明显的作用。但如果在产品质量、交货时间上达不到要求，或者由于地理位置过远而使运输费用增加，都会增加企业经营成本，因此总成本最低才是选择供应商时考虑的主要因素。

3. 交货及时

供应商能否按约定的交货期限和交货条件组织供货，直接影响企业生产和供给活动的连续性，因此交货时间也是选择供给商所要考虑的因素之一。企业在考虑交货时间时，一方面要降低原料的库存数量，另一方面又要降低断料停工的风险，因此要审慎供应商的交货时间，以决定其是否能成为本企业往来的对象。

4. 整体效劳水平高

供应商的整体效劳水平是指供给商内部各作业环节，能够配合采购方的能力与态度，如各种技术效劳工程、方便订购者的措施、为订购者节约费用的措施等。评价供应商整体效劳水平的主要指标通常有：安装效劳、培训效劳、维修效劳、升级效劳、技术支持效劳等。

5.4.1.4 评价供应商的长期指标

评价供应商的长期指标主要在于评估供应商是否能提供长期而稳定的供给、其生产能力是否能配合本企业的成长而相对扩展、供应商是否具有健全的企业体制、与企业相近的经营理念、其产品未来的发展方向能否符合本企业的需求，以及是否具有长期合作的意愿等。长期指标主要有以下几个。

1. 供应商的财务状况是否稳定

供应商的财务状况直接影响到其交货和履约的绩效，如果供应商的财务出现问题，周转不灵，导致倒闭破产将会造成自身供料缺乏，甚至出现停工的严重危机。因此，供应商的财务状况是考虑供应商长期供货能力的一个重要指标。

2. 供应商内部组织与管理是否良好

供应商内部组织与管理是关系到日后供应商效劳质量的因素。供应商内部组织机构设置是否合理影响着采购的效率及其质量，如果设置混乱，采购的质量和效率会因此下降，甚至由于供应商部门之间的互相扯皮而影响到供给活动能否及时地、高效地完成。另外，供应商的高层主管是否将采购单位视为主要客户也是影响供给质量的一个因素。除此之外，对客户满意程度的认知、对工厂的管理、对采购原材料来源的掌握、生产流程的控制，也是评估供应商内部管理时的重要指标。

3. 供应商工人的状况是否稳定

供应商员工的平均年龄也是反映企业管理中是否存在问题的一个重要指标。假设平均年龄偏高，说明供应商员工流动率低，相反也可能显示出供应商无法吸收新员工的参加。另外，供应商员工的工作态度及受培训的水平，会直接影响到产出的效能，这些都是可以在现场参观时可以观察到的。

5.4.2 供应商与生产商之间的关系模式

供应商与生产商之间存在两种典型的关系模式：传统的竞争关系模式和合作性关系（双赢关系）模式。

竞争关系模式下的采购特征为：买方同时向若干供应商购货，通过供应商之间的竞争获得价格好处的同时，也保证供应的连续性；买方通过在供应商之间分配采购数量对供应商加以控制；买方与供应商是一种短期合同关系。

双赢关系模式是一种合作的关系，这种关系强调在合作的供应商和生产商之间共同分享信息，通过合作和协商协调相互的行为：生产商对供应商给予协助，帮助供应商降低成本、改进质量、加快产品开发进度；通过建立相互信任的关系提高效率，减少交易和管理成本；通过长期的信任合作取代短期的合同；较多的信息交流。

准时化采购采用的模式就是合作性的关系模式，供应链管理思想的集中表现也是合作与协调性。因此，建立一种双赢的合作关系对于实施准时化采购是非常重要的。通过建立准时化采购策略，把生产商的准时化采购思想扩展到供应商，加强供需之间的联系与合作，在开放性的动态信息交互下，面对市场需求的变化，供应商能够作出快速反应，提高了供应商的应变能力。对生产商来说，通过和供应商建立合作关系，实施准时化采购，管理水平得到提高，生产过程与产品质量得到有效的控制，成本降低，生产的敏捷性与柔性增加。

思考题

1. 采购的基本活动有哪些?
2. 供应链采购管理与传统的采购管理有何不同?
3. 简述准时化采购的思想和原则。
4. 准时制采购的特点有哪些?
5. 简述供应商选择的方法和步骤。

案例分析

海尔的采购管理

一、海尔 JIT 采购

为适应海尔集团（以下简称海尔）的发展，海尔物流通过实行 JIT（Just In Tinre）采购，优化了采购管理。现在海尔集团做到了“需要多少，采购多少”，每年环比降低材料成本 6%。

JIT 采购要考虑销售的淡季和旺季问题，在旺季之前要提前预算。海尔目前一个月的预测精度可达到 80%，三个月的预测精度为 50%。另外，海尔的 JIT 采购一般不能退回，无逆向物流。

二、海尔供应商管理

海尔从 1998 年开始优化供应商网络，打散原来的供应商体系，重新选择供应商，强强联合，合作共赢。海尔的供应商从 2 200 多家优化到 721 家，其中世界 500 强企业有 59 家，从侧重质量转向侧重全过程的激励与控制。对供应商的主要激励措施通过配额分配，配额比例由原来的人工统计数字到现在的由系统根据质量考评、供货考评和价格排名三个综合因素决定。

在战略合作过程中，海尔会根据生产经营的实际情况向供应商下达采购订单，例如要求厂家控制瓦楞纸箱用料，保证纸箱尺寸（包括内径尺寸、外径尺寸、加工尺寸）精确无误，版面印刷准确，印刷颜色统一，订单交付周期一般为 10 天。海尔对供应商的评价主要侧重于质量、成本、交货期、能否参与到早期设计过程等。海尔集团还会对供应商进行定期考核，若供应商 3 个月绩效不合格，便会被淘汰。

三、海尔电子采购平台

海尔物流与供应商还搭建起公平、互动、双赢的采购协作平台。通过海尔的电子采购平台，所有的供应商均在网上接收订单，并通过网上查询计划与库存状态，及时补货，实现 JIT 供货。另外，海尔与招商银行联合，与供应商实现网上货款支付（实现网络结算的供应商占 70%~80%），一方面，付款及时率与准确率均达到 100%，另一方面，每年可节约供应商上千万元费用。海尔另外搭建起了全球网上招标平台（www. ihaier. com），使全球供应商可以在网上注册登记，查看合作招标项目、在线模拟招标、在线招投标，网上反向拍卖（海尔大部分零部件价格通过网上招标和反拍卖实现），网上查询招标公示等。全球网上招标平台建成后，不仅使海尔供应商网络能力迅速提高，而且实现了公平、公开、公正的招标原则，提高招标过程的透明化，使海尔广纳全球网络资源，提升企业的核心竞争力。

由于海尔物流引入物流信息系统，可以用最快速度满足用户的需求，并使物流途中的质量损失几乎降为零；海尔物流按订单采购，按订单配送，每天对异常信息进行跳闸控制，加快了现金流周转，运营成本损耗也成功下降为零。通过海尔的电子采购平台，物流本部订单周期缩短，及时性、准确性提高。

目前，海尔物流已经建成国际物流中心，引入激光导引无人运输车系统等世界先进技术，实现了物流的自动化与智能化。完全做到了即时采购、即时配送、即时分拨物流，存仓库内的呆滞物资减少了 90%，库存资金减少了 63%。

（资料来源：王海军，杜丽敬．供应链管理［M］．北京：清华大学出版社，2021：66，内容有改动。）

案例思考

1. 海尔的采购管理有哪些特点？
2. 海尔是怎样在采购管理中体现供应链思想的？

能力训练

【训练内容】根据案例分析材料，制订海尔供应链采购运营方案，并说明其运作过程。

【训练目的】通过训练使学生加深对供应链采购管理知识的理解，从整体上了解海尔供应链采购过程。

【训练安排】将学生按4~6人划分为一个小组，进行适当的任务分工。以小组为单位收集整理相关资料，制订海尔供应链采购运营方案，提出海尔供应链采购管理的优化建议，并制作PPT及电子文档进行汇报。教师可组织小组讨论，根据小组讨论情况给予点评。

第 6 章

供应链生产管理

学习目标

1. 了解供应链环境下生产管理与传统生产管理的区别；
2. 掌握经典的供应链生产计划；
3. 掌握面向供应链的生产计划实施方法；
4. 掌握供应链管理环境下的生产策略。

引导案例

海天味业的供应链精细化管理

1955 年，佛山市的 25 家酱园经重组后合并为一家酱油厂——海天酱油厂。1994 年，海天酱油厂通过产权改革从全民所有制企业转制为有限责任公司，企业改名为佛山市海天调味食品有限公司（以下简称海天味业）。2005 年，海天味业建成海天高明生产基地一期，利用现代科技提升产品质量和生产工艺。2013 年，海天味业销售额突破百亿元，并提出了“五年再造一个海天”的宏伟蓝图。2014 年，海天味业以发行价 51.25 元成功上市 A 股，筹资渠道的拓宽为海天味业扩大产能、规模提供了资金支持，同时，规模的扩大也增加了企业管理的困难性，尤其是以存货为核心的供应链管理。2018 年，海天味业实现 2013 年设定的目标，在规模和利润上较 2013 年翻了一倍，显示出海天味业“扶摇直上”的发展势头，进一步巩固了海天味业的行业地位。如今的海天味业拥有 10 多条国际领先水平的全自动生产线、面积巨大的天然晒池、规模在全球首屈一指的调味品生产基地，拥有年产量超过 200 万吨的生产能力，销售网络全方位、立体式、多层级，成功覆盖全国大部分区域，拥有专利技术等 200 多项。

海天味业的供应链管理经历了从常规化、规范化到精细化发展阶段，不断强化链接协作管理，强调整体上提升企业效益。自 2014 年起，海天味业一方面在原材料、生产、管理、营销、物流甚至研发等方面逐步开放与相关行业、主流企业的合作，实现供应端、生产端、销售端的良性互动发展。另一方面，海天味业利用积累的调味品管理、研发渠道等优势，致力于运用创新技术、现代化生产科技优化物流环节，从而实现：完善库存调节，兼顾经销商管理利益，创造双赢局面；进行策略性采购，使得资源集约化；运用 MES、LDS 等信息系统，加强对产品流（物流）、资金流及信息流的控制，加快企业资源的整合和供应链升级优化，实现生产协同、供应协同、需求协同。

海天味业核心产品包括调味、酱蚝油、酱油。蚝油等非发酵类调味品的生产周期相对较短，企业根据销售部门的销售计划来制定生产计划，即以销定产，从而提高存货周转速度，降低存货储存成本。而酱油、调味酱等发酵类调味品一般需要半年左右的连续发酵周期，生产流程也较为复杂（图 6-1），一般情况下在存货期末余额中半成品占很大比例。对于此类产品，企业在存货管理上要围绕如何降低存货周转天数、降低仓储成本、加快生产物流速度来提高生产运营效率，而只有生产物流快速无缝严密衔接才能够实现目标。2016 年，海天启动“海天精品”工程。为实现转型升级，海天味业进一步推进智能车间打造，海天味业的酱油产品包装车间纸箱自动拆垛项目于 2016 年正式投入使用。

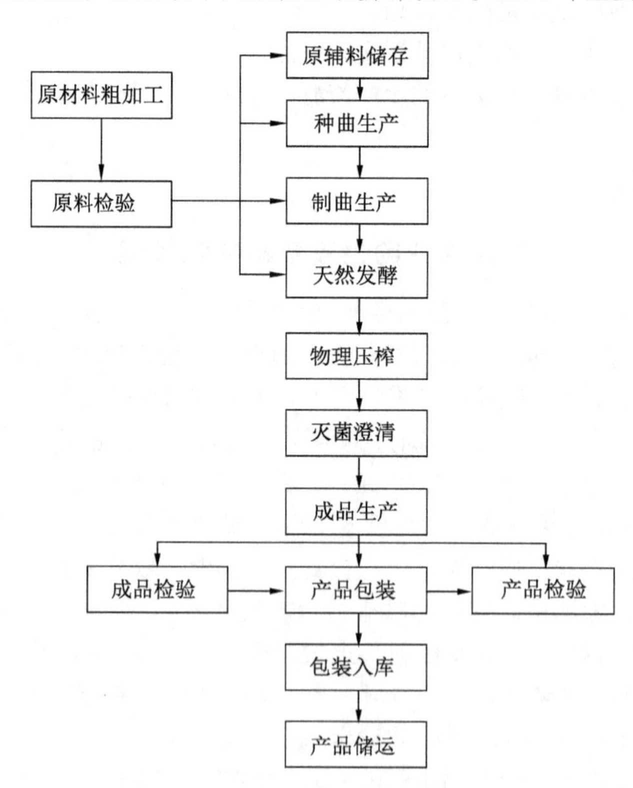

图 6-1　海天味业酱油类发酵产品生产流程图

（资料来源：王影，等. 海天味业：供应链管理强化之路［R］. 中国管理案例共享中心案例库，内容有改动。）

结合案例材料，归纳海天味业供应链精细化管理的措施。

6.1 供应链管理环境下的生产管理

6.1.1 供应链生产管理

6.1.1.1 供应链生产管理的概念

供应链生产管理主要是针对供应链中的生产商进行的，是指可以在不同地点完成供应链各项生产任务的所有部分组成的系统。在供应链中从事生产活动的生产商通过采购、生产、配送等环节将原材料加工为产品，在这个过程中得到了价值增值。生产商通过为下游厂商或客户提供产品或服务来创造价值，获得利润。而零售商通过向生产商购买产品并出售给消费者，获得相应利润。供应链的所有企业包括原材料供应商、生产商、销售商，任何一个环节出现差错将导致整个供应链效率的降低甚至瘫痪。因此要实现供应链的有效运作就需要供应链上下游的各个环节密切配合。简单来说，供应链环境下的生产管理就是生产商与供应链中的其他合作伙伴在生产过程和物流过程等领域建立合作关系并组织生产和协调的各项活动，通过整合各合作方的优势资源，资源共享，使供应链生产规模及效率达到最佳。

6.1.1.2 供应链生产管理的特点

现代供应链生产管理是将供应商、制造商、分销商、零售商直到最终用户连成一个整体的功能网链模式。集成化管理模式、全过程的生产统筹管理、全新的库存观、以最终用户为中心是现代供应链生产管理的四大特点。

1. 集成化管理模式

以往的管理以职能部门为基础，常常因职能矛盾、利益目标冲突、信息分散等原因，各职能部门无法完全发挥其内在效能，导致整体目标最优化很难实现。而供应链生产管理把供应链中所有节点企业看成一个整体，以供应链的流程为基础，物流、信息流、价值流、资金流、工作流贯穿于供应链生产管理的全过程。通过业务流程重组，消除各职能部门以及供应链成员企业的自我保护主义，实现供应链组织的集成与优化。

2. 全过程的生产统筹管理

供应链是由供应商、制造商、分销商、零售商、客户组成的网络结构，供应链中各环节不是彼此分割的，而是环环相扣的一个有机整体。从整体上考虑，如果只依赖于部分环节信息，则由于信息局限或失真，就可能导致决策失误、计划失控、管理失效。所以，只有运用生产统筹管理的思想才能有效实现供应链生产管理的目标。

3. 全新的库存观

以往的库存管理思想认为，库存是维系生产与销售的必要措施，因而企业与其上、下游企业之间在不同的市场环境下只是实现了库存的转移，整个社会的库存量并未真正减少。而供应链的形成使供应链上各个成员间建立了战略合作关系，通过快速反应真正实现了总体库存的大幅度降低。

4. 以最终用户为中心

不管供应链的连接企业有多少种类型，也不论供应链的层次有多少，供应链都是由客户需求驱动的，也就是说，正是最终用户的需求，才使得供应链得以存在。而且只有客户取得成功，供应链才能延续发展。因此供应链管理必须以最终客户为中心，将客户服务、客户满意与客户成功作为管理的出发点，并贯穿于供应链管理的全过程；将改善客户服务质量、实现客户满意、促进客户成功作为创造竞争优势的根本手段。

6.1.2 供应链生产系统

6.1.2.1 传统企业生产系统面临的挑战

传统的企业生产系统和整个企业管理追求的是量产生产方式，主要依靠规模效益机制来实现企业利润目标，即按标准化、系列化和通用化要求，力争在大批量生产条件下降低生产成本，提供生产效率和效益，它适宜于经济高速增长、需求相对稳定的市场环境下。在供应链管理环境下，传统的企业生产系统显现出许多缺陷，主要有以下方面。

（1）生产系统设计没有考虑供应链的影响。传统的制造业企业生产系统在设计时只考虑生产过程本身，而没有考虑生产过程以外的因素对企业竞争力的影响。

（2）供、产、销系统没有形成“链”。虽然它们都是企业的基本活动，但在传统的运作模式下，供、产、销各自为政、相互脱节，物流和信息流经常扭曲、变形。

（3）内部各部门片面追求自身利益。由于激励机制以部门目标为主，孤立地评价部门业绩，造成企业内部各部门注重自身利益，较少考虑整个企业和供应链整体利益。

（4）信息管理手段落后。传统企业大多仍旧沿用纸质化沟通与信息传输工具，信息管理手段落后，沟通效率低下。

（5）在市场响应、用户服务和企业间协作等方面没有完善的评价标准与激励机制。

（6）各个相关企业生产系统之间没有形成相互协调的整体系统。企业与各供应商、用户之间没有协调一致的生产计划与控制机制，往往各行其是，不能有效地衔接。

（7）对市场不确定性变化，没有建立有效的跟踪与控制系统。

（8）企业与供应商、经销商没有形成紧密的合作伙伴关系，往往从短期效益出发，挑起供应商之间、经销商之间的价格竞争，易失去彼此的信任与合作。

6.1.2.2 供应链生产系统概述

1. 供应链生产系统的概念

供应链生产系统是以核心企业的业务流程为中心向上下游拓展的。一般来说，供应链环境下核心企业所承担的业务流程是自身具有竞争优势能力的流程，而不具有竞争优势的相关流程则由在该领域具有独特优势的合作伙伴承担。这样，供应链环境下的生产系统结构包含了两个以上的合作伙伴，他们作为核心企业不同的合作关系类型，匹配在合作关系矩阵中。他们使用具有相对优势的专业技能和方法，以一定的合作方式和范式协同完成自身所承担的业务流程。核心企业与合作伙伴企业全部业务流程有机集成形成了供应链生产系统的流程结构。此外，供应链环境下还需要一些相关的关系结构的融合，从而形成完整的、动态的生产系统结构（图 6-2）。

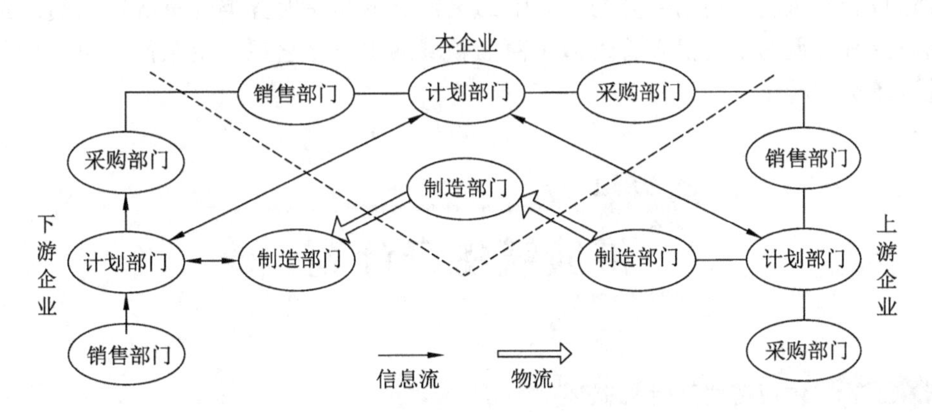

图 6-2 供应链生产系统结构

2. 供应链生产系统的分类

供应链生产系统可以分为战略性生产系统、虚拟企业生产系统、区域生产系统、操作性生产系统和内部生产系统。

（1）战略性生产系统。在该生产系统中，通常有一个最终产品制造商或者与最终客户关系密切的商业企业作为战略核心企业，由它来确定周围的系统，组织其他企业与核心企业建立合作关系。为了保持自身竞争力和独立性，核心企业也向系统之外的买主提供商品。战略性生产系统的目的在于有效地利用供应链资源，创造一个可预测的、相对平稳的良好市场。

（2）虚拟企业生产系统。在这种系统中，各个具有核心职能的独立企业以共同的商业理念为基础，共同生产。它们在信息交换的基础上完成各自的功能，因此适用于已经建设了大规模的信息技术框架，生产循环极短的“低技术价值创造”（如服装和玩具制造）、快速发展的高科技工业（如电子业、新能源）及其价值创造过程。这种合作受时间点或相对较短的时间段（近似于短期项目的时间）限制。对客户来说，他们是一个整体单位。

（3）区域生产系统。这种系统以中小企业空间上的聚集为基础，实现高度的专业化分工。系统内的企业与本地区其他企业保持着潜在关系，并根据具体情况选择合作伙伴，它们的价值创造活动几乎不受规模递减规律的影响，因此其“最小有效规模”也就变得非常小。如美国硅谷就是典型的区域生产系统，还有中国长三角新能源汽车产业集群、河南省培育钴生产系统等。

（4）操作性生产系统。这是指由组织间信息系统支撑的企业，利用短期的生产能力特别是在生产和物流（仓储、运输和包装）方面的富余能力，与合作伙伴进行分工协作。操作性生产系统一般执行相对标准化的交易，涉及大多数价值创造程序的单个活动。在项目合作方面，它与虚拟企业类似，但更着眼于短期的个别交易，涉及大多数价值创造程序的单个活动。它具备“电子购物特征”，但更注重实际产品生产能力的交换和 B2B 领域。

（5）内部生产系统。这是指供应链中的每个企业在内部应尽可能地自主建立市场合作机制，利用共同的、有限的集约资本和高度分类的资源协调组织经营。这种类型的系统代表着近似于商业领域的组织，它在一定条件下可以向其他系统类型转化。

6.2 供应链生产计划

6.2.1 供应链生产计划概述

6.2.1.1 供应链生产计划的特征

供应链管理环境下的生产计划具有以下几个方面的特征。

（1）开放性。经济全球化使企业进入全球开放市场，企业会受到全球市场环境的影响，开放性是当今企业组织发展的趋势。供应链是一种网络化组织，供应链管理环境下的企业生产计划信息已跨越了组织的界限，形成了开放性的信息系统。

（2）动态性。供应链环境下的生产计划信息具有动态的特性是市场经济发展的必然。为了适应不断变化的顾客需求，使企业具有敏捷性和柔性，生产计划的信息随市场需求的更新而变化，要求生产计划具有更多的柔性和敏捷性。

（3）集成性。供应链是集成的企业，是扩展的企业模型，因此供应链环境下的企业生产计划信息是不同信息源的信息集成，集成了供应商、分销商的信息，甚至消费者和竞争对手的信息。

（4）群体性。供应链是分布式的网络化组织，具有网络化管理的特征。供应链企业的生产计划决策过程是一种群体协商过程，企业在制定生产计划时不但要考虑企业本身的能力和利益，同时还要考虑合作企业的需求与利益，是群体协商决策过程。

（5）分布性。供应链企业的信息来源从地理上是分布的，信息资源跨越部门和企业，甚至全球化，通过即时信息通信和交流工具企业能够把分布在不同区域和不同组织的信息进行有机地集成与协调，使供应链活动同步进行。

6.2.1.2 传统生产计划和控制模式与供应链管理思想的差异

如表 6-1 所示，传统生产计划和控制模式与供应链管理思想的差距主要表现在以下方面。

表 6-1 传统生产计划和控制模式与供应链管理思想的差异

差异	传统生产计划与控制模式	供应链管理思想
决策信息来源	需求信息（用户订单、需求预测）和资源信息	多源信息（企业内部、供应商、分销商和用户）
决策模式	集中式决策	分布式、群体决策
信息反馈机制	链式反馈，按组织层级递阶	网络化管理，并行化信息传递
计划运行环境	相对固定的市场环境，计划缺乏柔性	不确定、动态性的市场环境，计划具有柔性和敏捷性

1. 决策信息来源的差异

生产计划的制定要依据一定的决策信息，即基础数据。在传统的生产计划决策模式中，计划决策的信息来自两个方面，一方面是需求信息，另一方面是资源信息。需求信息又来自两个方面，一个是用户订单，另一个是需求预测。资源信息则是指生产计划决策的约束条件，信息多元化是供应链管理环境下的主要特征。在供应链环境下，资源信息不仅仅来自企业内部，还来自供应商、分销商和用户。

2. 决策模式的差异

传统的生产计划决策模式是一种集中式决策，而供应链管理环境下的决策模式是分布式的、群体决策过程。基于多代理的供应链系统是立体的网络，各个节点企业具有相同的地位，有本地数据库和领域知识库，在形成供应链时，各节点企业拥有暂时性的监视权和决策权，每个节点企业的生产计划决策都受到其他企业生产计划决策的影响，当一个企业的生产计划发生改变时需要其他企业的计划也做出相应的改变，这样供应链才能获得同步化的响应。

3. 信息反馈机制的差异

企业的计划能否得到很好的贯彻执行，需要有效的监督控制机制作为保证。要进行有效的监督控制必须建立一种信息反馈机制。传统的企业生产计划的信息反馈机制是一种链式反馈机制；供应链管理环境下企业信息的传递模式则是以团队工作为特征的多代理组织模式，在这种模式下企业生产计划信息的传递不是沿着企业内部的递阶结构（权力结构），而是沿着供应链不同的节点方向（网络结构）传递。

4. 计划运行环境的差异

供应链管理的目的是使企业能够适应剧烈多变的市场环境需要。复杂多变的环境，增加了企业生产计划运行的不确定性和动态性因素。供应链管理环境下的生产计划是在不稳定的运行环境下进行的，而且生产计划涉及的多是订单化生产，这种生产模式动态性更强。因此生产计划与控制要更多地考虑不确定性和动态性因素，使生产计划具有更高的柔性和敏捷性，使企业能对市场变化做出快速反应。

6.2.1.3 供应链管理环境下生产计划编制的特点

在供应链管理下，企业的生产计划编制过程有了较大的变动，在原有的生产计划制定过程的基础上增添了新的特点。

1. 具有纵向和横向的信息集成过程

这里的纵向指供应链由下游向上游的信息集成，而横向指生产相同或类似产品的企业之间的信息共享。在生产计划编制过程中上游企业的生产能力信息在生产计划的能力分析中独立发挥作用。通过在主生产计划和投入出产计划中分别进行的粗、细能力平衡，上游企业承接订单的能力和意愿都反映到了下游企业的生产计划中。同时，上游企业的生产进度信息也和下游企业的生产进度信息一道作为滚动编制计划的依据，其目的在于保持上下游企业间生产活动的同步。外包决策和外包生产进度分析是集中体现供应链横向集成的环节。企业在编制主生产计划时所面临的订单，在两种情况下可能转向外包：一是企业本身或其上游企业的生产能力无法承受需求波动所带来的负荷；二是所承接的订单通过外包所获得利润大于企业自己进行生产的利润。同时，由于企业对该订单的客户有着直接的责任，因此也需要承接外包的企业的生产进度信息来确保对客户的供应。

2. 丰富了能力平衡在计划中的作用

在供应链管理下制订生产计划过程中，能力平衡发挥了以下作用：（1）为修正主生产计划和投入出产计划提供依据，这也是能力平衡的传统作用；（2）能力平衡是进行外包决策和零部件（原材料）急件外购的决策依据；（3）在主生产计划和投入出产计划中所使用的上游企业能力数据，反映了其在合作中所愿意承担的生产负荷，可以为供应链管理的高效运作提供保证；（4）在信息技术的支持下，对本企业和上游企业的能力状态的实时更新使生产计划具有较高的可行性。

3. 计划的循环过程突破了企业的限制

在企业独立运行生产计划时，一般有三个信息流的闭环，而且都在企业内部：

（1）主生产计划—粗能力平衡—主生产计划。

（2）投入出产计划—能力需求分析（细能力平衡）—投入出产计划。

（3）投入出产计划—车间作业计划—生产进度状态—投入出产计划。

在供应链管理下生产计划的信息流跨越了企业，从而增添了新的内容：

（1）主生产计划—供应链企业粗能力平衡—主生产计划。

（2）主生产计划—外包工程计划—外包工程进度—主生产计划。

（3）外包工程计划—主生产计划—供应链企业生产能力平衡—外包工程计划。

（4）投入出产计划—供应链企业能力需求分析（细能力平衡）—投入出产计划。

（5）投入出产计划—上游企业生产进度分析—投入出产计划。

（6）投入出产计划—车间作业计划—生产进度状态—投入出产计划。

需要说明的是，以上各循环中的信息流都只是各自循环所必需的信息流的一部分，但可对计划的某个方面起决定性的作用。

6.2.1.4　供应链管理环境下的生产计划的新问题

供应链管理环境下的生产计划与传统生产计划有显著不同，这是因为在供应链管理下，与企业具有战略伙伴关系的企业的资源通过物资流、信息流和资金流的紧密合作而成为企业制造资源的拓展。在制订生产计划的过程中，主要面临以下三方面的新问题。

1. 柔性约束

供应链的柔性是指供应链快速而经济地应对生产经营活动中各种不确定性的能力。为了减少市场环境的不确定性和供应链本身的不确定性所带来的不利影响，管理者一般要采取多方面的对策来获得供应链的柔性。

对生产计划而言，柔性是双方共同制定的一个合同要素；对于需方而言，它代表着对未来变化的预期；而对供方而言，它是对自身所能承受的需求波动的估计。下游企业的柔性对企业的计划产量造成的影响在于：企业必须选择一个在已知的需求波动下最为合理的产量，而由于供应链是首尾相连的，企业在确定生产计划时还必须考虑上游企业的利益。

增强供应链柔性会增加供应链管理的难度，例如，增强供应链柔性会增加生产计划编制与实施的复杂性和难度等。因此，在制订生产计划时应充分考虑供应链中各种柔性约束条件。

2. 生产进度

生产进度信息是企业检查生产计划执行状况的重要依据，也是滚动制定生产计划过程中用于修正原有计划和制定新计划的重要信息。在供应链管理环境下，生产进度计划属于可共享的信息。这一信息的作用在于使供应链上游企业了解下游企业真实需求信息，并准时提供物资。这种情况下，下游企业可以了解到上游企业的生产进度，然后适当调节生产计划，避免不必要的库存，使供应链上的各个环节紧密地衔接在一起。但是如何有效实现生产进度信息共享，是制订供应组管理生产计划的一大难题。

3. 生产能力

供应链管理要求整条链上有关企业的生产能力相互衔接并相互匹配，所以每个企业以及整个供应链的生产能力大小将直接影响和制约着供应链的生产规模与水平，当然也制约着企业生产计划的制订。对于一个企业来说，它在编制生产计划时，一方面必须考虑到上下游企业生产能力上的约束，另一方面也可以借助外部资源，利用上下游企业的生产能力，来弥补自己资源和生产能力的不足。

6.2.2 经典的供应链生产计划

6.2.2.1 物料需求计划

物料需求计划（Material Requirement Planning，MRP）是由美国著名生产管理和计算机应用专家欧·威特和乔·伯劳士在对多家企业进行研究后提出来的。MRP 被看作是以计算机为基础的物料管理和生产方式，它建立在主生产计划（Master Production Schedule，MPS）的基础上，是根据产品的物料清单（Bill of Material，BOM）、库存记录、工艺路线、批量政策和提前期等技术和管理特征经由计算而得到各种相关需求，包括原材料、毛坯和外购件的采购需求和零部件生产加工、装配的生产作业计划，同时提出各种新订单的补充建议，以及修正各种已开出订单的一种实用技术，从而达到有效管理和控制企业物料流动的微观计划。

MRP 思想的提出解决了物料转化过程中的几个问题：何时需要？需要什么？需要多少？MRP 在企业的应用不仅解决了数量上的缺料问题，而且解决了时间上的缺料问题，实现了低库存和高水平服务的共存。

1. MRP 的基本原理

物料管理包括物料的库存管理、物料需求的计划管理、企业各个部门中物料数量的协调和控制以及物料的采购和运输管理等。MRP 的基本原理为：基于市场需求预测和客户订单制订的主生产计划，首先根据需求推出相关物料（原材料、零部件、组件邻）的需求量和需求时间，然后确定其全产（或订货）的时间和进度。一种产品往往由多种部件组装而成，每种部件又是由多种零部件和材料制造而成。产品、零部件及材料用品之间又组成了彼此依赖的需求关系。由计算机系统根据此关系制订企业的物料需求计划。

2. MRP 的基本结构

MRP 基本结构如图 6-3 所示。一般情况下，物料管理有两个目的：一是保证整个生产过程连续进行，不能因物料供应不足而出现生产中断的现象；二是尽可能减少库存量，不应该出现因物料库存数量过多造成占用过多的流动资金、过多的仓库位置和物料浪费等现象。MRP 需要回答以下问题：（1）生产什么？生产多少？何时生产？（2）要用到什么？用到多少？何时用到？（3）已经有了什么？有多少？何时使用？（4）还缺少什么？缺少多少？何时需要？（5）何时安排？

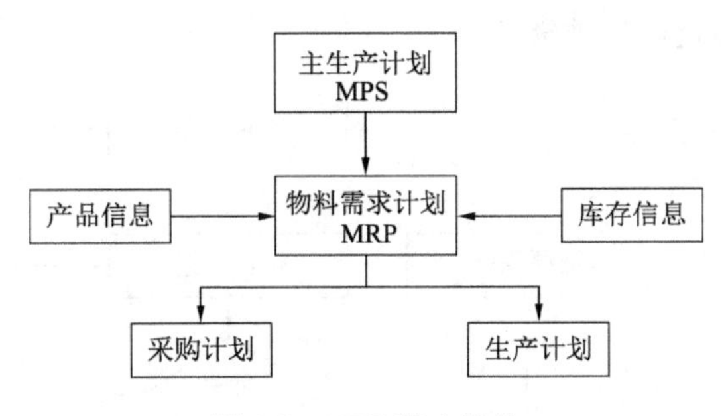

图 6-3 MRP 基本结构

6.2.2.2 制造资源计划

制造资源计划（Manufacture Resource Plan，MRP Ⅱ）是一种生产管理的计划与控制模式，因其效益显著而被当成标准管理工具在当今世界制造业普遍采用。MRP Ⅱ实现了物流与资金流的信息集成，是现代集成制造系统的重要组成部分，也是企业资源计划的核心主体，是解决企业管理问题，提高企业运作水平的有效工具。简单来说，是在物料需求计划上发展出的一种规划方法和辅助软件。

1. MRP Ⅱ的基本思想

MRP Ⅱ的本质是以企业计划控制为主体，面向整个企业信息集成的计算机化的管理信息系统，它运用计算机技术反映企业的经营计划、销售计划、综合生产计划。与 MRP 的最大不同是增加了资金流的约束和限制，使企业在成本最低的情况下合理运用各项资源，获得最大产出。

2. MRP Ⅱ 的基本结构

MRP Ⅱ系统主要由 MRP 与生产管理、财务管理、供应商管理、销售管理、采购管理工程技术等功能模块或子系统组成，各子系统具有特定的功能，彼此相互关联又相互配合，使企业所有与生产经营直接相关部门的工作联成一个整体。图 6-4 是 MRP Ⅱ 的基本结构和工作逻辑。

3. MRP Ⅱ的特点

MRP Ⅱ具有以下特点：

（1）计划的一贯性与可行性。即 MRP Ⅱ是一种计划主导型的管理模式，始终与企业经营战略保持一致，并具有可执行性。

（2）管理系统性。即在“一个计划”的协调下将企业所有与生产经营直接相关的各子系统有机联成一个整体。

（3）数据共享性。即各子系统实现了数据共享，消除了重复工作。

（4）环境适应性。即根据市场预测与客户订单确立生产计划，采用滚动计划以实现计划的衔接，适用于以销定产的商品经济环境。

（5）物流与资金的统一。即生产和财务两个子系统的关系较为密切，保证了生产和财务数据的一致性。

（6）充分利用资源。MRP Ⅱ对制造企业的各种资源进行统一计划和控制，能充分利用和节约企业各种资源。

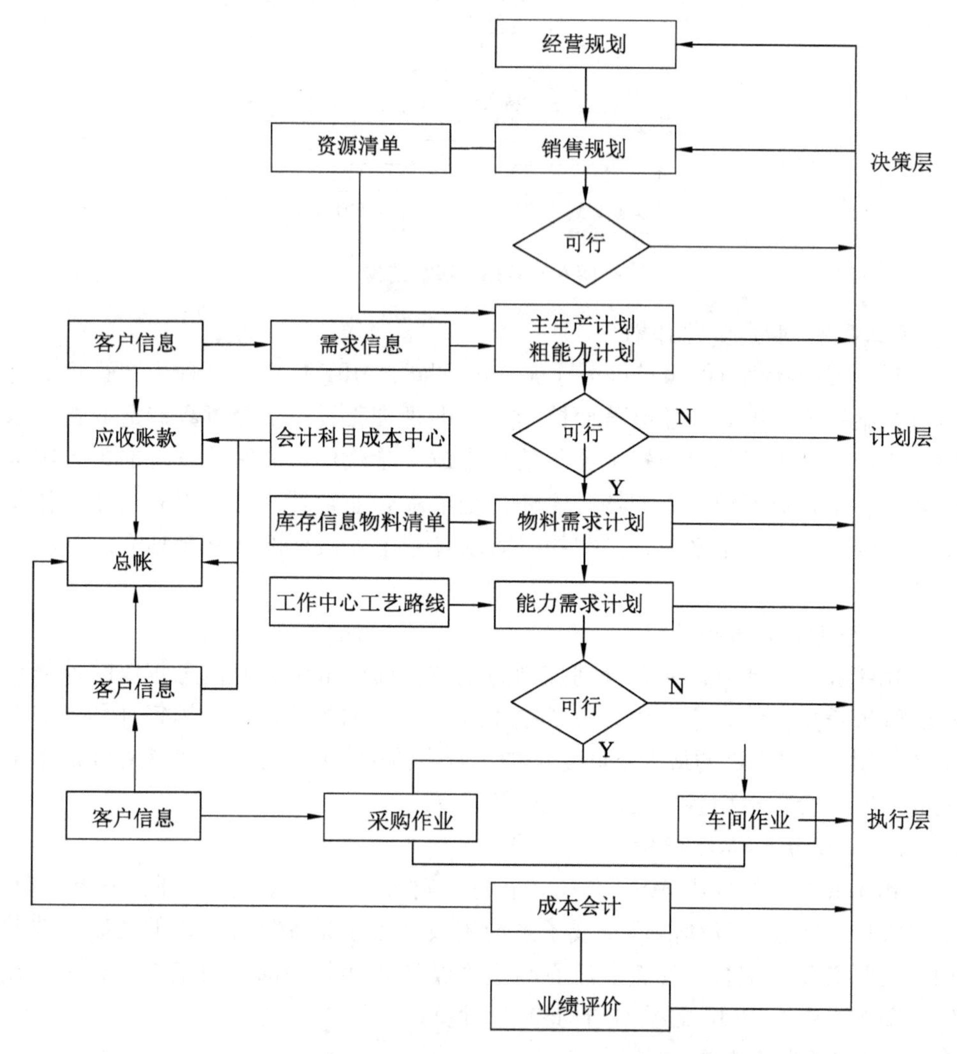

图 6-4 MRP Ⅱ 的基本结构和工作逻辑

MRP Ⅱ的主要优点在于，实现了对企业制造资源的整体优化。它同 MRP 的主要区别就是将“货币”的形式引入企业的物料计划中，在制订计划时考虑了资金的限制，实现了物料信息与财务信息的相互制约。MRP Ⅱ明显的缺点是，缺乏与外部的整合，仅适用于传统制造业。

6.2.2.3 企业资源计划

1. 企业资源计划的含义

企业资源计划（Enterprise Resource Planning，ERP），由美国加特纳集团（Gartner Group）公司于1990年提出。它是建立在信息技术基础上，以先进的、系统化的企业管理理念，将企业各个方面的资源充分调配和平衡，为企业决策层、管理层和操作层提供解决方案，使企业在激烈的市场竞争中赢得竞争。

ERP 是将企业的三大流（物流、资金流、信息流）进行全面一体化管理的管理信息系统。它和 MRP/MRPⅡ的区别在于，它是 MRP 系统的发展进化，也是 MRP 系统与其他企业管理系统的集成。所有的 ERP 仍然秉持 MRP 的最初原则，即确定需求的内容、数量与时间。同时 ERP 系统包含的功能远超 MRP 的范畴，因此可以认为 MRP 实际上只是 ERP 的组成部分。ERP 不仅可用于生产企业的管理，而且在许多其他类型的企业如一些非生产、公益事业的企业也可导入 ERP 系统进行资源计划和管理。

ERP 的管理理念主要体现在以下方面：（1）体现了对整个供应链资料进行有效管理的思想，实现了对整个企业供应链上的人、财、物等所有资源及其流程的管理。（2）体现了精益生产、同步工程和敏捷制造的思想。面对激烈的竞争，企业需要运用同步工程组织生产和敏捷制造，实现精益生产。（3）体现了事先计划与事中控制的思想。ERP 系统中的计划体系主要包括生产计划、物料需求计划、能力需求计划等。（4）体现了业务流程管理的思想。为提高企业供应链的竞争优势，必然带来企业业务流程的改革，而系统应用程序的使用也必须随业务流程的变化而相应调整。

2. ERP 系统的优势

ERP 系统被描述为“企业的中枢神经系统”。它具有以下优势。

（1）提高生产力。它能够简化企业的核心业务流程，帮助组织降低成本、提高效率。

（2）洞察更深入。它能够消除信息孤岛，并快速获得所需关键业务的数据。根据洞察采取行动并实时提高绩效。

（3）优化报表。它能够快速跟踪业务和财务报告并轻松共享结果。

（4）降低风险。它能够最大限度地提高业务可见性和控制力，确保符合法规要求，并预测和预防风险。

（5）简化信息流程。它能够通过使用共享数据库的集成 ERP 应用程序，简化工作流程。

（6）提高敏捷性。它能够通过高效运营和随时访问实时数据，快速识别新机会并做出反应。

6.2.3 面向供应链的生产计划实施

6.2.3.1 以销定产，建立主生产计划

主生产计划是企业销售计划和生产日程计划连接的纽带。主生产计划是以产品数量和日期表示的生产计划，它把产品的市场需求转化为对企业生产的实际需求，实现销售计划与生产计划的同步，做到以销定产。

根据销售计划计算出主生产计划数量以后，需要根据主生产计划历史数据和销售统计数据来判断该计划是否合理，并提出初步意见，然后根据供应链分

厂资源情况进行粗能力平衡，同时对供应链配套厂家的配套系统进行相应平衡和协调，以避免出现盲目生产的现象。

企业进行粗能力平衡后，要进行外包决策，并制订外包工程计划，在执行过程中对外包生产进度要进行分析和控制。企业在编制主生产计划时所面临的订单，在两种情况下可能转向外包：一是企业本身或其上游企业的生产能力无法承受需求波动所带来的负荷；二是所承接的订单通过外包所获得的利润大于企业自己进行生产的利润。

6.2.3.2 编制日装配计划，将生产任务细化到日

日装配计划是根据装配线生产能力将主生产计划分解到日。在编制日装配计划时需要考虑装配线的生产能力及配套件生产的衔接，还要考虑上游配套企业承接订单的能力及生产进度，并进行生产进度分析，然后将上、下游企业的生产进度信息一起作为滚动编制计划的依据，以保证产品装配之前有所需的零部件、配套件。

6.2.3.3 制订物料需求计划，保证零部件配套

企业根据产品装配计划和物料库存，进行企业能力需求分析，生成物料需求计划即零部件配套计划，并以订单的形式向各分厂及配套厂家下达。另外，为了保证零部件按优先级供应、配套及时到位、装配供应协调，可以在各分厂仓库设立监控点，控制上游分厂、零部件供应部门和配套厂家按物料需求，按时、按量向下游分厂仓库送料。这样既保证了整个供应链网络的正常生成，又保证了供应链各分厂、配套厂家适时、适量按需生产。

企业物料需求计划的作用是给各个分厂和采购部门提出具体需求的时间和数量，各分厂根据企业物料需求计划生成分厂生产计划。

6.2.3.4 计划修正

物料需求计划是在经过企业能力平衡的前提下制订的，在生成物料需求计划后，需要将供应链订单下发到各个分厂、采购部门和配套厂家征求意见，计划部门根据各个分厂、采购部门和配套厂家的反馈意见对主生产计划、装配计划、物流需求计划进行调整。在各个分厂、采购部门和配套厂家根据自己的能力都能保障按时按量交货后，计划就正式开始实行。

6.3 供应链管理环境下的生产策略

在供应链管理环境下，生产策略表现为多种新方式，主要有大规模定制、精益生产、敏捷制造等，它们都是对供应链业务流程的创新。

6.3.1 大规模定制

6.3.1.1 大规模定制的内涵

在新的市场环境中，企业迫切需要一种新的生产模式，大规模定制（Mass Customization，MC）由此产生。1993 年，B. 约瑟夫·派恩在《大规模定制：企业竞争的新前沿》一书中写道："大规模定制的核心是产品品种的多样化和定制化急剧增加，而不相应增加成本；范畴是个性化定制产品的大规模生产；其最大优点是提供战略优势和经济价值。"一般认为，大规模定制是一种集企业、客户、供应商、员工和环境于一体，在系统思想指导下，用整体优化的观点，充分利用已有的各种资源，在标准技术、现代设计方法、信息技术和先进制造技术的支持下，根据客户的个性化需求，以大批量生产的低成本、高质量和高效率提供定制产品和服务的生产方式。

大规模定制生产是指以类似于标准化和大规模生产的成本和时间，提供客户特定需求的产品和服务。客户在企业生产中居于核心地位，他们能按自己的意志参与对其所需产品的设计并提出意见，企业据此生产出符合客户需要的产品。大规模定制生产模式要求企业的管理模式作出相应的调整。在以生产为中心的模式下，管理上以降低成本为核心；在以目标市场为中心的模式下，管理上以目标市场的共性需求为核心；而大规模定制生产模式在管理上则是以客户的个性需求为核心。

6.3.1.2 大规模定制的基本思想

大规模定制生产模式的基本思想主要体现在：通过产品结构和制造过程的重组，运用现代信息技术、新材料技术和柔性制造技术等，把产品的定制生产问题全部或部分转化为批量生产，以大量生产的成本和速度，为单个客户或小批量、多品种市场定制任意数量的产品。它实际上是在大规模制造模式与定制化生产模式之间谋求的一种平衡，既要保持大规模制造生产模式的低成本又要兼顾定制生产模式的个性化。大规模制造生产模式与大规定制生产模式的比较见表 6-2。

表 6-2 大规模制造生产模式与大规模定制生产模式的比较

项目	大规模制造生产模式	大规模定制生产模式
焦点	通过稳定性和控制力取得高效率	通过灵活性和快速响应来实现多元化和定制化
目标	以几乎人人买得起的价格开发、生产、销售、交付产品和服务	开发、生产、销售、交付买得起的产品和服务，这些产品和服务具有足够的多样化和定制化，差不多人人都买得到自己想要的产品
关键特征	稳定的需求；统一的大市场；低成本、质量稳定、标准化的产品和服务；产品开发周期长；产品生命周期长	分化的需求；多元化的细化市场；低成本、高质量、定制化的产品和服务；产品周期短；产品生命周期短

要有低成本就要有足够的市场规模，实现个性化需要企业系统有适度的柔性。大规模定制生产模式是将个性化定制产品和大规模生产这两个长期竞争的管理模式综合起来的一种管理模式。一方面，在范围经济内应用单个工艺过程更便宜、更快速地生产产品来获取大规模生产的优势；另一方面，通过灵活性和快速响应来满足客户，实现产品的多样化和定制化。大规模定制的目标是开发、生产、销售和交付客户买得起的产品和服务，这些产品和服务具有足够的多样化和定制化，多数客户都能够买到自己所想要的产品。

实现大规模定制需要组织结构的变革，强调相对独立的作业单元动态网络化，企业能够在必要时迅速地、低成本地、紧密无缝地将企业内的模块结合在一起构成新的组织。大规模定制通过人员、过程、单元和技术的重组来快速满足顾客的需要。大规模定制将个性化定制产品和大规模生产结合起来，将低成本和顾客的个性化需求联系起来。

6.3.1.3 大规模定制的有效实施

1. 准确获取顾客需求的能力

在科学技术尤其是信息技术高度发达的今天，企业的经营环境发生了根本性的变化。客户对企业产品和服务满意与否将是企业生存与发展的关键因素，客户的满意将是企业获益的源泉。

准确地获取客户需求信息是满足客户需求的前提条件。MC 企业要提供定制的产品和服务，满足每个客户个性化的需求，因而准确获取顾客需求的能力在实施大规模定制企业中就显得更加重要。MC 企业通过电子商务、客户关系管理及实施一对一营销的有效整合来提升其准确获取顾客需求的能力。电子商务使 MC 企业跨越中间环节，实现直销，不但降低了产品的流通成本，而且有助于企业及时、准确地获取客户需求信息；另外，电子商务系统提供了制造商与客户、制造商与合作伙伴快速沟通的平台，这个平台是 MC 企业理解和引导客户需求与顾客和合作伙伴一起进行定制产品设计的基础条件。客户关系管理（Customer Relationship Management，CRM）以客户为中心，通过对企业业务流程的优化整合，对客户资源进行研究和管理，从而提高客户的满意度和忠诚度，提高企业的运行效率和利润。CRM 以客户为中心的思想与 MC 是一致的，大规模定制的企业通过 CRM 实施一对一营销，能够系统、全面、准确地获取客户个性化的需求，使客户需求的定制信息在各部门间传递、共享。企业可以针对这些定制的信息安排设计、生产，为客户提供满意的定制产品。

2. 面向 MC 的敏捷的产品开发设计能力

大规模定制企业要以多样化、个性化的产品来满足多样化和个性化的客户需求，因此企业必须具备敏捷的产品开发设计能力。敏捷的产品开发设计能力是指企业以快速响应市场变化和市场机遇为目标，结合先进的管理思想和产品开发方法，采用设计产品族和统一并行的开发方式，对零件、工艺进行通用化，对产品进行模块化设计以减少重复设计，使新产品具备快速上市的能力。

大规模定制的产品设计不再是针对单一产品进行，而是面向产品族进行。它的基本思想是开发一个通用的产品平台，利用它能够高效地创造和产生一系列派生产品，使得产品设计和制造过程的重要能力得以优化。而模块化设计是在对产品进行市场预测、功能分析的基础上，划分并设计出一系列通用的功能模块，然后根据客户的要求，选择和组合不同模块，从而生成具有不同功能、性能或规格的产品。模块化设计把产品的多样化与零部件的标准化有效地结合了起来，充分利用了规模经济和范围经济效应。

3. 柔性的生产制造能力

多样化和定制化的产品对企业的生产制造能力提出了更高的要求。传统的刚性生产线是专门为一种产品设计的，因此不能满足多样化和个性化的制造要求。MC 要求企业具备柔性的生产制造能力。它主要通过企业柔性制造系统（Flexible Manufacture System，FMS）与网络化制造的有效整合及采用柔性管理来构筑、提升其柔性的生产制造能力。FMS 是由数控加工设备、物料运储装置和计算机控制系统等组成的自动化制造系统，能根据加工任务或生产环境的变化迅速进行调整，以适于多品种、中小批量生产。

大规模定制生产企业通过 FMS 与网络化制造的有效整合所形成的柔性生产是一种市场导向型的按需生产。其优势是增强大规模定制企业的灵活性和应变能力，缩短产品的生产周期，提高设备的利用率，改善产品质量。企业要形成柔性的生产制造能力需要实施与之相应的柔性管理。柔性管理即在动荡变化的环境下针对市场的复杂多变性、消费需求的个性偏好，实施富有弹性的快速响应的动态管理。

6.3.2 精益生产

6.3.2.1 精益生产的概念

精益生产（Lean Production，LP）是美国麻省理工学院数位国际汽车计划组织的专家对日本丰田准时制生产方式的赞誉称呼。精，即少而精，不投入多余的生产要素，只是在适当的时间生产必要数量的市场急需产品（或下道工序急需的产品）；益，即所有经营活动都要有效，具有经济效益。精益生产方式的优越性不仅体现在生产制造系统，同样也体现在产品开发、协作配套、营销网络以及经营管理等各个方面。它是当前工业界最佳的一种生产组织体系和方式，也成为 21 世纪标准的全球生产体系。

精益生产方式是战后日本汽车工业遭到“资源稀缺”和“多品种、少批量”的市场制约的产物。它从丰田佐吉开始，经丰田喜一郎及大野耐一等人的共同努力，直到 20 世纪 60 年代才逐步完善形成。

6.3.2.2 精益生产的特点

精益生产是通过系统结构、人员组织、运行方式和市场供求等方面的变革，使生产系统能很快适应用户需求不断变化，并能使生产过程中一切无用、多余

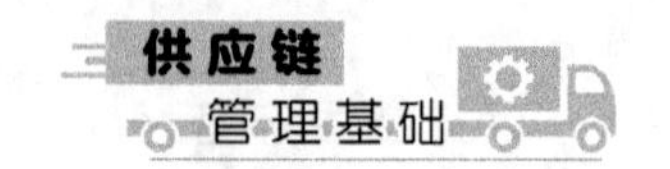

的东西被精简，最终达到包括市场供销在内的生产各方面最好的结果。与传统的大批量生产方式不同，其特色是“多品种”和“小批量”。其核心是消除一切无效劳动和浪费，它把目标确定在尽善尽美上，通过不断地降低成本、提高质量、增强生产灵活性、实现无废品和零库存等手段确保企业在市场竞争中的优势，同时，精益生产把责任下放到组织结构的各个层次，采用小组工作法，充分调动全体职工的积极性和聪明才智，把缺陷和浪费及时地消灭在每一个岗位上（表6-3）。

表6-3　精益生产方式与大批量生产方式的比较

比较项	大批量生产方式	精益生产方式
产品特点	标准化品种单一	品种规格多样
工艺装备	专用、高效、昂贵	柔性高、效率高
库存水平	高	低
制造成本	低	更低
产品质量	高	更高
权责分配	集中	发散

6.3.2.3　精益生产的目标

精益生产方式既是一种以最大限度地减少企业生产所占用的资源和降低企业管理与运营成本为主要目标的生产方式，又是一种理念、一种文化。实施精益生产方式就是决心追求完美、追求卓越，就是精益求精、尽善尽美，为实现7个零（零切换、零库存、零浪费、零不良、零故障、零停滞、零灾害）的终极目标而不断努力。它是支撑个人与企业生命的一种精神力量，也是在永无止境的学习过程中获得自我满足的一种境界。

6.3.2.4　精益生产的实现途径

1. 实行精细化管理

精益生产方式的实质是实行精细化管理，包括：人事组织管理的优化，大力精简中间管理层，进行组织扁平化改革，减少非直接生产人员；推行生产均衡化、同步化，实现零库存与柔性生产；推行全生产过程（包括整个供应链）的质量保证体系，实现零不良；减少和降低任何环节上的浪费，实现零浪费；最终实现拉动式准时制生产方式。

2. 满足需求

精益生产方式生产出来的产品品种能尽量满足顾客的要求，而且通过其对各个环节中采用的杜绝一切浪费（人力、物力、时间、空间）的方法与手段满足顾客对价格的要求。

3. 减少浪费

精益生产方式要求：消除一切浪费，追求精益求精和不断改善，去掉生产环节中一切无用的东西，每个工人及其岗位的安排原则是必须增值，撤除一切不增值的岗位；精简产品开发设计、生产、管理中一切不产生附加值的工作。这样做的目的是以最优的品质、最低的成本和最高的效率对市场需求做出最迅速的响应。

6.3.3 敏捷制造

6.3.3.1 敏捷制造提出的背景

敏捷制造产生于美国。20 世纪 70 年代到 80 年代，由于片面强调第三产业的重要性而忽视了制造业对国民经济健康发展的保障作用，美国的制造业严重衰退，逐步丧失了其世界霸主地位，出现了巨额的贸易赤字。1986 年，美国麻省理工学院工业生产率委员会开始深入研究美国经济衰退的原因和振兴对策。研究的结论是：“一个国家要生活得好，必须生产得好。研究报告提出了遏制美国经济衰退的对策，即通过建设强大竞争的国内制造业来夺回美国的优势，从而促使美国经济的复苏。

1987 年，美国国防部在提交给国会的一份报告中指出：美国要想重整经济，必须大力发展制造业，恢复美国在制造业的领先地位，为此必须拟定一个发展制造业技术的长期规划，提出一种新的制造管理系统。1988 年，美国国防部委托美国里海大学担负此任。里海大学邀请了美国国防部、工业界和学术界的专家于 1991 年完成了《21 世纪制造业发展战略报告》，并在该报告中提出了一种新的制造管理系统，即敏捷制造。

6.3.3.2 敏捷制造的内涵

敏捷性指企业在不断变化、不可预测的经营环境中善于应变的能力，它是企业在市功中生存和领先能力的综合表现。敏捷制造是一种能够对复杂多变的市场做出敏捷的反应，从而很好地满足客户需求（包括产品需求和服务需求）的制造组织和制造方式。其基本思想是通过对企业经营有关的人、技术和其他各方面因素的统筹考虑，以虚拟经营方式捕捉市场机遇、增强风险能力，充分、高效地利用企业内外部资源获取竞争优势。敏捷制造依赖于各种现代技术和方法。

6.3.3.3 敏捷制造生产模式的特征

敏捷制造生产模式的特征包括以下几方面：（1）产品一般是根据客户需求重新组合的更新替代产品，而不是全新产品；（2）信息交换迅速准确，它要求企业不但要从客户、供应商和竞争对手那里获得足够信息，还要保证信息传递快捷、准确；（3）以订单组织生产，通过可重新编程、可重新组合、可持续更换的生产系统组合成为一个新的、信息密集的制造系统，做到生产成本与批量无关。

敏捷制造生产模式以向客户及时提供所需求的产品为目的，是在具有创新精神的组织和管理结构、先进制造技术（以信息技术和柔性智能技术为主导）、有技术和智慧的管理人员三大类资源支柱支撑下实施的，也就是将柔性生产技术、有技术和知识的劳动力与能够促进企业内部和企业之间合作的灵活管理集中在一起，通过共同的基础结构，对迅速改变的市场需求和市场进度作出快速的响应。

6.3.3.4 敏捷制造生产模式的要素

敏捷制造生产模式主要包括生产技术、组织方式和管理手段三个要素。

（1）生产技术。即产品创新设计的能力，可以利用计算机的过程模拟技术进行产品的设计和开发，并利用高度柔性的设备按市场需求任意批量且快速灵活地制造产品。

（2）组织方式。它要求企业能够形成高度柔性的、动态联盟式的企业，有能力把分布在不同地方的企业资源集中起来，以内部团队和外部团队等形式随时构成虚拟企业。

（3）管理手段。它以灵活的管理方式实现组织、人员与技术的有效集成，尤其是发挥人的作用。在管理方法上要求运用先进的管理方法、计算机管理技术和业务流程重组等进行过程管理。

可以说，以上三个要素是敏捷制造生产模式区别于其他生产模式的显著特征。但敏捷制造生产模式的精髓在于提高企业的响应能力，所以对于一个具体的应用，并不是说必须具备这三个要素才算实施敏捷制造，而应理解为通过各种途径提高企业响应能力都是在向敏捷制造生产模式前进。

思考题

1. 如何理解供应链环境下生产系统的概念？
2. 怎样理解供应链下生产系统的结构及组织管理模式？
3. 传统生产计划和控制模式与供应链管理思想的差距有哪些？
4. 供应链管理环境下生产计划编制的特点是什么？
5. 供应链管理环境下的生产策略有哪些？各有什么特点？

案例分析

尚品宅配的柔性供应链

一、线下开店阶段：实现设计个性化

1994 年，广州圆方软件公司（尚品宅配的前身）成立。该公司由李连柱和周叔毅出资创办，他们毕业于华南理工大学，主要从事室内装饰设计软件的开发、推广和销售业务，后来专注于家居设计软件方面的业务，主打产品是圆方软件。

当时市场上家具企业还没有利用设计软件来提高销量的理念。2000 年，李连柱对企业客户回访，询问企业对家居设计软件的使用意见，结果却看到圆方软件被搁置在一边。很多老板坦白说他们买回来就是装装门面，基本没用。李连柱心里很不服气："这么先进的软件，你们竟然搁置一旁装点门面，我一定要做一个成功案例给你们看看，把软件的销售量提上去。"

于是，在圆方软件公司开发出一款橱柜软件后，李连柱设想开一家橱柜定制门店。这样做，一方面，可以利用自家新橱柜软件的优势；另一方面，可以示范如何运用软件提高家具销量。公司第一家担负着教育市场责任的橱柜门店在广州诞生了。设计师在橱柜门店中使用公司的橱柜设计软件，为消费者提供设计服务，免费为消费者设计图纸、提供设计方案。消费者可以拿着厨房图纸全程参与设计，与设计师交流自己的构想，消费者与设计师共同确定最后方案，最后消费者还可免费获得打印的彩色效果图。

这种免费设计的消费体验一下子让这家门店在众多同类店铺中脱颖而出。一段时间过后，李连柱发现，这家店的生意非常好，消费者对公司的设计方案异常青睐。在这个阶段中，公司并没有自己的家具制造工厂，主要将订单外包给下游家具厂家。但随着公司业务量增加，这种方式的弊端不断凸显：代工产品质量参差不齐，成本也非常高，交货周期长且无法保证。

二、线下办厂阶段：实现制造个性化

有了橱柜门店成功的经验后，李连柱决定将公司从软件服务商转型为家具制造商。2004 年，尚品宅配正式成立，跨界进入家具行业。不久，尚品宅配全国加盟店的数量迅速扩张到 200 家，线下实体门店迅猛扩张，一路高歌猛进。

随着加盟店与销售额的增加，外包生产环节渐渐跟不上公司发展的需要，各种问题涌现了出来，成为公司进一步发展的瓶颈。因此，公司决定迎难而上，自己开办工厂，将生产基地选在家具生产非常集中的佛山南海。家具产品的个性化要求极强，一个普通鞋柜就可以变化出成百上千种，依靠人脑已无法组织有效生产。

尚品宅配高层管理和技术团队达成共识，决定创办一家与国内其他所有家具制造企业完全不一样的工厂：利用信息技术重新设计一条生产线，并对家具制造流程进行彻底的信息化改造。公司先试验将用户订单分拆成零部件，建立虚拟模型，然后开发软件程序，再生成一条条生产指令。当时软件没有实现自动化，只能靠手工一条条录入指令，一步步尝试，行不通就返工，成功了就继续。在一个订单产品实现部件化分解后，公司又开始尝试将 5 个产品同步进行部件分解，就这样一步步推进。

经过 5 个月的研发后，初步的生产工艺改进完成了。后来，公司又对进口的钻孔和开料设备进行软件设计的改造，使设备做到自动识别和执行生成生产指令。2006 年 9 月，运用公司自主研发的排产软件，由公司信息技术控制的排产生产线正式启用。这两次关键性的技术突破使尚品宅配工厂开始产生质的转变，为大规模个性化生产奠定了坚实的信息化技术基础。

三、店网一体阶段：实现全价值链个性化

自2010年开始，尚品宅配线上线下（O2O模式）基本打通。消费者可通过新居网进行线上咨询、免费预约量尺、与设计师互动并享受免费产品方案设计；再由尚品宅配旗舰店、直营店或加盟店，根据地区提供实地的上门测量尺寸、设计方案、配送成品和上门安装等服务。O2O模式中的实体店与新居网的线下线上产生的矛盾如何解决？这是一个利益分配问题，解决矛盾的关键是理顺利益关系。比如，新居网获得一个为消费者上门测量尺寸的机会，网站会把信息告诉当地加盟商，由线下网点来实施，最终线下加盟商与新居网分账。

在后端工厂制造方面，2010年以来，尚品宅配进行了多次信息化流程改造，先改造流水线，后优化车间布局，再调整大批次生产。在信息技术人员的努力攻关下，后端工厂全部实现了信息化改造。在生产制造上，尚品宅配研制出一套“后端生产软件系统”，用信息化技术匹配消费者多样的个性化需求；在渠道、市场传播等环节，信息系统实现了联网和统筹，实现了企业对经销商的远程指导。

最终，尚品宅配实现了对供应链全生命周期的信息化，将设计、生产、安装、销售、服务等环节贯通，形成柔性供应链。依靠云计算和大数据，消费者的个性化定制需求得到满足，并能够被大规模生产出来，同时尚品宅配具备了灵活应对消费者个性化需求的定制能力。

（资料来源：周文辉，等．价值共创视角下的互联网+大规模定制演化：基于尚品宅配的纵向案例研究［J］．管理案例研究与评论，2016，9（04）：314-326，内容有改动。）

简述尚品宅配的柔性供应链特点。

能力训练

【训练内容】根据案例分析提供的材料，分析尚品宅配“互联网+”大规模定制的演化过程。

【训练目的】通过训练使学生加深对供应链生产管理的理解。

【训练安排】将学生按4~6人划分为一个小组，进行适当的任务分工。以小组为单位收集整理尚品宅配供应链生产管理相关资料，分析尚品宅配“互联网+”大规模定制的演化过程，并制作PPT及电子文档进行汇报。教师可组织小组讨论，根据小组讨论情况给予点评。

第7章

供应链库存管理

学习目标

1. 了解库存产生的原因和库存控制的意义；
2. 掌握供应链库存的内涵与分类；
2. 理解供应链环境下的库存问题和管理方法；
3. 知晓供应链环境下的库存管理策略。

引导案例

美邦服饰供应链库存管理优化

美邦公司全称美特斯邦威集团公司（以下简称美邦），1995年创立于浙江温州，其主要消费者是20岁左右的年轻群体。美邦的供应链相关部门包括服装企划部、服装设计部、服装生产部、服装配送部、分销商、直营店以及加盟商。美邦采用“虚拟经营”，将服装生产和销售业务全部外包，自身只掌控服装企划和服装设计业务。

在现行的供应链管理模式下，美邦的经营规模不断壮大，但库存问题也暴露无遗。根据公布的年报数据可知，美邦2012—2015年的营业收入逐年下滑，2016年和2018年虽稍有起势，但也无力回天，2019年美邦营业收入为54.63亿元，较2018年更是下滑了28.84%。存货周转天数自2012年起逐年上升。库存的压力让曾经那个“不走寻常路”的美邦摇摇欲坠。

一、美邦供应链库存管理存在的问题

库存堆积是美邦亟须解决的难题。而这一难题产生的根本原因就在于其不合适的供应链库存管理模式。美邦供应链库存管理存在的问题主要体现在以下几个方面。

第一，采购商采购速度慢。美邦将服装生产环节外包给其他企业，由外包企业负责面料采购，增加了面料采购的流程、浪费了采购的时间。另外，生产环节运输时耗也在一定程度上延迟了采购的速度。

第二，生产商生产过量。美邦生产商没有充分考虑市场的客观规律，对于市场的预期过于乐观，在服装款式有限的情况下，增加每种款式服装的产量，导致产品积压严重。

第三，从服装设计到交付时耗长。生产外包的虚拟经营模式和迟钝的物流配送系统使美邦从服装设计到服装加工再到成衣交付的时间远远超过一些国外服装企业，导致服装设计的款式跟不上市场潮流。

第四，加盟商竞争压力大。美邦不断扩张发展规模，加盟商数量较多，而采取的营销策略是要求加盟商处理囤积的旧款，直营店销售新款，并且给予直营店的折扣也低于加盟商，导致加盟商流失，库存堆积。

第五，节点企业之间缺乏信息交流。美邦供应链节点企业信息资源没有实现完全共享，导致对于信息的反馈速度慢，对于客户和市场的需求无法做出快速的响应。

二、美邦供应链库存管理的优化策略

根据美邦供应链库存管理存在的问题，针对性地提出以下几个方面的优化策略。

第一，提前制定面料采购计划。由于生产与采购外包，外包企业为了保证现金流、减少库存，一般都不会储存大量的面料，为了让美邦可以对市场的实时反馈做出快速反应，应该提前制定面料采购计划，让采购商按照计划提前采购所需面料，节省采购时间。

第二，控制订单数量，避免过度生产。过度生产主要是销售商对市场需求预测过于乐观导致的，订货过量会导致供应链自上而下的库存危机，为解决这一问题，美邦应及时了解市场需求，加强与下游销售商的交流，帮助销售商制定订货数量计划。

第三，缩短服装设计时耗和物流时间。服装款式具有时效性，如果成衣交付时间长，就很容易错过市场潮流，美邦应用最短的时间了解目标消费群体的消费需求，整合分散的配送中心，建立快速反应的设计团队，缩短设计时耗和物流时间。

第四，密切与加盟商之间的合作。加盟商的订货量直接影响美邦的生产计划，加盟商的库存压力也会直接导致整个供应链的库存积压，密切与加盟商之间的交流合作，可以有效避免加盟商流失、库存堆积等问题的发生。

第五，加强节点企业间的信息交流。美邦应完善信息交换系统，帮助节点企业收集和分享信息，提高美邦对于信息的反馈速度。

（资料来源：钟鼎巫，杨琴．基于系统动力学的供应链库存管理优化研究——以美邦服饰为例［J］．全国流通经济，2021（18）：3-6，内容有改动。）

除了案例材料中提出的优化策略，你对美邦供应链库存管理还有哪些建议？

7.1 库存管理概述

全球经济一体化是近几年国际经济发展的一个主要趋势。个体之间的竞争逐步演变成供应链之间的竞争，企业不断面临着急剧变化的市场需求及缩短交货期、提高质量、降低成本和改进服务的压力。使得企业组织逐渐意识到：要在激烈的市场竞争中存活下来，必须与其他企业建立一种战略上的伙伴关系，实行优势互补发挥各自的核心能力，并且在一种跨企业的集成管理的模式下，使各个环节能够统一协调起来。这种供应链管理思想也同时在影响着企业组织间的库存模式。

7.1.1 库存的概念

库存是一个组织中存储的供其使用的物品或资源。一般情况下企业设置库存的目的是防止短缺，并起到保持生产过程连续性、分摊订货费用、快速满足用户需求的作用。库存系统就是在补给库存时用于检测库存水平、决定保持何种库存水平以及所需订单大小的一套方法和控制机制。在供应链运作过程中，库存是企业为了持续生产或销售而储备的物资，如生产企业的原材料库存、半成品库存，或销售企业的商品库存等。

库存是仓库中实际储存的货物，可以分为两类：一类是生产库存，即直接消耗物资的基层企业、事业单位的库存物资，它是为了保证企业、事业单位所消耗的物资能够不间断地供应而储存的；另一类是流通库存，即生产企业的原材料或成品库存，生产主管部门的库存和各级物资主管部门的库存。此外，还有特殊形式的国家储备物资，它们主要是为了保证及时、齐备地将物资供应或销售给基层企业、事业单位的供销库存。

不同的企业对于库存管理，历来有不同的认识，概括起来主要有以下三种：第一是持有库存。一般而言，在库存上有更大的投入可以带来更高水平的客户服务。长期以来，库存作为企业生产和销售的物资保障服务环节，在企业的经营中占有重要地位。企业持有一定的库存，有助于保证生产正常、连续、稳定进行，也有助于保质、保量地满足客户需求，维护企业声誉，巩固市场的占有率。第二是保持合理库存。库存管理的目的是保持合适的库存量，既不能过度积压也不能短缺。让企业管理者困惑的是：库存控制的标准是什么？库存控制到什么量才能达到要求？如何配置库存是合理的？这些都是库存管理的风险计划问题。第三是以日本丰田公司为代表的企业提出的“零库存”的观点。他们认为，库存即是浪费，零库存是改进库存管理的目标之一。

7.1.2 库存的属性

库存的属性，在生产制造业里通常可以分为以下四种。

（1）周转库存。为满足日常生产经营需要而保有的库存。周转库存的大小与采购量直接有关。企业为了降低物流成本或生产成本，需要批量采购、批量运输和批量生产，这样便形成了周期性的周转库存，这种库存随着每天的消耗而减少，当降低到一定水平时需要补充库存。

（2）安全库存。为了防止不确定因素的发生（如供货时间延迟等）而设置的库存。安全库存的大小与库存安全系数或者说与库存服务水平有关。从经济性的角度看，安全系数应确定在一个合适的水平上。例如国内为了预防灾荒、战争等不确定因素的发生而进行的粮食储备、钢材储备、麻袋储备等，就是一种安全库存。

（3）调节库存。用于调节需求与供应的不均衡、生产速度与供应的不均衡以及各个生产阶段产出的不均衡而设置的库存。

（4）在途库存。处于运输以及停放在相邻两个工作或相邻两个组织之间的库存。在途库存的大小取决于运输时间以及该期间内平均需求。

7.1.3 库存产生的原因

企业库存产生的原因主要有以下几点。

（1）淡季储备库存，以供应旺季需求。

（2）维持产量，稳定员工就业。

（3）预备安全存量，用于预防不确定性因素和订购前置时间下物料无法及时送货到厂而产生停产。

（4）为获取大批量采购的价格折扣，也为原材料交货时间变动提供保障。

（5）为达到经济订购量的需求。

（6）满足客户随时取货的需求。

（7）设计或工程变更造成的呆滞库存。

（8）因投机而增加的库存。

由库存产生的原因可知，库存是一把“双刃剑”。如，安全存量确保了生产和销售的持续稳定；设计或工程变更造成的呆滞库存，则会造成价值损失；因投机而增加的库存，可能创造巨大价值，也可能造成呆滞库存。

7.1.4 库存控制的重要意义

库存控制是供应链物料管理的核心，涉及供应链管理的成本及流畅度。无论是库存过剩，还是库存短缺，都对供应链管理具有重大影响。在供应链管理中，位于各个节点的企业都需要储备库存。库存的种类和数量十分繁多，且在流动资产中占据相当大的比例，因此，供应链的库存控制水平直接关系到供应链的资金占用水平和资产运作效率，也反映了供应链的收益、风险、流动性的综合水平，会在一定程度上影响供应链的发展和前景。

库存控制的意义就在于，以最佳方式控制原材料、半成品、成品、零件、工具及办公用品的库存种类和库存数量，一方面配合企业内各项生产需要，另一方面使产品的物料成本保持最低。供应链库存管理强调各节点企业的长期合作，借助有效的协作，建立合理的供应链库存管理机制，以保持整个供应链库存管理系统的稳定、健康运行，避免各节点企业因机会主义而损害整个系统的整体利益。

7.2 供应链库存管理

7.2.1 供应链库存管理存在的问题

供应链库存管理不是简单的需求预测与补给，而是要通过库存管理改善客户服务，提高收益水平。供应链库存管理的内容主要包括：采用商业建模技术对企业的库存策略、提前期和运输变化的准确度进行评价；测算存货经济订货量时考虑对供应链企业的影响；充分了解库存状态，确定适当的服务水平。目前，供应链库存管理存在的问题主要集中在以下几个方面。

7.2.1.1 未形成供应链库存管理的全局观念

许多供应链管理系统没有针对全局的供应链绩效评价指标，各节点企业各行其道，导致供应链的整体效率低下。在供应链环境下，上下游企业间的对口部门需实行全方位接触，订单的洽谈不仅仅是营销与采购部门之间的事情，其他部门也要参与其中。如，研发部门必须考虑满足高度定制化产品的最短设计时间；生产部门必须考虑最低成本的流程设计和快捷的原材料供给；等等。洽谈的订单还包括双方对库存产品的控制、运输方案的设计以及对降低库存管理成本的规划等。供应链上各成员企业是一个整体，需要各成员企业的协调合作才能取得最佳的运作效果。但企业间如果缺乏相互信任，就会增加企业间协调与合作的困难。企业间缺乏相互信任是供应链的各企业之间合作关系不稳固的根本原因。因此，需要在各成员企业之间建立有效的监督机制和激励机制，促进企业间的沟通与合作。与建立企业内部对各部门的监督机制和激励机制相比，建立企业间的监督机制和激励机制困难要大得多。

7.2.1.2　未考虑供应链结构的复杂性

现代制造技术使企业的产品生产效率大幅度提高，毛利率较高。但是，供应链库存管理成本的复杂性常常被忽略，使产品生产过程中节省下来的成本都被供应链上的分销与库存成本抵消。同时，在供应链结构设计中，需要考虑供应链结构对库存的影响。供应链过长，供应链上各节点之间关系过于复杂，是造成信息在供应链传递不畅、供应链库存成本过高的主要原因之一。要精简供应链结构，应尽量使供应链结构向扁平化方向发展，精简供应链的节点数，简化供应链上各节点之间的关系。优化供应链结构，是保证供应链各节点信息传递协调顺利的关键，是管好供应链库存管理的基础。为保证生产经营过程的持续稳定，企业必须有计划、有目的地来通过优化供应链结构来控制库存成本。

7.2.1.3　信息传递系统效率低下

供应链库存管理强调协作和信息共享，供应链的各成员企业的需求预测、库存状态、生产计划等，都是供应链库存管理的重要内容。企业要对客户需求作出快速有效的反应，必须实时准确掌握分布在供应链的各成员企业的信息。目前，许多企业的信息传递系统尚未建立，供应商了解到的客户需求信息常常是延迟的或不准确的，使短期生产计划实施困难。供应链库存的形成原因可分为两类，一类是出于生产运作需要建立的一般库存，另一类则是为防范供应链上的不确定因素建立的保险库存。企业在制订库存计划时，无法顾及不确定因素的影响，如市场变化而起的需求波动、供应商的意外变故导致的缺货、企业内突发事件引起的生产中断等，都会对库存产生影响。不确定因素是企业建立安全库存的主要原因，研究和追踪不确定性对库存的影响，是供应链库存管理面临的一大挑战。因此，应建立高效的信息传递系统，有效传递供应链库存管理信息，提高供应链库存管理绩效。

7.2.2　供应链库存管理策略

供应链库存管理策略主要包括供应商管理库存（VMI）、联合库存管理（JMI）、“协同计划、预测与补货”（CPFR）、第三方物流管理、仓储和生产一体化以及多级库存控制等策略。

7.2.2.1　供应商管理库存

供应商管理库存（Vendor Managed Inventory，VMI），是指通过供应链各成员之间的合作和协调，以系统、集成的管理思想对供应链的库存进行管理，使供应链系统能够同步优化运行。在这种库存控制策略下，允许供应方对需求方的库存策略、订货策略进行计划和管理，在已经达成一致的目标框架下由供应方来管理库存和决定每一种产品的库存水平。随着竞争环境的变化，目标框架也会经常性地被修改和调整，通过持续改进来适应不断变化的竞争环境。

1. VMI的内涵与优势

供应商管理库存是按照供需双方达成的协议，由供应商根据客户的物料需求计划、销售信息和库存量，主动对客户的库存进行管理和控制的库存管理方式。其实质是用户将库存管理的决定权委托给供应商，由其确定库存水平、库存控制及补给策略，代为行使库存管理的权利。具体而言，供应商在共享用户的销售时点系统POS（Point of Sale）数据或MRP信息以及库存信息的前提下，主动预测需求，制订建议订单和补货计划，在用户确认的基础上实施有效补货。实施VMI，供需双方都对传统独立预测需求的模式进行了变革，最大限度地降低了需求预测的风险与不确定性，降低了交易费用和供应链系统成本，提升了供应链竞争力。对用户来说，实施VMI可以省去订货业务，节省订货费用；可以优化采购流程，提高流程效率，降低供应成本；可以加快库存周转，减少资金占用，降低库存成本；可以降低供应风险（有稳定的货源保障）；可以实现资源的外向配置，提升企业竞争力。对供应商而言，实施VMI可以加强其与客户的合作，强化客户关系管理（CRM），确保有稳定的需求，在市场转型竞争激烈的今天，这具有非常重要的战略意义。另外，通过共享客户的POS数据或MRP信息以及库存信息，有利于供应商准确地预测需求，科学地制订生产计划和补货计划，防止盲目生产导致库存或货品的非正常调拨增大运输成本，或者备货不足出现脱销；有利于供应商合理设置库存，从而减少库存资金投入，提高资金的运营能力，最大限度地降低供应商经营运作的不确定性。对供应链系统而言，实施VMI，可以实现上下游企业的战略联盟，加强企业间的合作；可以实现供需双方的实时信息共享，增强供应链的系统性和集成性，提升供应链的敏感性和响应性；可以有效降低供应链系统的库存量，降低供应链系统成本；可以有效提升供应链系统的竞争力。

2. VMI成功实施的条件

（1）供应商共享用户的POS数据或MRP信息。为此，需要改变传统的订货及订单处理方式，将供应商的信息系统与客户的POS系统或MRP系统有效集成，实现需求信息的共享。

（2）库存状态透明。供应商要能实时跟踪用户的库存状态、共享库存数据，并结合POS数据或MRP信息预测需求，制订建议订单计划。为此，需将供应商的信息系统与客户的WMS（仓库管理系统）或IMS（库存管理系统）实施集成，实现库存数据、信息的共享。

（3）供应商准确预测需求。供应商应建立需求预偏差率等KPI指标，动态分析零售商的POS数据或制造商的MRP信息，实时把握用户的库存周转率、库存周转期等反映市场“晴雨”状态的数据，采用科学的预测方法（例如，德尔菲法、部门主管讨论法等定性预测方法；移动平均法、指数平滑法、线性回归法等定量预测方法），借助专业的预测软件，建立科学的预测模型，参考历史销量，准确预测需求。

（4）供应商制订并实施连续补货计划（CRP）。供应商在共享用户的销售数据或MRP信息以及库存信息的基础上，按照事先约定的补货程序确定发货数量、送货频次和配送时间，在满足用户需要的同时，最大限度地降低用户的库存量，实现供应商和用户的双赢。

3. VMI的实施步骤

VMI的实施一般要经历前期准备、试合作、全面实施三个阶段。在准备阶段，合作双方要在充分沟通的基础上制定合作框架协议，以明确运作流程、库存控制参数（如再订货点、最低库存水平等）、信息传递方式（如EDI或Internet）、技术支持、补货方式、信息保密（签订保密协议或制订保密条款）、付款方式、库存权属的转移、违约责任、绩效评估（包括评估指标及评价方式）等问题。通过试合作，可促进双方的“磨合”，及时发现并优化合作中存在的问题，为全面实施VMI奠定坚实的基础。进入全面实施阶段，需要对供应商的绩效进行动态评估，对发现的问题限期整改，确保VMI的成功实现。

7.2.2.2 联合库存管理

实施VMI，在大幅度减少用户库存的同时，将库存责任和风险转嫁给了供应商。而联合库存管理（Jointly Managed Inventory，JMI）则是一种供应链的成员企业利益共享、风险共担的库存管理模式。该模式强调供应链节点企业同时参与，共同制订库存计划并实施库存控制，避免了需求信息的扭曲，遏制了“牛鞭效应”，有效降低了供应链系统的库存量。

1. JMI的运作实施方案

实施JMI，首先要加强供应链成员企业间的合作，构筑供应链物流系统，建立上游生产资料库存协调管理中心和下游产成品库存协调管理中心，由核心企业（制造商）对原材料（或零配件）库存及产成品库存实行集中控制。具体而言，原辅料或零配件供应商在制造商的物料需求计划的驱动下，制订物料供应计划，实施物流外包，借助第三方物流服务商的专业物流能力，采用多频次、小批量的配送方式，向制造商的原料库或生产线进行供应配送，原料库或生产线旁边的临时储存点构成了供应链上游的“虚拟库存中心”。在供应链下游，制造商一般应根据销售需要设立成品库，对下线产品实行集中储存。根据目标客户群体的地域分布，本着客户相对集中的原则，充分考虑交通运输条件，建立区域分拨中心（RDC）或配送中心（DC），在客户订单或需求信息的驱动下，由成品库配送到区域分拨中心，进而由区域分拨中心向配送中心实施补货，最后通过配送中心向零售商或用户进行配送。成品库、区域分拨中心、配送中心共同构成了供应链下游的“虚拟库存中心”。这两个“库存中心”可在集成原料库、成品库、区域分拨中心、配送中心、零售商或用户信息系统（WMS或IMS）的基础上，由核心企业总部的库存经理实行集中控制。综上，联合库存管理由制造商主导，上下游企业共同参与，供应商、零售商、用户提供必要的商流信息（需求信息）和物流信息（库存信息），节点企业共同参与库存计划的制订，而运输、配送（在途库存）则主要由第三方物流服务商完成。

2. 联合库存管理的优势

实施联合库存管理，主要具有以下优势：

第一，可以强化核心企业对供应链库存的系统管理。实施 JMI，实质是将传统的“多级”“多点”库存管理模式变为核心企业对供应链库存的系统管理，即“单点”库存管理，避免了节点企业在合作模式下库存的重复设置。

第二，可以提高供应链的运作稳定性。实施 JMI，供应链的各相关成员同时参与，分工合作，共享信息，共同制订库存计划并实施库存控制，能有效避免需求信息的扭曲，遏制“牛鞭效应”，降低供应链库存波动，提高供应链运作的稳定性。

第三，可以提高供应链的运营效率。实施 JMI，不仅可以有效降低供应链系统的库存缺口，减少库存资金占用，减少仓储设施的数量及相应的储存保管费用，而且能够优化运输配送路线，降低物流运作成本，提高供应链的运营效率。

第四，有利于供应链系统快速响应市场需求。实施 JMI，有利于将上下游企业有机集成，构建快速反应型供应链。节点企业在需求信息的驱动下，同步协调运作，确保供应链系统以最优的库存管理水平来实现高质量的供应，从而对市场需求做出快速反应。

第五，JMI 体现了供应链管理的基本原则，使供应链成员企业实现了信息共享、风险共担、利益共享，实现了“共赢”。

7.2.2.3 协同计划、预测与补货

“协同计划、预测与补货”（Collaborative Planning Forecasting and Replenishment，CPFR）是“快速反应”（Quick Response，QR）这种供应链管理策略发展的高级阶段。它是指供应链成员企业充分利用销售时点系统、电子数据交换、互联网等信息技术手段，实现供应链企业群体的实时信息共享。通过共同预测需求、共同制订计划、共同管理业务，来实现供应链企业间的战略协同。借助现代信息技术手段和直接换装/仓库配送（CD）等物流技术，实现对全程供应链业务的有效控制，最终达到提高供应链运营效率，降低供应链系统库存，提高顾客满意度为目的的供应链库存管理策略。从某种意义上说，联合库存管理（JMI）是该库存管理策略的一种具体实现方式。

7.2.2.4 第三方物流管理库存模式

第三方物流是供方与需方以外的物流企业提供物流服务的模式。随着第三方物流的出现，作为供需双方的库存平台的第三方物流企业间接参与到供应链中，第三方物流管理库存已越来越受到关注。专业化库存管理、快速交易、仓库容量大，是第三方物流在库存管理方面的重要特点。戴尔公司（DELL 电脑）能够以低成本、低售价与惠普、IBM 等产品竞争并获得成功，关键在于成功实行了“零库存”策略。

戴尔公司虽然没有设置零部件仓库和成品仓库，然而其原材料库存周期可以压缩到 2 个小时。成绩的取得，除了戴尔公司与供应商建立战略伙伴关系（即保证一年内的预订采购额）外，第三方物流发挥了重要作用。戴尔公司首

先和一级供应商即零部件制造商签订合同，要求每个一级供应商都必须按照自己的生产计划，将8~10天的用量物料放在第三方物流企业，如中邮物流、伯灵顿等。戴尔公司确认客户订单后，系统会自动编程一个采购订单传递给物流公司，物流公司在1小时之内迅速将零部件送到戴尔公司的装配厂（戴尔公司称之为“客户服务中心”），最后由供应商根据物流公司的送货单与戴尔公司结账。

7.2.2.5 仓储和销售一体化的库存模式

仓储和销售一体化是仓储式超市的库存管理模式。仓储式超市作为一种新兴的零售业态，运用射频技术（RF）、条码技术（BC）、复合码新技术（CS）等先进的科学技术，省掉了传统零售企业独立的仓库和配送中心，经营中实现了快速补货，保证了超市低成本高效率的运作。麦德龙是运用仓储式超市最成功的案例。

麦德龙中国针对不同的客户类型发展多渠道业务模式，加速在O2O全渠道零售、食品配送服务及福利礼品三大业务领域的发展，为专业客户及个人消费者提供丰富的、高品质的产品和线上线下一体化服务。麦德龙超市内部装修简单，宽阔明亮，采用的是4.5米高的工业大型货架，双层叠加放置。货架下半部分约3米高的部分用于商品的陈列展示，与普通超市没有什么区别。中上部和顶部用于相对应商品的存放，起到了库存作用，从而使销售和仓储合为一体。货架间距较大，约3~5米，这样不仅改变普通超市拥挤不堪的购物环境，更便于存取货物的叉车通过，完成迅速补货的工作。作为一家跨国连锁零售集团，麦德龙对供货商提供产品的质量和供货能力的稳定性要求很高。因此它们在与供应商建立购销关系时一般不采用常规签订书面购销合同的方式，而是按照已确立完整的交易惯例，通过一套系统的操作程序来获得质量稳定的商品，保证可靠的供应。麦德龙有一份专门为供应商制作的《麦德龙供货商手册》，内容包括凭据、资料填写、订货、供货、价格变动、账单管理、付款等过程的每一个环节以及双方当事人应予遵循的交易规则和操作程序。双方确认后，麦德龙和供货商之间形成长期合作关系，不再就单笔交易签订采购合同。通过这种规范化采购的运作，麦德龙把供应商纳入自己的管理体系，将供应商的运输系统组合成为自己的商品配送系统，从而大大降低了企业的投资，实现了低成本运营。为了维护与供货商之间的伙伴关系，采购过程中麦德龙会协助供应商选择最经济的送货路线，帮助供应商利用互联网接受订单，以降低订单处理成本，并及时向供应商提供有关市场需求方面的信息。

思考题

1. 如何理解供应链库存和供应链库存管理？
2. 概述库存产生的原因和库存的分类。
3. 简述供应链环境下的库存特点和库存管理问题。
4. 概述供应链库存管理策略。

案例分析

准时达的智慧供应链协同库存管理

准时达（JUSDA）是富士康科技集团唯一授权的供应链管理企业，是一个全球 C2M2C（Component to Manufacture to Consumer）专业供应链管理平台服务企业，专为客户提供互联网时代下从原材料端到消费者端的供应链实时协同平台管理服务。准时达的定位是协助 B2B 企业完成供应链升级转型及商业模式再造，是工业互联网下新供应链形态的最佳实践者。

准时达凭借其领先的制造业供应链管理基础，依托其具有竞争力的增值和创新的供应链产品服务，通过平台化的运营模式整合供应链生态圈资源，创新不同区域特色的产业集群服务体系，构建在工业 4.0 科技时代下用 DT 大数据运营为基础的智慧供应链实时协同平台。

准时达集成应用以大数据分析、云平台、物联网等现代信息系统为一体的综合信息网络，通过自主研发信息系统平台，为客户提供可视化、可共享、可集成、可监控的全网综合信息分析与处理服务，全面支持内部和外部客户的供应链管理与运营服务，实现端到端的全智能化系统平台协同运作。

准时达供应链协同仓（VMI HUB）适用于供应商数量多、供货频次高且生产规模大的制造商。制造商的各地供应商按照生产预测将物料提前运送至准时达 VMI HUB，库存由供应商自己管理。当制造商需要生产用料时，VMI HUB 会根据生产要求把零配件按成品需求比例（BOM 表）配置好，进行 JIT 产前集拼出货。物料在上线前进行物权交割，实现真正意义上的 JIT 供料模式。

而传统模式则是各地供应商 A、B、C 等分别从各自的仓库将零部件供应给制造商，然后制造商再进行生产。这种模式的主要问题是，首先时效性较差，其次会造成库存积压。对于制造商，尤其是千亿级制造商而言，货物在仓库多停留一天，即便是 0.1%的库存成本，对企业也将是极大的浪费，会造成生产成本上升。同时，由于大型制造商需在各地建厂，供应商如果也需要同步在各地建仓，也将带来较大的成本压力。

准时达依托其在全国和全球的网络，根据客户供应商分布，建设并形成了全球供应商交付网络，让供应商就近交货，统一集拼，实现规模效应，从而节约整体供应链成本，提升供应链效率。

由需求驱动的 VMI HUB + JIT 模式，让制造商客户真正实现了“要货有货，不要货零库存”，为制造商客户降低了库存，提高了供应链效率，更实现了供应方和采购方双赢的局面。具体效果是：

对于供应方来说：① 根据客户的实际需求，预测、准确生产，实现产销平衡，JIT 快速交货，使客户满意；② 产品上线前进行质量检验是产品最后一个环节的质量保障；③ 批量补货到 VMI HUB，减少零担急料出货，降低企业物流成本；④ 不同客户的共享料可快速转拨，满足市场需求变化，企业更具弹性和市场竞争力。

对于采购方来说：① 来料检验（Incoming Quality Control，IQC）要求买前先验，上线前确保产品质量，减少因品质及缺货造成的停线损失；② 实现零库存，减少库存占用资金，提高资金投资回报率；③ JIT 交货，减少仓库资源重复投入；④ 由第三方管理库存的账和物，更加专业和安全可靠，让企业更专注于产品研发和质量提升。

准时达供应链协同仓既承担库存管理的角色，也是信息集成、数据分析的核心节点。通过 VMI HUB，准时达打通了供应商、承运商、生产制造商和 C 客户的系统壁垒，将所有数据集成并协同，无缝衔接所有操作环节。同时各环节成员能够通过网络平台、Auto Mail、移动终端等信息技术和工具，即时获取所需信息，并实现可视化，助力智能商业决策。

准时达供应链实时协同平台还可以通过 Web Services 的实时方式，实现客户 ERP 与实时协同平台的同步，解决了供应链上下游各环节间的信息不畅问题，提升作业效率。通过这个平台打通供应链上下游各个环节，达到减少人力重复沟通工作，提升各环节的信息透明度，提高工作效率，避免隐性成本，实现了让供应链成为企业的核心竞争力。

（资料来源：王叶峰．供应链管理［M］．2 版修订版．北京：机械工业出版社，2020，内容有改动。）

案例思考

1. 概述准时达如何运营 VMI。
2. 结合案例谈谈如何用数字驱动供应链库存管理。

能力训练

【训练内容】根据案例分析提供的材料，提出准时达供应链库存管理的优化建议。

【训练目的】通过训练使学生加深对供应链库存管理知识的理解。

【训练安排】将学生按 4~6 人划分为一个小组，进行适当的任务分工。以小组为单位收集整理相关资料，讨论准时达供应链库存管理问题，提出准时达供应链库存管理的优化建议，并制作 PPT 及电子文档进行汇报。教师可组织小组讨论，根据小组讨论情况给予点评。

第 8 章

供应链合作关系管理

学习目标

1. 了解供应链合作关系管理概述；
2. 掌握供应链合作关系伙伴选择；
3. 了解供应链合作关系构建的流程和方法；
4. 掌握供应链协同管理。

引导案例

特斯拉的供应链版图

把特斯拉的供应商名单拉出来，庞大到令人震惊。原来一辆特斯拉汽车，竟然与百余家供应商有着如此直接的联系。其中尤其值得关注的是，这份供应商名单中绝大部分是国产供应商（表 8-1）。据官方透露，目前国产特斯拉供应链本地化率已超 95%。

表 8-1　特斯拉主要供应商一览

类别		供应商
锂电池组	PACK	松下、五矿资本、先导智能
	正极材料	住友化学、杉杉股份、洛阳铜业、寒锐钴业、格林美
	负极材料	日立化学、中国宝安、杉杉股份、天齐锂业、赣锋锂业、亿纬锂能
	隔膜	住友化学、南洋科技
	电解液	三菱化学、新宙邦、长园集团
	电池连接件	长盈精密、诺德股份
	盖板	科达利
	保护壳	旭升股份、常铝股份
	电池整体	宁德时代

续表

类别		供应商
电池管理系统	BMS	特斯拉、矢崎、贸联
	集成电路	意法半导体、德州仪器、英博尔
	连接器	泰科电子、得润电子
	冷却液	洛阳高华、新疆天业、东华科技
	PCB 板	沪电股份、生益科技、金安国纪、华正新材、超华科技、景旺电子
	FPC 柔性电路板	东山精密、超华科技、景旺电子
	传感器原件	均胜电子
	传感器组件	安洁科技
电池热管理	散热器	东山精密、超华科技、景旺电子
	散热系统铝材	常铝股份
	电池冷水泵	德纳
	热管理组件	三花智控
中控系统	系统总成	特斯拉
	视觉运算处理器	英伟达
	中控屏	宸鸿科技、莱宝高科、晶瑞股份、天华超净
	中控屏模组	长信科技、康宁玻璃、夏普、京东方、瑞仪光电、中国台湾旗胜、臻鼎科技、赛普拉斯、德州仪器
	仪表	鸿海精密、科森科技、奇菱科技、英伟达
	天线	大富科技
	地图	四维图新、谷歌
	通信运营商	AT&T、中国联通、中国移动
	自动驾驶系统	特斯拉、三星、联创电子、法雷奥、均胜电子
	空调系统	汉拿伟世通/三花智控、摩丁制造
电驱动系统	电机	福田机电、中科三环、置信电机、横店东磁、东睦股份、格林美、河北宣工
	电机驱动模块	特斯拉、和大工业、旭升股份
充电	高压电缆	宏发股份、尚普兰
	充电线	智慧能源
	充电枪	长盈精密
	充电桩	中国联通、众业达、许继电气、国电南瑞、上海普天、万马股份、科士达、中恒电气

续表

类别		供应商
底盘	电动助力转向	博世、安洁科技、百达精工
	制动系统	布雷博、京山轻机、特斯拉
	悬挂系统	拓普集团、大陆集团、保隆科技、蒂森克虏、米其林
车身	车身结构	路特斯
	车门	宜安科技
	车身模具	天汽模
内饰	内饰板	麦格纳、易德龙、日盈电子
	座椅	富卓内饰
	噪声处理	拓普集团
	安全气囊	均胜电子
	方向盘	云海金属、均胜电子
	安全带	海利得
	铝饰条	宁波华翔
外饰	保险杠总成	摩缇骊
	前后灯	海拉
	玻璃	旭硝子

在表 8-1 这份特斯拉的供应商名单中，包含了车辆的电池组、底盘、电驱动、中控等诸多供应商。其中绝大多数汽车零配件为国内供应商制造，比如宁德时代负责国产特斯拉的电池组；中科三环、横店东磁等国产企业负责电机部分。简单来说，现在的国产特斯拉，除了车标是美国的以外，其他零部件基本上都是中国供应商制造的。

据不完全统计，截至目前，至少有 180 家中国供应商，包含 40 多家 A 股上市公司加入了特斯拉的供应链体系。对中国汽车零部件产业来说，特斯拉入华既是试金石，又是一次千载难逢的机遇。参与其中的本土汽车零部件企业，伴随着特斯拉快速成长，也获得了电动化的先发优势，而且，拥有特斯拉做“背书”，更能帮助他们切入其他新能源企业供应体系。尤其是以宁德时代为首的动力电池产业链，从上游的钴、锰、镍、锂，到中游的正负极、电解液、隔膜、电芯、PVC 膜、线束，再到下游的电池模组，已然成为世界最具竞争力的产业集群，支撑着中国新能源汽车的制造。

在造车新时代，“整零关系”正被重塑。整车厂和零部件企业从“Tier 2—Tier 1—主机厂”的单线产业体系进入了“Tier 0.5”级合作时代。这是一种介于 Tier 1 与主机厂之间的全新沟通方式，快速响应、共享数据、迭代升级，

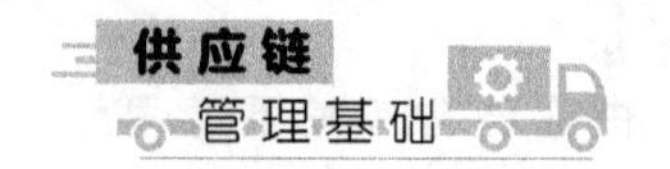

规模化系统集成能力进一步升级，这些都为自主供应商提供崛起的机会。

（资料来源：郑雪芹．特斯拉的供应链版图［J］．汽车纵横，2022（09）：82-84，内容有改动。）

特斯拉供应链合作关系的构成是怎样的？

8.1 供应链合作关系管理概述

8.1.1 供应链合作关系的含义

供应链合作关系是指在供应链内部两个或两个以上独立的成员之间形成的一种协调关系，以保证实现某个特定的目标或效益。供应链合作关系，也可以理解为供需双方在一定时间内共享信息、共担风险、共同获利的一种战略性协议关系，在于通过提高信息共享水平，减少整个供应链产品的库存总量，降低成本，提高最终客户需求的响应速度及整个供应链的运作绩效。

供应链合作关系形成于集成化供应链管理环境下，建立于供应链中为了特定的目标和利益的企业之间。供应链合作关系形成的背景是为了降低供应链总成本、降低库存水平、增强信息共享水平、改善相互之间的交流、保持合作企业间的操作的一贯性、产生更大的竞争优势，以实现供应链节点企业的财务状况、质量、产量、交货期、用户满意度以及业绩的改善和提高。显然，供应链合作关系必然要求强调合作和信任。

有了合作和信任的基础，实施供应链合作关系也意味着新产品技术的共同开发、数据和信息的交换、市场机会共享和风险共担。在供应链合作关系环境下，制造商选择供应商不再是只考虑价格，而是更注重选择能在优质服务、技术革新、产品设计等方面进行良好合作的供应商。

供应链合作关系的潜在效益，往往在建立后三年左右甚至于更长的时间，才能转化成实际利润或效益。企业只有着眼于供应链管理的整体竞争优势的提高和长期的市场战略并能忍耐一定时间，才能从供应链的合作关系中获得更大效益。

8.1.2 供应链合作关系管理的内容

供应链合作关系管理就是要对供应链企业间的关系进行管理。供应链合作关系管理是以合作思想为关系协调的指导思想，并以协调理论作为分析工具和技术，通过协商、谈判、约定、沟通等管理方式，建立供应链企业间关系的管理机制和渠道，以达到改善和优化供应链整体绩效和成员企业绩效的目标。

供应链合作关系管理的主要对象是供应链企业间以供需交易关系为主体的一系列关系的总和，包括供应链企业间物流、资金流、信息流的管理和企业间的合作关系的管理。但从供应链关系管理问题的解决途径和手段来看，可以将供应链合作关系管理的内容归纳为以下三个层次。

1. 供应链企业间的信息共享

这是供应链关系协调的第一层次。信息共享在供应链的运营中具有举足轻重的作用，也是供应链关系管理的一个重要的基础。如果没有信息的有效传递和共享，必然会导致供应链关系的不协调。信息的有效共享是供应链协调的基础。

2. 供应链企业间的经济利益协调

这是供应链关系协调的中间环节。为保证供应链的竞争力，必须防止成员企业片面追求自身利益最大化的行为，但由于供应链固有的外部性的限制，不可能要求成员企业无偿地放弃自身利益而维护供应链的整体利益。显而易见，只有供应链整体利益大于不存在战略合作时各企业利益之和时，供应链才可能维持下去。因此，核心企业必须从战略角度出发，挖掘出所处的供应链与其他供应链不同的竞争优势，保证供应链的利益，并将增加的利益进行公平合理的分配。

3. 供应链企业间的信任

这是供应链管理中的较高层次。供应链中的信任主要有两个方面：一方面是核心企业对其他成员企业的信任，这主要是一种忠诚信任。这种信任可以通过签订约束性的合同，或加大其他企业寻找新的战略伙伴的机会成本来实现。另一方面是其他成员企业对核心企业的信任，这主要是一种能力信任，即核心企业有能力在不确定的市场环境下通过构建和领导现有的供应链获得更大的市场份额，提高整体收益，并让各成员企业分享收益。这就要求核心企业不断提高自身的实力。

上述三个层次是一个渐进的过程，只有前面的层次能够实现，后面的层次才有保证。只有建立长久稳定的战略合作关系才能保证高效率地实现供应链的管理。

8.1.3 供应链合作关系管理的措施

供应链合作关系管理的措施有五种，分别为建立公平机制、加强信息共享、建立信任机制、建立激励机制和动态合同管理。

1. 建立公平机制

获利是形成合作伙伴关系的动力，程序公平则是维持良好合作伙伴关系的基础。无论合作伙伴实力的强弱，他们在参与供应链运作时应一律平等，按照事先规定的流程办事。程序公平能使合作伙伴在心理上平衡，促进相互间的信任，确保供应链良性运转。合作伙伴可以对核心企业的决策提出异议，表明自己的观点和立场，双方就有关问题进行沟通协商，得到对双方都更为有利的解决方案。除了在出现问题的时候进行沟通外，核心企业与合作伙伴之间在平时也要加强交流，对公司的相关政策、行动、流程予以解释，一方面可以增进双方的了解和信任，另一方面也有利于发现新的合作机会。

2. 加强信息共享

在供应链中，各个企业的订单决策都是根据相邻成员的订单量，按照一定的方法进行预测。由于上游企业不直接接触终端市场，整条供应链中的订单信息会发生放大的现象，称为“牛鞭效应”。牛鞭效应产生的这种需求不真实的情况，会对企业排产或销售造成极大的压力。通过信息共享，企业可以直接根据来自零售商的信息安排企业的生产，随时监控下游成员企业的库存情况，以及上游企业的供货能力，从而有效地减少“牛鞭效应”的影响，降低整条供应链的需求不确定性。

实现供应链合作伙伴间信息共享可以通过多种途径，主要有完善企业信息系统平台、构建第三方系统平台和建立公共平台三种方式。

（1）完善企业信息系统平台。供应链合作伙伴间通过完善企业信息系统平台，协调供应链企业间的信息系统，从而实现信息的快速、准确传递。核心企业可以把信息直接传递给合作伙伴，合作伙伴可以直接把核心企业传递来的信息存放在自己的数据库中。

（2）构建第三方系统平台。在供应链中引入第三方信息企业，由第三方信息企业建设公共数据库，收集外部信息资料，加工处理与供应链相关的信息，向供应链企业提供额外的信息服务。

（3）建立公共平台。通过建设公共平台，实现企业内部信息数据库和信息平台数据库间的数据传输和处理的计算机自动化。信息平台服务商只对平台进行维护或根据客户的需求开发新的功能模块，不提供具体的信息服务。共享信息的种类和要求由供应链相关企业商定。在实现信息共享的过程中，核心企业可以根据自身的财务及经营状况，选择合适的信息传输手段，只要能够将有价值的信息及时准确地传递给对方也就达到了信息共享的目的。

3. 建立信任机制

信任是企业合作的基础。合作双方签订合同时，很难拟定出涵盖一切偶然因素的合同。基于以上客观情况，合作企业间只有建立相互信任关系，才能弥补合同的不足。对于供应链中的企业来说，信任就意味着遵守合同，按时交货、按时付款，保持一贯的高质量。一般来说，企业会对合作企业建立信誉记录，形成有效的信任考察机制。然而在建立对方的考核机制时，企业也应该树立自己的信誉形象。在企业之中享有良好的声誉会使本公司更容易找到合适的联盟伙伴，也会使对方更加信任自己，从而使合作关系更长久。

构建合作企业的信任机制有以下三种方式。

（1）协调供应链合作目标。在供应链的发展过程中经常会出现两种情况：

① 合作企业间的目标存在冲突，但在供应链建立初期有所掩盖；② 目标在开始时是一致的，但随着时间的推移逐渐产生冲突，形成对立。这就需要在合作的过程中不断调整目标，使其满足整体利益的需求，即一切从供应链整体的绩效需要出发。发生以上两种情况，在于合作伙伴既希望从供应链中得到好处，又极力保持相当程度的自主权，彼此间存在相互冲突的长期目标。自主权的存在会导致供应链目标的潜在冲突，目标的不一致就会促使各方为了各自的利益采取机会主义的行为，导致信任关系的破裂。为此，各方都要随时对供应链状况和发展目标进行定期的检查，以确保供应链目标的协调一致。

（2）协调供应链企业间文化。统一的供应链文化能减少合作伙伴间的矛盾和冲突，确保彼此间的信任关系受到最小的干扰和破坏。要形成统一的供应链文化，就需要核心企业的管理人员敏锐地意识到各合作企业的文化差异，通过跨企业的管理培训、鼓励非正式接触、提高行为和策略的透明度等措施来努力消除彼此间的隔阂，使各种企业文化在供应链中相互渗透和相互交融，最终形成各方都能接受的、信仰的文化基础，使供应链内不同文化背景的伙伴之间能够良好地沟通，以促进信任关系的建立和发展。

（3）提高欺骗成本。在信息不对称的情况下，要使每个合作企业的行为理性化，就必须在供应链内部建立阻止相互欺骗和防止机会主义行为的机制，提高欺骗成本，增加合作收益。

提高欺骗成本，可从以下三个方面入手。

第一，提高退出壁垒，即如果伙伴企业退出供应链，那么它的某些资产，如场所资产、人力资产和商誉都将受到很大损失。

第二，供应链可以通过伙伴相互间的不可撤回性投资来“锁住”对方，使各伙伴像关心自己的利益一样来关心其他成员和整个供应链的兴衰，消除通过欺骗得益的可能性。

第三，供应链可以通过保护性合同或合法的契约来阻止机会主义行为，即对不诚信行为进行惩治。这样的合约条款可使合作伙伴清楚行为预期，消除投机心理，同时也可提高对其他合作伙伴的信任度。增加合作收益的一个重要内容就是为伙伴提供隐性“担保”，即利用供应链拥有的无形资产，如信誉、商标等使参与供应链的伙伴由于供应链本身的声誉和影响力，在客户心中树立起良好的商誉和品牌形象，从而获得较高的经济效益，使各合作伙伴都认识到，建立合作伙伴关系能比单干获得更大利益。

4. 建立激励机制

核心企业在建立信任机制后，应当加强建立激励机制，可以采用以下三个方面的激励手段和措施。

（1）价格、订单激励。在供应链管理中，各个企业在战略上是相互合作关系，但是并不能忽略各个企业的自身利益。价格的确定要考虑供应链利润在所有企业间的分配，以及供应链的优化所得额外收益在所有企业间的均衡。对供应商来说，高的价格能增强企业合作的积极性，不合理的低价会挫伤企业合作的积极性。但是，价格激励本身也隐含着一定风险，这就是逆向选择问题，即制造商在挑选供应商时，由于过分强调低价格的谈判，他们往往选中了报价较低的企业，而将一些整体水平较高的企业排除在外，其结果影响了产品的质量、交货期等。因此，使用价格激励机制时要谨慎从事，不可一味强调低价策略。除此之外，在供应链内的企业也需要订单激励。一般地说，一个制造商拥有多个分销商，多个分销商的竞争来自于制造商的订单，更多的订单对分销商是一种有效激励。

（2）建立淘汰机制。在实施供应链合作伙伴关系中，为了能有效地使整个供应链的整体竞争力保持在一个较高的水平，核心企业必须建立起有效的淘汰机制，以此在供应链系统中形成一种危机激励机制，让各成员企业产生一种危机感，供应链上各成员企业为了维持长期的战略合作关系及其既得利益就会从各个方面注意自己的行为。

（3）新产品的共同研发。在供应链合作伙伴关系中，通过让可靠的合作伙伴参与新产品的开发和新技术的研制，并在其中占有相对合理比例的股份，可以调动合作伙伴的积极性，形成稳定的战略合作伙伴关系。另外，还可以对合作伙伴进行必要的投资，以维护这种合作关系。例如，核心企业可以从整体利益出发，对合作伙伴进行有关设备、流程设计、技术培训、技术创新等方面的投资。

5. 动态合同控制

动态合同即柔性合同，它在内容上视合作伙伴工作进展和市场变化情况设置相应的可灵活选择的条款；在形式上采用以序列合同为基础的合同形式，即若需要自动续签下一项合同，必须完成现有合同所规定的任务，并达到相应的标准；同时合同内容体现出对于完成不同阶段任务并达标的，给予相应的褒奖和优惠。动态合同在执行过程中会配以相应的动态检查机制、激励与惩罚机制、利益分配和风险分担机制以及清算机制。动态合同具有以下优点。

（1）核心企业将所负责的任务或项目分割成不同的部分或阶段，避免一次性将任务全部交给一个合作伙伴而被套牢的现象，从而有效避免因合作伙伴选择不当所带来的风险。

（2）动态合同在形式上采用序列合同的形式，能有效地激励合作伙伴按时、按质、按量地完成所承担的任务。否则，不仅会损害自身的信誉，得不到足额的报酬，而且还会失去自动续签下一阶段项目或任务合同的机会。

（3）内容上可根据工作进展和市场变化情况，设置可灵活选择的条款，有利于供应链合作伙伴关系的协调管理和双赢目标的实现。

（4）能够进行动态检查，有利于随时了解合作伙伴的实际工作情况，为下一阶段的决策提供依据，同时也可以减少合作伙伴的弄虚作假等行为的发生，起到检查和监督作用。

8.2 供应链合作关系伙伴的选择

8.2.1 供应链合作伙伴选择遵循的原则

在供应链管理环境下，供应链合作伙伴关系管理需要考虑的主要问题之一，就是决策合作伙伴数量。如企业对同一种零部件或原材料的采购，可以遵循单一供应商原则，或是多供应商原则，即选择一家供应商单独供货，或是多选择几家供应商共同供货。

1. 单一供应商原则

单一供应商原则的优点主要表现在：（1）节省协调管理的时间和精力，有助于与供应商发展伙伴关系；（2）双方在产品开发、质量控制、计划交货、降低成本等方面共同改进；（3）供应商早期参与对供应链价值改进的贡献机会较大。

单一供应商也有很大的风险，主要表现在：供应商的失误可能会导致整个供应链的崩溃；企业更换供应商的时间和成本较多；供应商有了可靠顾客，会失去其竞争的原动力及应变、革新的主动性，以致不能完全掌握市场的真正需求。

2. 多供应商原则

多供应商原则的优点表现在：（1）通过多个供应商供货可以分摊供应环节中断的风险；（2）可以激励供应商始终保持旺盛的竞争力（成本、交货期、服务）；（3）可以促使供应商不断创新，因为一旦它们跟不上时代步伐就会被淘汰。

多供应商原则也有缺点，主要表现在：（1）因为供应商都知道被他人替代的可能性很大，缺乏长期合作的信心，从而降低了供应商的忠诚度；（2）由于多供应商之间过度价格竞争容易导致供应链出现材料偷工减料带来的潜在风险。

实际上，多供应商原则虽然能够避免单一供应商供货中断而导致整个供应链中断的风险，但也是有条件的。如果一个区域发生了突发状况，整个地区的供应商实际上也都无法保证供货；另外，一个供应商供货中断，其他供应商不一定有足够的产能保证需要。同时，因为现在的市场是全球性的，个别供应商的突发事件会给整个行业的客户带来采购上的问题。因此，多供应商原则未必能够降低供应链供货中断的风险。

综上所述，到底是采用单一供应商原则还是多供应商原则，供应链上的合作伙伴需要根据具体情况做出决策。

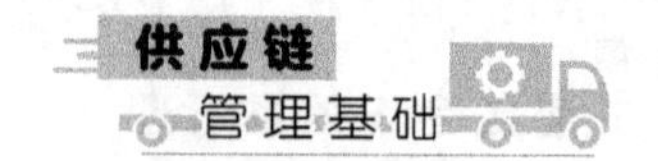

8.2.2 供应链合作伙伴的关系类型

由于供应链紧密合作的需要，制造商可以在全球市场范围内寻找最杰出的合作伙伴；并且为了能使选择合作伙伴的工作更为有效，可以把合作伙伴分为不同的类型，进行有针对性的自管理。

首先，可以将合作伙伴关系分成两个不同的层次：重要合作伙伴和一般合作伙伴。重要合作伙伴是少而精的、与制造商关系密切的合作伙伴，而一般合作伙伴是相对较多的、与制造商关系不太密切的合作伙伴。供应链合作关系的变化主要影响重要合作伙伴，而对一般合作伙伴的影响较小。

其次，根据合作伙伴在供应链中的增值作用及其竞争实力，可将合作伙伴分成不同的类别，分类矩阵如图 8-1 所示。图中纵轴代表的是合作伙伴在供应链中增值的作用，对一个合作伙伴来说，如果不能对供应链的增值做出贡献，它对供应链的其他企业就没有吸引力；横轴代表某个合作伙伴与其他合作伙伴之间的区别，主要是设计能力、特殊工艺能力、柔性、项目管理能力等方面竞争力的区别。

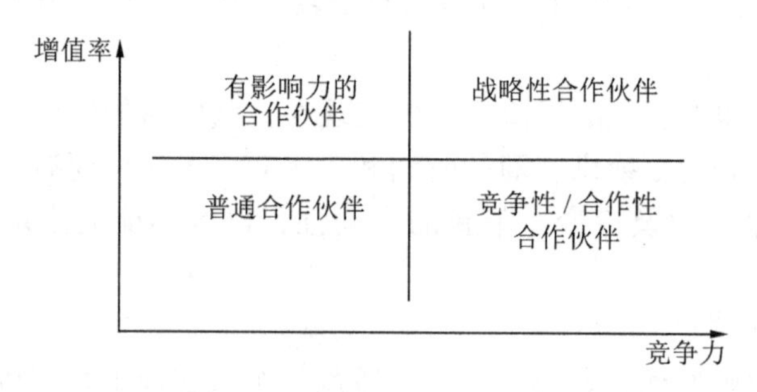

图 8-1 供应链合作伙伴分类矩阵

在供应链企业的实际运作中，应根据不同的目标选择不同类型的合作伙伴。对长期合作而言，要求合作伙伴能保持较高的竞争力和增值率，因此最好选择战略性合作伙伴。对短期合作或某一短暂市场需求而言，只需选择普通合作伙伴满足需求则可，以保证成本最小化。对中期合作而言，可根据竞争力和增值率对供应链的重要程度不同，选择有影响力或竞争性或技术性的合作伙伴。

8.2.3 选择合作伙伴时考虑的主要因素

供应链管理是一个开放系统，供应商隶属于该系统的一部分，因此，供应商的选择会受到各种政治、经济和其他外界因素的影响。供应商选择的影响因素主要有以下方面。

1. 价格因素

价格主要是指供应商所供给的原材料、初级产品（如零部件）或消费品组成部分的价格。供应商的产品价格决定了消费品的价格和整条供应链的投入产出比，对生产商和销售商的利润率产生一定程度的影响。

2. 质量因素

质量主要是指供应商所供给的原材料、初级产品或消费品组成部分的质量。原材料、零部件、半成品的质量决定了产品的质量，这是供应链生存之本。产品的使用价值是以产品质量为基础的，如果产品的质量低劣，该产品将会缺乏市场竞争力，并很快退出市场。供应商所供产品的质量是消费品质量的关键之所在。

3. 交货周期因素

对企业或供应链来说，市场是外在系统，它的变化或波动都会引起企业或供应链的变化或波动，市场的不稳定性会导致供应链各级库存的波动，由于交货提前期的存在，必然造成供应链各级库存变化的滞后性和库存的逐级放大效应。交货提前期越短，库存量的波动越小，企业对市场的反应速度越快，对市场反应的灵敏度越高。由此可见，交货周期也是重要因素之一。

4. 交货可靠性因素

交货可靠性是指供应商按照订货方所要求的时间和地点，将指定产品准时送到指定地点的能力。如果供应商的交货可靠性较低，必定会影响生产商的生产计划和销售商的销售计划及时机。这样，就会引起整个供应链的连锁反应，造成大量的资源浪费并导致成本上升，甚至会致使供应链的解体。因此，交货可靠性也是较为重要的因素。

5. 品种柔性因素

在全球竞争加剧、产品需求日新月异的环境下，企业生产的产品必须多样化，以适应消费者的需求，达到占有市场和获取利润的目的。因此，多数企业采用了 JIT 生产方式。为了提高企业产品的市场竞争力，就必须发展柔性生产能力。而企业的柔性生产能力是以供应商的品种柔性为基础的，供应商的品种柔性决定了消费品的种类。

6. 研发和设计能力因素

供应链的集成是企业的未来发展方向，产品的更新是企业的市场动力。产品的研发和设计不仅仅是生产商分内之事，集成化供应链要求供应商也应承担部分的研发和设计工作。因此，供应商的设计能力属于供应商选择机制的考虑范畴。

7. 其他影响因素

每种产品都具有其独特性，没有独特性的产品市场生存力较差。产品的独特性要求特殊的生产工艺，所以，供应商的特殊工艺能力也是重要影响因素。除此之外，企业还需要考虑供应商的项目管理能力、供应商的地理位置、供应商的库存管理水平等。

8.2.4 供应链合作伙伴选择的评价准则

8.2.4.1 评价指标体系的设立

为了准确地评价和选择合作伙伴，必须建立一个评价指标体系。在这方面人们做了很多探讨。迪克森（Dickson）在对美国数百家企业调查后，认为产品的质量、成本和交货行为的历史是选择合作伙伴的三大重要标准，他建立了一个包含21个评价准则的供应商选择指标体系（表8-2）。

表8-2　Dickson的供应商评价准则

排序	准则	排序	准则	排序	准则
1	质量	8	财务状况	15	维修服务
2	交货	9	遵循报价程序	16	态度
3	历史效益	10	沟通系统	17	形象
4	保证	11	美誉度	18	包装能力
5	生产设施/能力	12	业务预期	19	劳工关系记录
6	价格	13	管理与组织	20	地理位置
7	技术能力	14	操作控制	21	以往业务量

迪克森的供应商选择准则虽然很全面，但是它没有设置权重，不易区分不同指标的重要性。这一问题被后来的很多学者加以改进和完善，出现了分层次的评价准则体系（表8-3）。

表8-3　分层次、有权重的供应商评价准则

序号	评价准则	子准则
1	质量水平（0.25）	顾客拒收度（0.60）
		工厂检验（0.40）
2	响应性（0.03）	紧急交货（0.70）
		质量水平（0.30）
3	纪律性（0.04）	诚实（0.75）
		程序遵循度（0.25）
4	交货（0.35）	
5	财务状况（0.06）	
6	管理水平（0.05）	企业制度执行情况（0.75）
		业务水平（0.25）
7	技术能力（0.08）	解决技术问题的能力（0.80）
		产品线宽度（0.20）
8	设备设施（0.14）	机器设备完好率（0.60）
		基础设施水平（0.20）
		布局合理性（0.20）

不同的企业在选择合作伙伴（如供应商）时，可以根据自己的需要采用不同的评价准则。我国企业采用得比较多的评价准则主要是产品质量，其次是价格。

8.2.4.2 综合评价指标体系的一般结构

影响合作伙伴选择的主要因素可以归纳为四类：企业环境、质量系统、生产能力和企业业绩。为了有效地评价、选择合作伙伴，我们可以框架性地构建三个层次的综合评价指标体系（图 8-2）：第一层次是目标层，包含以上四个主要因素，影响合作伙伴选择的具体因素建立在指标体系的第二层，与其相关的细分因素建立在第三层。

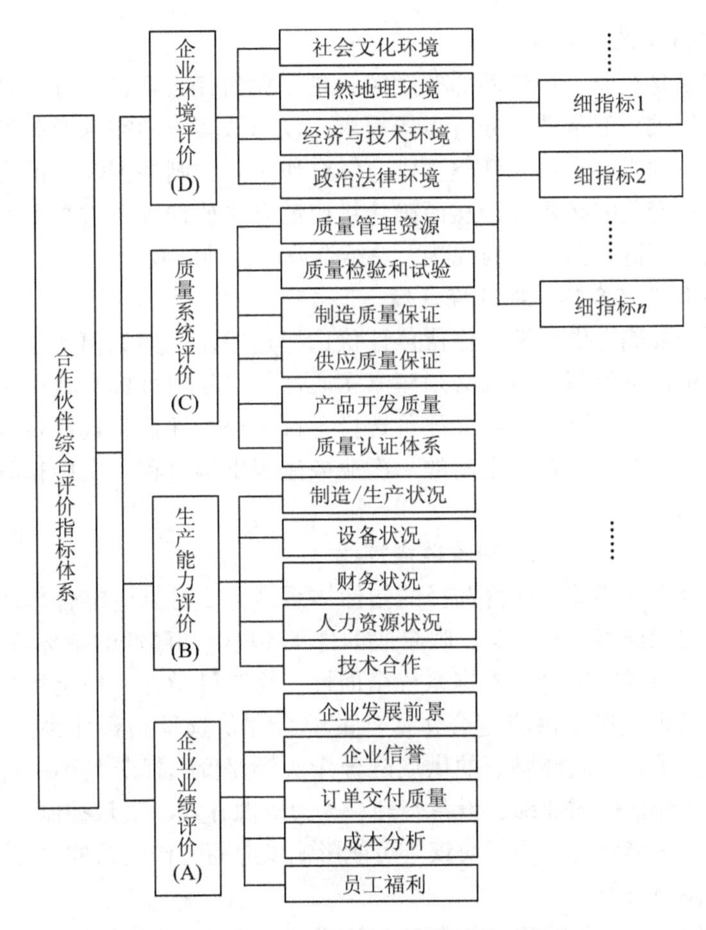

图 8-2 合作伙伴综合评价指标体系结构

需要强调的是，第三层的指标应该是可观测指标，也就是说，合作伙伴选择评价人员可以通过这一层的细分指标，观测到或计算出各个指标的分值，包括客观评价值和主观评价值，然后再做进一步分析。

8.3 供应链合作关系的构建

8.3.1 供应链合作伙伴评价选择的流程

在确定了供应链合作伙伴评价选择的原则后，供应链合作伙伴关系的建立还需要以下七个步骤。

1. 分析市场竞争环境

市场需求是企业一切活动的驱动源，是建立信任、合作、开放性交流的供应链长期合作关系的基础。分析市场需求，以确认客户的需求及是否有建立供应链合作关系的必要。如果已建立供应链合作关系，则根据需求的变化确认供应链合作关系变化的必要性，从而确认供应链合作伙伴评价选择的必要性，同时分析现有供应链合作伙伴的现状，总结企业存在的问题。

2. 确立供应链合作伙伴选择目标

企业不但要确定供应链合作伙伴评价选择程序，例如如何实施、信息流程如何运作、由谁负责等，而且必须建立实质性、实际的目标。其中降低成本是主要目标之一，供应链合作伙伴评价选择不仅是一个评价、选择过程，它本身也是企业自身、企业与企业之间的一次业务流程重构过程。实施得好，就可带来一系列的利益。

3. 制定供应链合作伙伴评价选择标准

供应链合作伙伴综合评价选择的指标体系是企业对供应链合作伙伴进行综合评价选择的依据和标准，是反映企业本身和环境不同属性的指标按隶属关系、层次结构有序组成的集合。根据系统全面性、简明科学性、稳定可比性、灵活可操作性的原则，建立供应链合作伙伴的综合评价选择指标体系。不同行业、企业、产品需求、不同环境下的供应链合作伙伴评价选择应是不一样的，但都涉及供应商合作伙伴的业绩、设备管理、人力资源开发、质量控制、成本控制、技术开发、客户满意度、交货协议等可能影响供应商合作关系的方面。

4. 成立评价小组

企业必须建立一个小组以控制和实施供应链合作伙伴评价。组员以来自采购、质量、生产、工程等与供应链合作关系密切的部门为主，组员必须有团队合作精神、具有一定的专业技能。评价小组必须同时得到企业和供应链合作伙伴企业最高领导层的支持。

5. 供应链合作伙伴参与

企业决定进行供应链合作伙伴评价，评价小组必须与初步选定的供应链合作伙伴取得联系，以确认他们是否愿意与企业建立供应链合作关系，是否有获得更高业绩水平的愿望。企业应尽可能早地让供应链合作伙伴参与到评价的设计过程中来。因为企业的力量和资源是有限的，企业只能与少数的、关键的合作伙伴保持紧密合作，所以参与的供应链合作伙伴不能太多。

6. 评价供应链合作伙伴

评价供应链合作伙伴的一个主要工作是调查、收集有关合作伙伴在生产运作等方面的信息。在收集供应商合作伙伴信息的基础上，利用一定的工具和技术方法进行供应链合作伙伴的评价，然后再根据一定的方法选择供应链合作伙伴。如果选择成功，则开始实施供应链合作关系；如果没有合适的供应链合作伙伴可选，则重新确立供应链合作伙伴选择目标，再次进行评价选择。

7. 实施供应链合作关系

在实施供应链合作关系的过程中，市场需求将不断变化，可以根据实际情况的需要及时修改供应链合作伙伴评价标准，或重新开始供应商合作伙伴评价选择。在重新选择供应链合作伙伴的时候，应给予旧的供应链合作伙伴以足够的时间适应变化。

具体的供应链合作伙伴评价选择流程如图 8-3 所示。

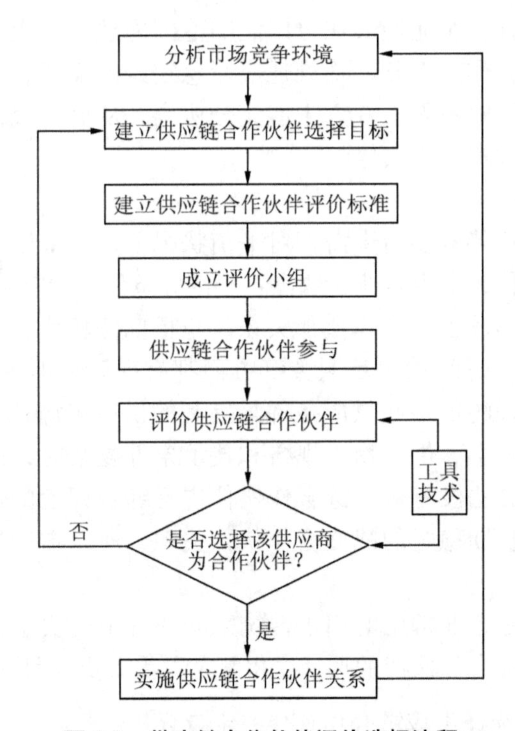

图 8-3　供应链合作伙伴评价选择流程

8.3.2　供应链合作伙伴评价选择的方法

供应链合作伙伴评价选择的方法是指企业在对供应商调查、评价的基础上，为确定最终供应商而采用的技术工具。评价选择供应链合作伙伴的方法有定性分析法和定量分析法两种类型。

8.3.2.1 评价选择供应链合作伙伴的定性分析法

1. 直观判断法

直观判断法是根据征询和调查所得的资料并结合个人的分析判断，对合作伙伴进行分析、对比评价的一种方法。这种方法是根据企业对合作伙伴以往业绩、质量、服务、价格等的了解程度，提出合作伙伴名单，然后由有经验的评审人员进行判断，确定最后的合作伙伴。这种方法比较直观、简单易行。但是该方法主观性太强，不适合选择企业的战略性合作伙伴，可用于少量辅助材料的一般合作伙伴的选择。

2. 招标法

当对供应需求量大而竞争又十分激烈的合作伙伴进行选择时，可采用招标法来选择适当的合作伙伴。这种方法是由企业提出招标条件，由招标合作伙伴进行竞标，然后由企业决标，与提出最有利条件的合作伙伴签订合同或协议。招标法可以是公开招标，也可以是指定竞争招标。公开招标对投标者的资格不予限制；指定竞标则由企业预先选择若干个可能的合作伙伴，再进行竞标和决标。招标法竞争性强，企业能够在更广泛的范围内选择适当的合作伙伴。但招标法手续较繁杂，操作时间长，很难适应紧急定购的需要，定购机动性差，有时定购者对投标者了解不够，双方未能充分协商，从而造成供销不对路或不及时，不适用于选择战略合作伙伴。

3. 协商选择法

在可供选择的伙伴较多而供需相对平衡状况下，可采用协商选择的方法来选择合适的合作伙伴，即由企业先选出若干供应条件较为有利的备选合作伙伴，再分别进行协商后形成正式合作伙伴关系。与招标法相比，供需双方有更多的沟通，在供应质量、时间和售后服务等方面都有保障。但由于选择范围有限，不一定能够得到合理的价格和供应条件最有利的供应来源。当采购时间紧、投标单位少、竞争程度小、供方物资规格和技术条件复杂时，此法较招标法更为有效。但由于这种方法没有对备选合作伙伴进行综合评价的过程，没考虑到需要和合作伙伴建立长期稳定的战略合作伙伴关系，所以在选择战略合作伙伴时不是很适用。

以上三种方法是企业常用的用于传统采购环境下的决策方法。但在供应链采购环境下，供应链合作伙伴的选择变得复杂，需要更加科学的决策。

8.3.2.2 评价选择供应链合作伙伴的定量分析法

1. 采购成本比较法

采购成本比较法是通过计算分析针对各个不同伙伴的采购成本，选择采购成本较低的合作伙伴的一种方法。当产品质量、信誉、履约率及售后服务均能满足要求时，宜用采购成本比较法来评价选择供应商。采购成本比较法，就是根据物资采购总成本，包括物资价格、运费及其他采购费用等来评选对象。

2. 层次分析法

层次分析法是指将一个复杂的多目标决策问题作为一个系统，将目标分解为多个目标或准则，进而分解为多指标（或准则、约束）的若干层次，通过定性指标模糊量化方法算出层次单排序（权数）和总排序，以作为目标（多指标）、多方案优化决策的系统方法。层次分析法将决策人对复杂系统的评价决策思维过程数学化，从而降低了决策中的主观臆断造成的低精确性。不足之处是，遇到因素众多、规模较大的问题时，该方法容易出现问题，如判断矩阵难以满足一致性要求，往往难以进一步对其分组。它作为一种定性和定量相结合的工具，目前已在许多领域得到了广泛的应用。

除了以上三种定性方法和两种定量方法外，多目标数学规划法、数据包络分析法、人工神经网络算法、灰色关联度、聚类分析法、模糊综合评价法、遗传算法和组合优化算法等也应用于供应链合作伙伴的选择。

8.3.3 建立供应链合作关系不同阶段的重点事项

良好的供应链合作关系首先必须得到最高管理层的支持，并且企业之间要保持良好的沟通，建立相互信任的关系。

在战略分析阶段，需要了解相互的企业结构和文化，消除社会、文化和态度之间的障碍，并适当地改变企业的结构和文化，同时在企业之间建立协调统一的运作模式或体制，消除业务流程和结构上存在的障碍。

在合作伙伴评价和选择阶段，总成本和利润的分配、企业文化的兼容性、财务的稳定性、合作伙伴的能力和定位（包括地理位置分布）、管理的融合性等都将影响合作关系的建立，必须增加与主要供应商和用户的联系，增进相互之间的了解（对产品、工艺、组织、企业文化等），相互之间保持一定的一致性。

到了供应链战略合作关系建立的实施阶段，需要进行期望和需求分析，相互之间需要紧密合作，要加强信息共享和相互提供技术交流和设计支持。在实施阶段，相互之间的信任最为重要，良好愿望、柔性、解决矛盾冲突的技能、业绩评价（评估）、有效的技术方法和资源支持等都很重要。

8.4 供应链协同管理

8.4.1 供应链协同管理的概念

供应链协同要求供应链中各节点企业为了提高供应链的整体竞争力而进行彼此协调和相互努力。各节点企业通过公司协议或联合组织等方式结成一种网络式联合体，在这一协同网络中，供应商、制造商、分销商和客户可动态地共享信息，紧密协作，向着共同的目标发展。要实现协同，就要求节点企业基于技术和互联网的信息共享和知识创新成果共享；要求各节点企业树立“共赢”意识，为实现同一目标而努力；要求合作伙伴在信任、承诺和弹性协议的基础上进行合作。同时，要求进行协同的节点企业进行供应链的重新整合，应以信息的自由交流、知识创新成果的共享、相互信任、协同决策、无缝连接的生产流程和共同的战略目标为基础。

供应链协同管理是指针对供应链网络内各职能成员间的合作所进行的管理。要提高供应链的竞争力，使供应链在竞争中获胜，关键是供应链企业之间实现协同，实现供应链协同管理。协同有力，则供应链管理顺畅高效，供应链竞争力就强；反之，协同不力，供应链竞争力也就无从谈起。因此，协同管理是供应链管理思想的核心，是供应链管理的最终目的，供应链协同管理是供应链管理发展的高级形式。

8.4.2 供应链失调与牛鞭效应

8.4.2.1 供应链失调的表现

供应链协同是供应链上各成员企业以共赢意识为前提，以信息共享为基础，以合作协议为约束，通过协同目标、协同决策和协同作业使产品价值链由原材料采购到产品生产再到最终顾客实现无缝衔接的过程。供应链协同可以有效地消除产品价值链上重叠的功能、重复的作业和不确定性，实现各环节有机衔接，资源合理配置，从而降低成本，提高企业快速反应能力，建立整体竞争优势。

但在现实中，由于供应链上各成员企业属于不同的所有者，都有独立的决策权力，因此各成员企业的目标可能相互冲突。这样，当各成员企业采取有利于自身利益最大化的行为时，就会对其他成员企业的利益产生损害，各成员企业也就会为自身利益将部分资源浪费在与其他成员企业解决冲突和协调关系方面，整个供应链就不能产生快速反应能力和整体竞争优势。这些表现就是供应链失调，其后果之一就是牛鞭效应。

8.4.2.2 牛鞭效应

牛鞭效应是指供应链上各成员企业在按照各自目标采取行动时，各成员企业之间的信息不能有效传递，致使各成员企业只能独立进行需求预测而导致产生的需求信息从最终顾客开始，沿供应链向零售商、分销商、制造商直至供应商的传递过程中出现的逐级波动放大现象，如图 8-4 所示。

正是由于供应链上各成员企业属于不同的所有者，每个企业按照自己的利益目标进行决策，使得牛鞭效应在现实中普遍存在，尤其是在环节较多的供应链更容易出现。如清洁剂，市场需求波动不大，但其供应商和经销商却发现他们的库存水平和延期交货率波动较大。

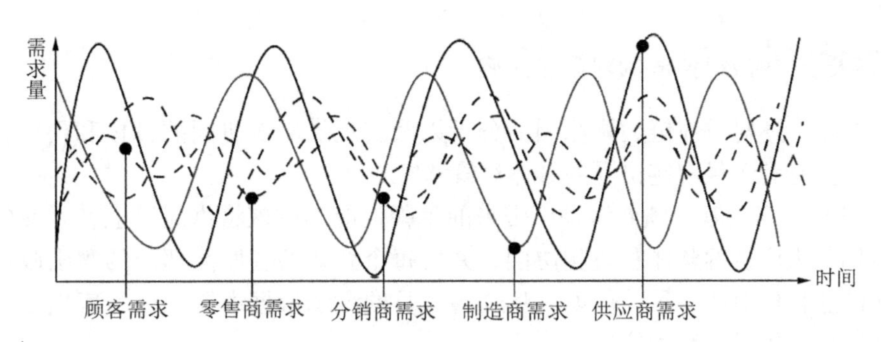

图 8-4 供应链的牛鞭效应

8.4.2.3 供应链失调的影响

在供应链失调情况下，牛鞭效应会对整个供应链的绩效产生不利影响，具体表现在以下方面。

1. 生产成本增加

需求信息沿供应链向上逐级波动放大，将使得制造商及其供应商为应对这种增大的需求波动要么开工不足，要么加班加点，致使企业的生产过程稳定性较差，难以保证生产进度和产品质量，这无疑将会增加生产成本。

2. 库存成本增加

需求信息沿供应链向上逐级波动放大，将使得供应链上各环节为应对增大的需求波动，不得不保持更高的库存水平。这既占用较多的资金，又会带来库存产品陈旧化风险，还会导致仓储空间增加。

3. 订单提前期延长

需求信息沿供应链向上逐级波动放大，将使得制造商及其供应商的生产计划更难以安排，有时会出现生产能力和库存都难以保证按订单执行产品交付的情况，致使订单提前期延长。

4. 运输成本增加

需求信息沿供应链向上逐级波动放大，将使得供应链上各环节的运输需求会随时间剧烈波动，为满足高峰期的需求，企业不得不保持过剩的运输能力，从而会增加运输成本。

5. 收发货成本增加

需求信息沿供应链向上逐级波动放大，将使得制造商及其供应商发货所需的劳动力随订单波动而波动，分销商和零售商收货所需的劳动力也会出现类似波动，这都会增加劳动力成本。

6. 产品可获性降低

需求信息沿供应链向上逐级波动放大，将使得制造商难以按时满足所有的分销商和零售商的订单，从而降低产品可获性水平，导致更多缺货情况的产生。可见，牛鞭效应对整个供应链的绩效影响主要在于增加了供应链运营成本，延长了顾客响应时间，降低了产品可获性。

8.4.3 供应链协同的对策和措施

根据上述对供应链失调原因的分析以及实现供应链协同的目标和要求，以下是一些有利于供应链协同的具体对策和措施。

（1）为避免基于绩效激励所带来的牛鞭效应，应该将供应链上各企业的利益目标与供应链的整体利益相协同，并使每个企业的各职能部门的激励政策与企业的总目标保持一致。例如，将销售人员的激励依据由购入变为售出或者以滚动周期的销量为激励依据。

（2）为避免促销策略带来的牛鞭效应，若制造商的生产批量有较高固定成本，可采用基于批量的数量折扣来实现协同的定价；若拥有某种商品的市场权力，可采用两段价目表和总量折扣的方法。否则，可取消促销并将支付给零售商的促销激励与零售商的售出量而不是购入量挂钩，或者将数量折扣的基准由批量变为总量。

（3）为避免基于批量订货带来的牛鞭效应，可通过减少每批产品的订货成本、运输成本和接收成本以及采用不同产品以及供应商的集中发货方式缩小批量，进而缩小在供应链任何两个环节之间的波动。

（4）为避免配给与短缺博弈带来的牛鞭效应，制造商应该根据分销商或零售商的过去销量而不是目前订单数量来分配供应。这样，可消除对分销商或零售商扩大订单数量造成的激励。

（5）为实现信息共享，供应链上各成员企业应该共享市场需求、销售计划、生产计划、采购计划、生产能力、库存状态等信息来提高最终需求信息的透明度。这样，供应链上所有环节就可以基于最终顾客需求来预测，各成员企业就可以明确各自的价值增长空间，采取措施改进各自的绩效以及供应链的整体效绩。具体信息共享情况如图 8-5 所示。

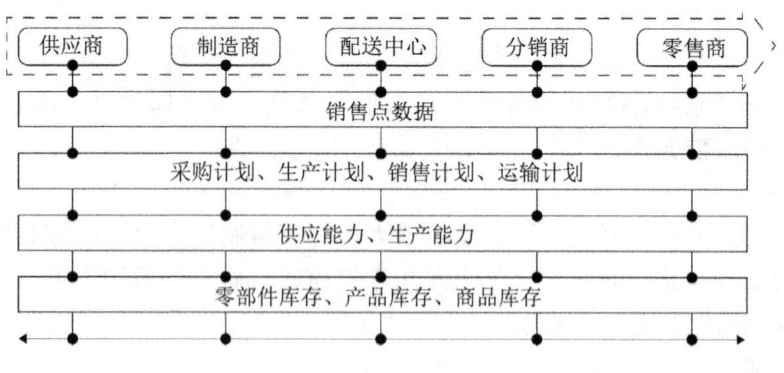

图 8-5 供应链信息共享

在图 8-5 中，供应商应该共享的信息是供应能力、生产计划和零部件库存状态等；制造商应该共享的信息是生产能力、生产计划和产品库存状态等；配送中心应该共享的信息是产品库存状态和运输计划等；销售商应该共享的信息是销售计划、运输计划和商品库存状态等；零售商应该共享的信息是销售时点数据。

思考题

1. 供应链合作关系的定义和特点是什么？
2. 如何理解供应链合作关系管理？
3. 评价选择供应链合作伙伴的常用方法有哪些？
4. 简述供应链协同管理的对策和措施。

案例分析

英特尔的供应链关系管理

英特尔公司是一家知名度很高的芯片供应商。公司拥有数百家直接物料的供应商和上千家间接物料的供应商。加上与之合作的第三方物流服务商和客户，英特尔公司的供应链合作伙伴的数量非常庞大。因此，英特尔公司制定了供应链关系管理策略，将供应链关系按照紧密程度划分为交易关系、基本联盟关系（相当于沟通关系）、运作联盟关系（相当于协调关系）、业务联盟关系（相当于合作关系）和战略联盟关系（相当于协同关系）五种类型，并运用 ABC 分类法对供应链关系进行管理。

对于交易关系，英特尔公司不需要投入过多的时间和资源去管理。英特尔公司与处于这种关系的商业伙伴只是短期合作，关系管理的目标是确保效率。换言之，英特尔公司把这种交易关系当作交易的商品一样来对待，而形成关系的关键是成本。因此，供应商需要承受巨大的压力来降低商品成本。英特尔公司通常采用在线竞标（反向拍卖）方式来确保其能以最佳的价格采购到公司所需的元器件。此外，英特尔公司还开展了全球外包，在全球范围内优化配置资源，以此来降低经营成本。处于交易关系阶段的供应商的成本压力越来越大。

对于战略联盟关系，英特尔公司需要投入比较多的时间和资源去管理。英特尔公司要确保这种关系能够稳定地持续比较长的一段时间，通常是 3~5 年。战略联盟关系的特点是，双方乃至多方的信息系统集成，有关生产计划、技术引进计划、新产品开发计划、新技术研发计划等信息是共享的。双方乃至多方在新产品开发和技术研发阶段加强合作，进行创新性的产品开发与设计。跨企业的流程团队推行联合行动计划，沟通并解决新产品开发和技术研发中的难题。因此，英特尔公司需要对敏感的客户及供应商的信息进行保护，以免信息外泄。合作伙伴彼此尊重、互利互惠，这为合作各方奠定了必要的基础和条件。战略联盟关系只占英特尔公司供应链关系的 5%~10%。英特尔公司所面临的挑战是，决定哪些供应链关系值得公司进行这样的密切合作。

英特尔公司使用ABC分类法对供应链关系进行管理，适用于客户、供应商和服务商等供应链合作伙伴。英特尔公司主要根据与合作伙伴的交易金额的大小对合作伙伴进行分类，并与不同类型的伙伴加强不同程度的合作关系。其中，战略伙伴关系具有以下主要特征：① 企业与合作伙伴的交易金额大（交易价值高）；② 合作伙伴对企业业务的参与度高；③ 合作伙伴拥有独特的技术；④ 合作伙伴拥有稀缺的行业资源；⑤ 合作伙伴高度影响企业产品的质量或性能（如供应企业产品的核心部件）以及客户服务或上下游合作关系；⑥ 合作伙伴能给企业带来强大竞争优势。

需要指出的是，供应链管理者在努力寻求与最重要的合作伙伴建立战略伙伴关系（A类关系——战略联盟）、实现战略协同时，不应该忽视对其他类型合作伙伴的有效管理。换言之，供应链管理者需要建立一整套科学、有效的管理机制，以便实现供应链参与体的共赢。对于B类关系，尽管不需要核心企业投入过多的资源进行关系管理，但也应该做到谨慎管理。因为非战略伙伴关系代表了供应链关系中一个相当重要的层面，随着时间的推移，这种关系可能发展为战略同盟关系。现在对有价值的关系进行投入，能够为未来的战略协同奠定基础。随着市场环境的变化和关键技术的发展，供应链关系会不断演变。因此，对于短期交易的C类关系，供应链管理者也应该做到公平管理。在客户、供应商和服务商中赢得好的口碑，能够为公司的未来发展奠定良好的基础和条件。

（资料来源：胡建波. 供应链管理实务（微课版）［M］. 北京：清华大学出版社，2021，内容有改动。）

案例思考

1. 英特尔公司把供应链关系划分为哪几种类型？它是如何对供应链关系进行管理的？

2. 结合案例材料，你认为战略伙伴关系具有哪些主要特征？企业应该如何对供应链合作关系进行有效管理？

能力训练

【训练内容】根据案例分析材料，绘制英特尔公司的供应链关系图，并提出其供应链关系的改进建议。

【训练目的】通过训练使学生加深对供应链合作关系管理知识的理解。

【训练安排】将学生按4~6人划分为一个小组，进行适当的任务分工。以小组为单位收集整理相关资料，小组讨论后提出对英特尔公司供应链关系的改进建议，并制作PPT及电子文档进行汇报。教师可组织小组讨论，根据小组讨论情况给予点评。

第 9 章

供应链物流管理

学习目标

1. 掌握供应链物流管理的概念、方法和模式；
2. 了解供应链和物流管理的关系；
3. 知晓物流外包和自营物流的管理内容；
4. 理解逆向物流和闭环供应链的含义。

引导案例

保通公司的全程供应链物流服务

保通物流公司（简称保通公司）是国内领先的第三方物流企业，在全国多个城市设有分公司、子公司和办事处，形成了一个覆盖全国并向国际延伸的运作和信息网络，并与国内外近百家著名大型工商企业结成战略联盟，为他们提供商品以及原辅材料、零部件等的采购、储存、分销、加工、包装、配送、信息处理、信息服务和物流系统规划与设计等供应链一体化综合物流服务。

一、发展历程

保通公司成立之初，仓库和车辆都是租来的，并且只有佳化公司一个客户。为了能给佳化公司提供优质的服务，保通公司的业务流程和业务发展方向都是围绕佳化公司的需求而设计的。从第一笔满意的服务开始，到大批量货物的高效运输，保通公司取得了佳化公司的信任。之后，保通公司致力于物流服务，并利用信息技术和信息系统为客户创造价值。经过几年的努力，保通物流公司迅速发展成为一家国内知名的物流企业。

二、物流基地与物流网络建设

随着市场竞争的加剧，面对小批量、多批次、多品种的小订单，如何变革现有的商品流通模式与物流运作模式，整合各环节的信息并做出快速反应，是摆在第三方物流公司面前的一道难题。为了应对这种挑战，保通公司自2003年开始，在全国沿海发达地区及内地重要城市选点建设高效、大型的现代化配送中心，形成枢纽式的物流网络体系。建成后的配送中心不仅是现代化的储存、分拨、配送、多种运输交叉作业的中心，同时也是加工增值服务中心、贸易集散中心、结算中心和信息发布中心，可以为客户提供生产和商品流通一体化的物流服务。

三、信息化与仓库管理

保通公司于2003年首先在苏州基地实施仓库管理系统（WMS），该基地主要作为飞利浦电子的中央配送中心（CDC）为其提供物流服务。随着项目的平稳进行，保通公司的仓库运营达到了全新的高度，得到了国内外客户的一致好评。随后，保通公司把这个成功的案例加以推广，将WMS应用到各地的仓储管理中。通过应用WMS系统的无线射频（RF）技术和配套流程，保通公司还将原来的纸张化操作逐步升级到RF管理。系统支持下的运作能力和服务质量的提升，帮助保通公司保持了国内第三方物流企业领先者的地位。

（资料来源：胡建波．供应链管理实务（微课版）［M］．北京：清华大学出版社，2021，内容有改动。）

案例思考

1. 保通物流公司为什么要自建配送中心？配送中心在选址时主要应考虑哪些因素？

2. 保通物流公司与多家工商企业结成战略联盟后，怎样才能更好地为客户提供全程供应链物流服务？

9.1 供应链物流管理概述

9.1.1 基本概念

1. 供应链物流

供应链物流是以物流活动为核心，协调供应领域的生产和进货计划、销售领域的客户服务和订货处理业务，以及财务领域的库存控制等活动。它不仅包括采购、外包、转化等过程的全部物流管理活动，还包括与渠道伙伴之间的协调和协作，涉及供应商、中间商、第三方服务供应商和客户。

2. 供应链物流管理

供应链物流管理是指以供应链核心产品或者核心业务为中心的物流管理体

系。前者主要是指以核心产品的制造、分销和原材料供应为体系而组织起来的供应链的物流管理，如汽车制造、分销和原材料的供应链的物流管理，就是以汽车产品为中心的物流管理体系。后者主要是指以核心物流业务为体系而组织起来的供应链的物流管理，如第三方物流，或者配送，或者仓储，或者运输供应链的物流管理。这两类供应链的物流管理既有相同点，又有区别。

供应链物流管理的方法主要有联合库存管理、供应商掌握库存（VMI）、供应链运输管理、连续补充货物（CRP）、分销资源计划（DRP）、准时化技术（JIT）、快速响应系统（QR）、有效率的客户响应系统（ECR）等。

3. 供应链物流能力

供应链物流能力由物流要素能力以及物流运作能力构成。供应链物流能力是物流主体以顾客价值最大化和物流成本最小化为目的，围绕核心企业，从采购原材料到制成中间产品以及最终产品，最后由销售网络把产品送到用户手中这一供应链物流活动中顺利完成相应物流服务的能力，主要包括客观（设备和设施）能力和主观能力。

4. 供应链物流系统

一个供应链系统一般由供应商、制造商以及分销商组成，其组织结构模型一般有三种：线状模型、链状模型和网状模型。不同的供应链结构模型，就有不同的物流系统结构与之相适应。供应链物流系统一般由供应物流、生产物流和分销物流组成。整个供应链的物流服务，可以是专业的第三方物流企业提供，也可以由供应链合作伙伴中某个或某几个成员企业的物流部门提供。

9.1.2 供应链物流模式分类

根据协调运作生产、供应活动，销售活动和物流活动的机能的差异性，可以把生产企业供应链物流归纳成三种模式：批量物流、订单物流和准时物流。

1. 批量物流

批量物流的协调基础是对客户需求的预测，在预测前提下，生产企业的经济活动都是批量运营的，如批量采购、批量生产、批量销售等，这也必然伴随着批量物流。

2. 订单物流

订单物流的协调基础是客户的订单，生产企业的经济活动是基于客户订单而产生的，根据订单进行销售、生产和采购，而物流也是根据客户订单产生的经济活动而形成。订单物流主要表现为两种模式：一是以最终消费者的订单为前提的最终消费者的订单驱动模式，如戴尔模式；二是以渠道顾客的订单为前提的渠道顾客订单驱动模式，如海尔模式。

3. 准时物流

准时物流是订单物流的一种特殊形式，是建立在准时制管理理念基础上的现代物流方式。准时物流能够达到在精确测定生产线各工艺环节效率的前提下，按订单准确地计划，消除一切无效作业与浪费，如基于均衡生产和看板管理的丰田模式。

9.1.3 不同供应链物流模式的竞争优势分析

生产企业供应链物流模式主要包括三类四种形式，每一种形式都有各自特征，体现出不同的竞争优势。

1. 批量物流客户优势

批量物流是基于客户预测驱动的供应链物流模式，因此其采取的是批量采购方式，最大能力地大规模生产，实行库存销售。这种模式在投资成本和批量成本上具有相当大的优势。但是由于大规模生产，这种模式会造成在规定的时间内提前完成任务，造成第二类过剩成本处于高的水平，并且对需求预测的不准确会导致渠道中积压过多的库存，产生高的第一类过剩成本，所以这种模式的过剩成本很高。在反应能力方面，由于采取了最大能力的批量生产，对最终消费者的需求变化的反应能力非常弱，因为最大能力的批量生产很难调整生产的品种数和品种量；而采取存货销售，最终消费者总能即刻获得购买的产品，这对最终消费者的市场供货反应能力非常强。所以批量物流的需求变化反应能力弱，市场供货反应能力强，过剩成本高，投资成本和批量成本都低。

2. 戴尔式物流竞争优势

戴尔式物流是基于最终消费者订单驱动的供应链物流模式，是通过生产而不是库存来满足消费者的需求，所以戴尔式物流能够及时准确地反映消费者的需求变化，但是戴尔的客户必须等待1~2星期才能得到订购的产品，所以市场供货反应能力非常弱。戴尔式物流模式决定了客户的订单规模小，订单数量大，这就要求戴尔有非常强大的客户订单信息处理能力，因此信息设备的投资成本大。戴尔式物流采取的是大规模定制，生产批量大，而另一方面其客户规模小，客户量大，为了能够缩短产品交货时间，戴尔采用了包裹式运输，这导致配送批量成本较高，所以戴尔式物流的批量成本居于一个适中的水平。因此，戴尔式物流的需求变化反应能力强，市场供货反应能力弱，投资成本高，批量成本适中。

3. 海尔式物流竞争优势

海尔式物流的实质是把客户的预测前移到渠道顾客，根据渠道顾客的订单驱动企业的运作，所以海尔的产品应该能够满足渠道顾客的需求变化，但是不能随着最终消费者的需求变化而变化。由于渠道顾客对最终消费者的预测比海尔自己对需求的预测更为准确，所以海尔物流对最终消费者的需求反应比批量物流要强，但是比订单驱动的供应链物流模式要弱得多。海尔式物流是由渠道顾客的订单驱动的，所以渠道顾客都保有海尔产品的库存，这使对顾客的及时供货反应保持高的水平。所以海尔式物流的投资成本处于中间水平。因此，海尔式物流的市场需求变化反应能力比较差，市场供货反应能力强，投资成本和批量成本居中。

4. 丰田式物流竞争优势

丰田式物流也是由渠道顾客订单驱动的供应链物流模式，但由于丰田的生产计划来自渠道顾客最近一个星期的订单，这为丰田式物流对市场需求变化做出及时的反应提供了有效的条件；而且丰田采取了均衡式生产、看板式管理方式，能够及时对市场的需求变化做出反应，调整生产计划，这为丰田式物流方式创造了很强的需求变化反应能力。而另外一点，丰田的渠道顾客总是能够维持一定量的丰田产品的库存，虽然在量上比不上批量物流和海尔式物流模式，但其快速的供应链物流反应，能够保证对最终消费者的及时供应。丰田式物流通过渠道顾客订单驱动，采取均衡式生产方式，使过剩成本降到了最低。但是为了实现这种模式，在生产过程中无法充分利用生产能力；而追求准时化生产，使物流都在小批量的状态下运行，批量成本非常高。为了实现生产的柔性，及时掌握市场需求动态，提高对市场需求的反应能力，生产和信息设备的投资成本也相当地高。所以，丰田式物流的需求反应能力强，市场供货能力强，过剩成本低，投资成本和批量成本高。

9.1.4 供应链物流模式的匹配

从以上的分析可知，不同的供应链模式具有不同的竞争优势特征。而每一种模式的成功，都是跟企业和产品的特征相匹配，以充分发挥其优势特征，避免其劣势特征。供应链模式应该匹配于以下的企业和产品的特征。

批量物流应该发挥其批量成本和投资成本低、供货需求反应能力强的优势，避免需求变化反应能力弱、过剩成本高的劣势。所以批量物流对于市场需求波动小，预测正确度高，市场需求量大，顾客希望能够即刻获得的产品比较合适。生产企业为了提高预测的准确性，可以同零售商合作，从零售商那里获得最终消费者的需求信息，而不是以直接渠道客户的需求信息作为预测的依据。

戴尔式物流应该发挥其需求变化反应能力强的优势，避免市场供货需求反应能力弱的劣势。所以戴尔式物流对于市场的需求波动比较大，顾客购买频率低，并且顾客愿意延迟获得的产品比较适合。戴尔式物流需要企业能够对众多零散的最终顾客的购买信息进行及时准确处理的信息系统，所以对企业的信息系统要求很高。

海尔式物流应该发挥供货需求反应能力强的优势，并且依托渠道顾客的订单来实现成本优势。所以海尔式物流对于需求量大，顾客希望能够即刻获得的产品比较适合。海尔式物流模式的匹配范围比较广，如果生产企业能够跟渠道顾客进行合作，就能够使供应链模式运作达到有效。

丰田式物流应该发挥需求变化反应能力、供货需求反应能力强及过剩成本低的优势。所以丰田式物流对于需求波动大，顾客希望能够即刻获得的产品比较适合。这种模式适合于短渠道分销，特别是采用一级渠道分销的产品。丰田式物流对企业的运作系统和管理能力提出了很高的要求。

9.1.5 供应链管理与物流管理的关系

供应链的产生、发展过程源于物流管理的过程，但是其又不能简单等同于物流管理，更不能完全剥离物流管理去研究供应链管理。对于供应链管理与物流管理的争议由来已久，即便是供应链管理得到深入研究的今天，不同的研究者和企业的看法也是不尽相同。

物流学界一般是把供应链当作物流发展的高级阶段去对待的，物流管理和供应链管理的关系可以从三个方面进行理解。

第一，物流管理相比供应链管理范围更狭窄。物流管理通常关注企业自身的经营过程，供应链管理则已经不再局限于内部，而是把自己管理的视野投向了采销过程，甚至是与自己的客户建立合作关系，并把与自身相关的所有要素进行分享，从而建立了围绕共同目标而形成的效率提升体系，使得环节更加受控。

第二，集成管理是供应链管理的重要思路。所谓集成管理，就是所有与核心企业相关的企业，不再进行松散合作，而是以核心企业为基础来进行物流的整体产业链垂直一体化，每一个环节的参与者既是独立的，但是在环节参与过程中又通过合作行为来增强整体的效率，从而减少风险的发生。同时，由于高效的协作，各不同协作者会大幅减少重复工作和浪费。

第三，供应链管理是物流管理发展的更高阶段，目标高于物流管理。物流管理的目标主要为企业内部，供应链管理已经超出企业自身而强调整个合作体系和框架内所有企业的目标实现和整体竞争力提升。物流管理更倾向于降低企业本身的物流成本，而供应链管理则定位为满足最终客户的需求，从这个角度去看，物流管理是操作层面的方法论，而供应链管理是战略层面的世界观。

从关系上分析，供应链管理相比物流管理承担了更多的目标和定位，物流管理更多在于对自己的物体移动的过程管理，而供应链管理则承担了更多与自己相关企业的组织、协调工作，是一个系统的整合过程。

9.2 物流外包与自营

在市场竞争的巨大压力下，企业利润空间越来越小，逐渐开始将目光转向“第三方利润源泉”——物流，希望通过高效的物流管理来提高整个供应链运行效率。目前，物流运作模式可以分为三大类：第三方物流模式（物流外包）、自营物流模式以及混合模式。下面着重介绍前两类模式。

9.2.1 物流外包

物流外包又被称为第三方物流或者合同物流，是由第三方专业公司承担企业物流活动的一种物流形态，它通过与发货方和收货方的合作来提供其专业化的物流服务，它不拥有商品，不参与商品买卖，而是为客户提供以合同为约束，以结盟为基础的，系列化、个性化、信息化的物流代理服务。与自营物流相比，物流外包具有明显的优越性。

9.2.1.1 物流外包的优点

物流外包越来越受到企业的青睐，原因就在于它使企业能获得比原来更大的竞争优势，这种优势主要体现在以下几个方面。

（1）第三方物流企业由于从事多项物流运作，可以整合各项物流资源，使得物流的运作成本相对较低，物流作业更加高效，生产企业如果将物流业务交给他们来做，将得到更加专业的物流服务，同时也可以集中精力开展核心业务。

（2）企业把物流业务外包给第三方物流公司，由他们来提供具有针对性的定制化物流服务，可以降低物流设施落后和信息网滞后对企业的影响。当企业的核心业务迅速发展时，需要企业物流系统快速跟上，这时企业原来的自营物流系统往往由于硬件设施和信息网络的局限而滞后，而第三方物流刚好可以突破这种资源限制的瓶颈。

（3）物流外包可有效降低生产企业的运作成本。物流外包利用第三方规模生产的专业优势和成本优势，通过提高各环节资源的利用率实现费用节省。另外，由于企业使用物流外包，可以事先得到服务商申明的成本或者费用，将可变成本转变为不变成本，稳定的成本使得规划和预算手续更加简便，这也是物流外包的积极因素。

（4）物流外包可以有效减少固定资产投资。现代物流领域的设施、设备与信息系统的投入是相当大的，企业通过物流外包可以将此类建设和投资有效减少，并且可以将物流需要的不确定性和复杂性所带来的财务风险转嫁给第三方。尤其是那些业务量呈现明显季节性变化的公司，物流外包的优势更为明显。

（5）第三方物流企业所具有的信息网络优势使他们在提高客户满意度上具有独特的优势，他们可以利用强大便捷的信息网络来加大订单的处理能力，缩短对客户需求的反映时间，实现商品的快速交付，提高客户的满意度。

（6）第三方物流所具有的专业服务可以为客户提供更多、更周到的服务。设施先进的第三方物流企业对于物流能做到全程监控，及时发现处理配送过程中出现的意外事故，确保货物及时安全地到达目的地。

9.2.1.2 物流外包的缺点

物流外包确实给企业带来很多方面的利益，但这并不意味着物流外包就是所有企业的最佳选择，事实上，物流外包也不可避免地存在以下负面效应。

（1）生产企业对物流的控制能力降低。由于第三方的介入，使得企业自身对物流的控制能力下降，在双方协调出现问题的情况下，可能会出现物流失控的风险，从而使企业的客服水平降低。另外，由于外部服务商的存在，企业内部更容易出现相互推诿的局面，从而影响效率。

（2）客户关系管理的风险。一方面，由于生产企业是通过第三方来完成产品的配送与售后服务的，同客户的直接接触减少，这对建立稳定密切的客户管理非常不利。另一方面，客户信息对企业而言是非常重要的资源，但物流外包商并不只面对一个客户，在为企业竞争对手提供服务的时候，企业的商业机密被泄漏的风险增大。

（3）连带经营的风险。物流外包是一种长期的合作关系，如果服务商自身经营不善，则可能影响企业的经营，解除合作关系又会产生较高的成本，因为稳定的合作关系是建立在较长时间的磨合期之上的。

9.2.1.3 发展物流外包的作用

（1）集中主业。企业能够实现资源优化配置，将有限的人力、财力集中核心业务，发展技术，提高企业核心竞争力。通过物流外包，企业可以降低因拥有运输设备、仓库和其他物流过程中所必需的投资，改善企业盈利状况，把更多的资金投入到核心业务中。

（2）有利于企业降低库存。制造企业不能承担多种原料和产品库存的无限增长，尤其是高价值货物；对商业企业而言，过高的库存则严重影响了其经营目标的实现。物流外包可以在保证企业正常经营的前提下实现低库存甚至零库存。

（3）节省费用，减少资本积压。企业的第三方物流供应商利用规模生产的专业优势和成本优势，使企业从中获益。企业解散了自有车队而使用物流外包服务后，不仅节省了车辆购买的固定资产投入，还大幅减少了车间仓库、包装器械以及人员的开支，降低了费用。

（4）简化交易，降低成本，提高效率，提升服务水平。

9.2.2 自营物流

自营物流是指企业通过独立组建物流中心，实现对内部各个部门、场所、店铺的物品供应。就目前来看，这种模式在满足企业内部生产原料的供应，产品外销、零售厂店供货或区域外市场拓展等企业自身需求方面发挥了重要的作用。较为典型的企业自营物流模式就是连锁企业的物流配送。大大小小的连锁公司或者集团（如北京华联、沃尔玛、麦德龙等）基本上都是通过组建自己的物流中心来完成对内部各个场所、店铺的统一采购、统一配送和结算的。

9.2.2.1 自营物流的优点

（1）掌握控制权。对于企业内部的采购、制造和销售环节，原材料和产成品的性能规格，供应商以及销售商的经营能力，企业自身掌握最详尽的资料。企业自营物流可以运用自身掌握的资料有效协调物流活动的各个环节，能以较快的反应速度解决物流活动中的问题，获得供应商、销售商以及最终客户的第一手信息，以便随时调整自己的经营战略。

（2）降低交易成本。选择第三方物流，由于信息的不对称性，企业无法完全掌握物流服务商完整、真实的资料，而自营物流企业可通过内部行政权力控制原材料的采买和产成品的销售，不必为运输、仓储、配送和售后服务的佣金问题进行谈判，避免多次交易花费和交易结果的不确定性，降低交易风险，减少交易费用。

（3）提高企业品牌价值。企业自营物流能够自主控制营销活动，一方面可以亲自为客户服务到家，使客户近距离地了解企业，熟悉产品；另一方面，企业可以掌控最新的客户信息和市场信息，并根据客户需求和市场发展动向及时调整战略方案。

（4）有效保护企业商业机密的安全。企业自营物流可以控制从采购、生产到销售的全过程，掌握最详尽的信息资料，可以有效协调物流活动的各个环节。如果物流外包，外包服务商势必会触及企业的采购计划和生产计划，甚至新品的开发计划等商业机密。企业自营物流可以有效保护企业的商业机密。

9.2.2.2 自营物流的缺点

（1）增加了企业投资负担，削弱了企业抵御市场风险的能力。企业为了建设自营物流，就必须投入大量的资金用于仓储设备、运输设备以及相关的人力资本，这必然会减少企业对其核心业务的投入，削弱企业的市场竞争能力。

（2）规模有限，物流配送的专业化程度非常低，成本较高。对于规模不大的企业，其产品数量有限，采用自营物流不能形成规模效应，一方面导致物流成本过高，产品在市场上的竞争能力下降；另一方面，由于规模有限，物流配送的专业化程度非常低，不能满足企业的需要。

（3）效益评估难，无法进行准确的效益评估。由于许多自营物流的企业采用内部职能部门彼此独立地完成各自的物流，没有将物流剥离出来独立进行核算，企业很难准确计算产品的物流成本。

9.2.2.3 企业自营物流价值分析

1. 构筑企业核心能力

依据核心能力理论，企业在组织中，如果通过物流自营能够比竞争对手利用大众化的第三方物流以更低的成本和更快的速度形成自己的特色，就能构筑企业的核心能力；如果物流资源是企业所稀缺的、有价值的、一般竞争企业难以模仿的，就可延展为企业的核心能力；如果自营物流系统能变成企业的价值创造体系，并成为衍生新业务发展的源泉，同样可持续企业的竞争优势，转变为企业核心竞争力；如果自营物流通过战略构造能保持企业内部资源的一致性，就能与品牌、技术、治理结构有机结合形成合力，构筑企业核心竞争力。因此，如果自营物流是构成企业核能力的一部分，或有潜力转变成企业的核心能力，物流资源在公司范围应该保持，不应该外包。综上，自营物流并非企业必须放弃的物流模式，外包也非企业物流的必然选择。

2. 加强企业物流系统管理功能

现代企业自营物流已不是传统企业的物流作业功能的自我服务，它是基于供应链物流管理以制造企业为核心的经营管理新概念。除一般的作业功能以外，现代企业物流还包括需求预测、订单处理、生产计划、采购、库存控制、客户服务、工厂和仓库选址、零部件及服务保障废品处理等增值作业功能与系统管理职能，而这些活动环节与管理职能往往是构成企业生产经营管理活动的一部分，企业是难以外部化的，它是企业所独有的、难以模仿的、有价值的，往往可延展为企业的核心能力。

因此，目前企业物流外包的只是部分物流作业功能环节而已，大部分的物流系统管理职能仍由企业自身经营。显然，如果越来越多的企业把物流服务看作核心竞争力或作为非常重要的经营环节来看待的话，企业物流外包的速度和深度就必然会放慢，而物流自营的价值会增加。

9.2.3 物流外包与自营物流的比较分析

物流外包和自营物流不是相互对立的，两者各有优势。生产企业的物流管理方式可以有多种选择，这取决于企业的生产经营特点和规模，一般可以根据以下因素进行选择。

第一，企业规模或实力。大中型企业由于规模较大，实力雄厚，有能力建立自己完善的物流系统，并且还可以利用过剩的物流资源服务于其他企业，从而拓展利润空间，比如海尔物流、安吉物流，除服务于本集团外，还向其他企业提供第三方物流服务。而小企业由于规模小，受资金、人员的限制，规模效益难以发挥，此时可借助物流外包共享物流资源，在原有资产的基础上大幅度提高物流效率。

第二，企业的形象。如果物流对企业的影响比较强，而企业自身处理物流能力又比较弱，最好选择物流外包模式；反之，则可选择自营模式，加强对物流的管理，从而进一步提高企业形象。

第三，企业对物流的控制及管理能力。对于竞争激烈的市场，出于安全考虑，企业必须强化对于采购和分销渠道的控制，此时最好选择自营物流；反之，如果企业对物流的控制管理能力比较弱的话，可以选择物流外包模式。

第四，企业产品自身的物流特点。对于食品产品的分销，利用专业的第三方物流服务比较合适，物流外包可以帮助企业实现准时准点配送，提高效率并能降低企业物流成本，如冠生园集团对于食品的配送全部外包给虹鑫物流；对于市场覆盖面比较大的产品分销，可以采用地区性的专业物流公司提供支援，可以有效地保证企业货源供应，降低企业的固定资产投入；对于技术性强的物流服务，企业应采用委托代理的方式，借助专业的物流企业优势。

第五，物流系统的总成本。在选择自营物流或物流外包模式时，可以通过比较两种模式下物流系统的总成本，选择成本最小的物流模式。

总之，企业的物流模式对企业发展起到至关重要的作用，企业在进行物流模式抉择时，无论是选择物流外包，还是自营物流，都应该结合自身企业的特点，综合考虑上述因素做出慎重的选择。

9.3 逆向物流与闭环供应链

9.3.1 逆向物流

9.3.1.1 逆向物流的概念

美国物流管理协会对于逆向物流的概念是：为了资源回收以及处理废弃物，在有效及适当成本下，对原材料、在制品、成品和相关信息，从消费点到原始出产点的流动和储存进行规划、执行与管理的过程，从而达到回收价值和适当处置的目的。物流是根据实际需要将物品从生产地运往需求地的过程，而逆向物流是产品销售之后因为各种原因由消费者回到供应链上游节点。正如物流是为了销售从而获得利润，逆向物流中的检测、拆卸、再制造等过程相当于生产之后的物流，然后获得这部分价值的过程相当于销售。逆向物流中的“销售”不只是有利润，也包括环境效益以及其他方面的效益。

相对于正向物流，逆向物流具有更大的复杂性。从产品的角度出发，便可以容易地理解到这一点。正向物流中流动的大部分是从生产线上下来的商品，状态性质相似，便于运输和储存，根据需求预测及订单分布情况进行有目的地配送。然而，逆向物流网络中流动的物品多种多样，性能状态各有特点，大部分情况下很难预测到这些物品会以何种原因何时从何地来。而且，物品的去向更是需要通过检测、分拆等工作实施了之后才能确定。

从上述生产、销售和物流三者的关系，可以看到销售对于物流的影响。物流是为销售提供服务的，企业的最终目的是要将产品售出以获得利润，根据需要利用物流将产品送到各个需求地，这样，正向物流完成了它的工作。这就需要考虑一个问题，售出的产品怎么办？这时就需要逆向物流的工作。从这一点来看，销售策略的确是会影响到逆向物流的。为了自身产品的上架率，生产厂家鼓励零售商大量订购，承诺批量折扣，但很多时候这些产品是出售不完的，特别是生命周期较短的商品，这必然引起大量的逆向物流。另外，销售部门的预测数据也会影响逆向物流，还有就是销售时为了吸引商家而采取的过于自由的退货政策，也会引起不必要的逆向物流，但是成本上是显示不出这层关系的，而且这部分成本不再是物流部门自身的问题了，需要两部门之间的有效沟通才能解决。

9.3.1.2　逆向物流的驱动因素

近年来，逆向物流受到了越来越多国家的重视，它的发展受到了多个因素的驱动。

（1）法律。为了保护环境，许多国家出台了相关法律以保证逆向物流的实施。如德国的《包装废品废除法令》、英国的《垃圾掩埋税收法案》等。这是一种强制性保证实施的手段。

（2）日益缩短的产品生命周期。在电子产品行业这种现象尤其普遍，技术的突飞猛进，产品的快速更新，新产品代替旧产品，既要保证新产品的市场，又要尽量减少旧产品的价值损失。

（3）电子商务。据统计，2021 年中国电子商务交易额达 42.3 万亿元，同比增长 19.6%，两年平均增长 10.2%。电子商务在带给人们方便的同时也带来了另一个问题，退换货难。电子商务网站的退换货率普遍较高，这促进了对于逆向物流的研究。

有一点需要强调的是，驱动因素驱动的是人们对于它的认识和重视，而不完全是它的存在。人们开始关注逆向物流是在 20 世纪 90 年代初期，然而它的存在却是更早，比如啤酒瓶的回收，这个人们再熟悉不过了，它的存在要先于这个概念很多年。

9.3.1.3　逆向物流实施的效益与影响因素

尽管逆向物流存在着多种复杂性，带给人们诸多的困难，但企业实施逆向物流并不是完全被动的。众多的企业案例表明，对于逆向物流的重视的确是会带来效益的，这主要体现在以下几个方面。

第一，有利于树立良好的企业形象。一个企业如果可以给予逆向物流一定的重视，在环保方面做大量的工作，那么仅从企业的环境保护方面的责任意识，人们就愿意相信这是一个负责任的企业。

第二，有利于与顾客维持良好的关系，提高顾客忠诚度。逆向物流中有大量与顾客交流的工作，这便于企业与顾客的沟通，能够及时获取来自顾客的反馈，从而及时采取措施，使顾客得到较满意的服务。

第三，通过包装、零部件及产品的回收利用，可以降低企业的成本，增加企业的收益。

逆向物流的实施主要受 4 个方面因素的影响，分别是政策因素、管理因素、财政因素和设施因素。政策因素涉及国家的相关法律和政策以及社会的环保意识；管理因素指企业管理层对于逆向物流的认识及工作人员的相关能力；财政因素是企业对相关设备的投资和对员工的培训；设施因素包括社会的物流发展程度及物流技术的发展水平。

9.3.1.4　逆向物流和环保物流的区别

环保物流指的是为了满足顾客的需求，连接绿色供给主体和绿色需求主体，克服空间和时间阻碍的有效、快速的绿色经济管理活动过程。物流企业在进行物流的过程中会产生很多污染环境的因素，一方面主要是由于物流使用的交通工具本身就具有着一定的污染性，在使用汽车进行物流作业时，汽车的尾气会对空气进行污染，并且汽车在运行中会产生噪声污染，还有铁路运输和水路运输都会对环境造成很大的影响，飞机的起降时产生的噪声也会对附近的居民造成很大的危害。另一方面，运输的物品也会对环境造成一定的破坏，如果运输的物品对环境有着很大的影响，一旦在运输中发生事故导致运输的物品泄漏也会对环境造成极大的危害。因此，政府的相关部门和物流企业应对物流活动进行适当的控制，减少物流对环境的污染，提倡环保物流。环保物流是物流中的新概念，对于环保物流而言，并没有明确地定义什么是环保物流。在社会文化不断发展的今天，经济发展的前提是不能破坏人们生活的环境，实行可持续发展战略，发展经济和环保，将二者结合在一起形成一个整体，并建立合理有效的运营机制。人们在发展中需要资源、环境相结合，树立环保的现代化发展观念，将这些原则应用在物流系统之中就是要求现代的物流要从环保的角度出发，形成物流与环保共生。

综上所述，逆向物流在物流系统中具有着重要的地位，通过对逆向物流和正向物流、环保物流进行对比，更能体现出逆向物流的重要价值。逆向物流实现了对废弃闲置材料的再次利用，节约了资源的同时为企业创造了效益，并且逆向物流还能降低事故的发生概率，提高企业的行业竞争力，降低成本的投入，塑造企业的良好形象，逆向物流成为了企业的重要竞争手段。同时，企业在进行逆向物流时，一定要对回收产品的成本进行详细的计算，明确逆向物流的经济效益，最终实现逆向物流的可持续发展战略。

9.3.2 闭环供应链

随着社会经济的发展，人类对资源的过度开发和过量消耗导致了资源的锐减与环境恶化。对于资源的高效利用和经济的可持续发展已经成为全人类所共同面临的课题。世界各国政府与组织机构都对循环经济的发展给予了高度的重视。而作为循环经济的重要组成，闭环供应链也就成为许多专家学者关注的焦点。

闭环供应链是在传统正向供应链的基础上结合逆向供应链所形成的完整供应链体系。具体而言，闭环供应链既包括了正向物流“资源—制造—分销—消费”，也包括了逆向物流“旧产品回收—再利用—再消费”。而再制造作为一种资源再利用的形式，能够在满足经济发展要求的前提下，实现资源的高效利用，这对于可持续发展具有重要的意义。因此，基于再制造的闭环供应链开始为越来越多的企业所重视，许多企业开始意识到，再制造闭环供应链不仅仅是实现企业环境友好的措施，更是增加企业利润、扩展产品市场、推动企业高质量发展的重要方式。

因此，如何实现再制造闭环供应链潜在的经济价值就成为了许多学者最关心的问题。研究认为，再制造闭环供应链潜在的经济价值的实现主要集中在三个方面：第一，旧产品的回收效率决定了再制造闭环供应链中正向物流与逆向物流的衔接程度，高效的回收有助于企业实现资源在整个闭环供应链中的高效流通。第二，闭环供应链网络设计与渠道选择决定了再制造闭环供应链的构成结构与成员框架，它是实现资源合理分配、降低成本、提高收益的重要环节。第三，市场竞争与发展决定了再制造闭环供应链资源流通的动力问题。再制造闭环供应链的市场中既包括新产品市场，也包括再制造产品市场，两个市场各自的发展与相互的影响成为决定再制造闭环供应链是否生生不息的关键。

思考题

1. 如何理解供应链物流管理？供应链物流管理有哪些模式？
2. 概述供应链与物流管理的关系。
3. 比较分析物流外包与自营的异同。
4. 什么是逆向物流与闭环供应链？

案例分析

京东基于“互联网+”的自营物流配送体系

京东作为我国B2C市场中规模最大的3C网购专业平台，在发展建设的过程中，对物流模式构建极为重视，每年消耗在物流体系建设中的投资几乎占据总投资金额的70%以上。现阶段在第三方配送等物流模式基础上，已经形成覆盖范围非常广泛的多个大型物流中心，进行基于“互联网+”的自营物流配送。

一、京东物流配送体系现状

京东于2007年开始自建物流，2017年4月25日正式成立京东物流集团。京东物流是中国领先的技术驱动的供应链解决方案及物流服务商，它以“技术驱动，引领全球高效流通和可持续发展”为使命，致力于成为全球最值得信赖的供应链基础设施服务商。京东物流建立了包含仓储网络、综合运输网络、最后一公里配送网络、大件网络、冷链物流网络及跨境物流网络在内的高度协同的六大网络，具备数字化、广泛和灵活的特点，服务范围覆盖了中国几乎所有地区、城镇和人口，不仅建立了中国电商与消费者之间的信赖关系，还通过211限时达等时效产品和上门服务，重新定义了物流服务标准，客户体验持续领先行业。截至2022年6月30日，京东物流运营超1 400个仓库，包含京东物流管理的云仓面积在内，京东物流仓储总面积约2 600万平方米。同时，在全球运营近90个保税仓库、直邮仓库和海外仓库，总管理面积近90万平方米。

京东物流的服务产品主要包括仓配服务、快递快运服务、大件服务、冷链服务、跨境服务等，其一体化业务模式能够一站式满足所有客户供应链需求，帮助客户优化存货管理、减少运营成本、高效地重新分配内部资源，使客户专注其核心业务。目前，京东物流为超过 30 万家企业客户提供服务，针对快消、服装、家电家具、3C、汽车、生鲜等多个行业的差异化需求，形成了一体化供应链解决方案。

2017 年，京东物流创新推出云仓模式，将自身的管理系统、规划能力、运营标准、行业经验等赋用于第三方仓库，通过优化本地仓库资源，有效增加闲置仓库的利用率，让中小物流企业也能充分利用京东物流的技术、标准和品牌，提升自身的服务能力。截至 2022 年 6 月 30 日，云仓生态平台合作云仓的数量已超过 1 700 个。

二、京东基于“互联网+”的自营物流配送效率优势产生的原因

京东积极建设基于“互联网+”的自营物流配送体系，主要是通过缩减货品搬运的次数，在减少物流成本的同时提升物流的效率。其自营物流配送优势产生的原因主要体现在以下三个方面。

第一，以互联网大数据平台为基础，针对京东电商提供的各品类商品进行区域、时间等维度的精确销售预测。利用智能仓储系统，将原本集中存储的各类商品智能分货，使商品在被购买前已经被配送到与可能发生消费行为的消费者距离最近的前置仓（Front Distribution Center，FDC)，进而使商品在消费者发生网上消费后，已经被搬运到最近距离的相应商品可以在最短的时间内送达到客户的手中。

第二，京东基于“互联网+”的自营物流配送体系，将已经智能分配到城市仓的商品向消费者配送的过程中，利用互联网提供的大数据支持，可以对参与物流配送的工作人员、车辆的位置、配送情况等进行动态的跟踪，进而能对配送过程中发生的问题和异常情况快速做出正确反应，通过物流力量、资源的协调提升物流配送效率，实现路径持续优化。

第三，京东在认识到基于“互联网+”的自营物流配送在效率方面的优势基础上，不断对物流配送的技术手段进行创新，不仅实现了全自动分拣系统、开放式仓储系统等关键物流系统的研发，而且针对智慧物流立项了京东全自动物流中心、京东无人机、京东仓储机器人、京东自动驾驶车辆送货等先进科技项目，这些都为提高物流配送效率创造了条件。

三、京东基于“互联网+”的自营物流配送效率存在的问题与对策

京东基于“互联网+”的自营物流配送效率存在的问题有：自营物流配送的效率仍难以满足实际需要；配送人员专业性有待提升；自营物流配送体系建设压力大。针对这些存在的问题，可采取以下对策：

（1）推动自营物流配送体系和运营其他业务均实现持续发展。需要结合市场变化，进一步建设科学合理的物流发展规划，推动自营物流配送体系和运营其他业务均实现持续发展。

（2）有意识地提升自营物流配送人员的专业性和综合素质。对配送人员服务水平、服务能力等方面开展针对性的培训，这对提高顾客满意度至关重要。

（3）提升自营物流配送与第三方物流配送的协调性。在自营物流配送体系

建设的过程中，可进一步不断调整与第三方物流配送企业之间的关系，借用第三方物流企业的优势，提升自身物流配送的效率和质量。

（资料来源：王海军，杜丽敬．供应链管理［M］．北京：清华大学出版社，2021：124，内容有改动。）

案例思考

1. 分析京东自营物流配送体系的特点。
2. 基于“互联网+”，你认为当前京东供应链物流存在什么问题？

能力训练

【训练内容】结合案例分析材料，提出京东供应链物流管理的改进建议。

【训练目的】通过学习使学生加深对供应链物流管理知识的理解。

【训练安排】将学生按4~6人划分为一个小组，进行适当的任务分工。以小组为单位收集整理相关资料，小组讨论后提出京东供应链物流管理的改进建议，并制作PPT及电子文档进行汇报。教师可组织小组讨论，根据小组讨论情况给予点评。

第 10 章

供应链信息管理

学习目标

1. 掌握供应链信息的内涵、特点和分类；
2. 理解供应链信息管理的定义、模式；
3. 知晓供应链管理中的主要信息技术；
4. 熟悉供应链信息平台建设的原则、要求以及相关软件。

引导案例

中国石化易派客供应链阳光行动

中国石化以坚实的产业链为基础，厚植物资采购管理优势，全力推进基于互联网的供应链管理创新，倾力打造易派客工业品电商平台（以下简称易派客平台）。2018 年 10 月，易派客平台的投资主体——中国石化国际事业公司成功入选全国供应链创新与应用首批试点企业。2019 年 4 月，易派客平台传承“互融互通，合作共赢”的发展理念，以采购标准化、制造数字化、物流透明化、信息互联化为核心，全面践行现代数字供应链管理创新，推动具有新时代特征的供应链阳光行动，携手广大关联方，共同构建更有质量、更具效能、更高价值的现代供应链。

易派客供应链阳光行动总体设计主要包括行动目标、基本原则、核心内容和支撑体系等方面。其核心内容包括以下方面。

一、推进采购标准化

（1）标准引领。推动平台关联方应用易派客标准，提高采购技术规范和供应资格条件，从源头采购符合先进标准要求的高质量的原材料（零部件），提高采购专业化水平，由追求采购“合格率”向追求使用“满意率”转变。

（2）渠道透明。推动平台关联方共享供应资源信息、原材料生产检验信息等，实现原材料产品质量可追溯。倡导平台关联方通过易派客平台选择经过易派客标准认证及评价的企业和产品，实现安全可靠、高品质采购。

（3）性价最优。推进“互联网+”招标采购，提高招标采购效率和透明度；推进招标文件、资格审查、评标办法及合同文本标准化，制定数字化评标规则，实现标准化招标、简约化投标、智能化评标。

二、推进制造数字化

（1）工艺管控。强化易派客平台商品工艺管控力度，实现工艺路线、工艺标准、工艺数据在线可追溯，实时掌握关键工序状态，推动平台关联方改进生产工艺和数字化进程。

（2）品质管控。强化易派客平台商品品质管控力度，实现重要检测过程、检测方法、检测记录在线可查、在线监测；推动平台关联方规范质量控制流程和执行标准，掌握制造过程关键节点质量状况，共享作业过程质量记录、检验检测数据。

（3）风险管控。强化易派客平台风险管控力度，实现关键设备状态、制造进度、质量状况在线监控和风险预警；推进平台关联方建立基于数据分析的生产制造进度、质量风险预警与控制机制，实现采购风险实时可控。

三、推进物流透明化

（1）可追溯。加强易派客平台物流管理模块建设，建立规范标准集成接口，实现物流方式、路径、货物名称、运费价格、运输要求等物流信息完整共享，全程可溯。

（2）可跟踪。加快易派客平台物流信息化进程，应用现代信息交互技术，实现接单配送、存储交付全程在线，并实时跟踪；推动平台关联方应用定位系统，共享物流过程节点线路信息，实现物流库存信息动态可视。

（3）可验证。深挖易派客平台大数据应用，强化物流订单管理和监控功能，提供交易真实性验证，实现物流轨迹动态查询、事后查证。

四、推进信息互联化

（1）资源管理系统互联。深化平台与关联方 ERP 等系统一体化连接，实现需求匹配、订单交互、在线支付的全流程电子化交易，推动关联方规范采购管理和业务流程。

（2）生产制造系统互联。开展平台需求方与关联方生产制造的系统化互联，促进供给与需求精准匹配，实现产品设计、生产制造的全方位信息交互。

（3）物流仓储系统互联。开展平台与关联方自有及社会物流仓储系统可视化互联，搭建物流全程可视、高效协同的社会化物流供应链体系，实现入库、出库、仓储运输全过程信息共享。

中国石化通过全面开展易派客供应链阳光行动，推进易派客平台专业化采购能力、质量控制能力、物流服务能力、价值创造能力全面提升，客户服务体验进一步增强，平台影响力和品牌价值显著。截至 2020 年 10 月底，累计47家关联方开展阳光行动信息化互联，取得了较好的社会效果和经济效果。

（资料来源：李保军．大型能源企业采购供应链创新与应用研究——以中国石化易派客供应链阳光行动实践为例［J］．供应链管理，2021，2（01）：78-85，内容有改动。）

中国石化易派客平台在供应链信息管理方面的创新措施有哪些？

10.1 供应链信息管理概述

10.1.1 供应链信息的内涵及特点

10.1.1.1 供应链信息的内涵

信息对供应链的运作至关重要，因为它提供了供应链管理者赖以决策的事实依据。没有了信息，决策者就无法了解顾客的需要、库存数量以及什么时候应当生产更多的产品并发运出去。总之，没有了信息，决策者只能盲目地制定决策，供应链就不可能将产品高效地送到顾客的手中。而拥有了信息，决策者就能进行科学决策以改善企业以及整个供应链的运营。从这个意义上来说，信息是供应链最重要的管理要素。整个供应链的运营效率取决于供应链各节点企业的协作程度，而信息就是各节点企业协作的基础。信息对供应链的内涵可以概括为以下几个方面。

（1）信息是供应链中最重要的驱动要素。没有信息，供应链中的选购、生产、分销和销售等各个部门或组织的运作就失去了依据，也就无法适时、有效地根据市场的实际变化安排人员、物资设备和资金等。

（2）信息能很好地将供应链的驱动要素紧密结合起来，创造统一、协调的供应链。假如没有信息或者信息不完善、信息交流不充分，供应链中的各个部分、各个节点和各项活动就很难形成统一的整体网络。

（3）信息还能帮助管理者准时做出有效的决策。准时、精确、必要的信息能够使决策者把握整个供应链的状况，并依据影响供应链的有关因素，和供应链中的其他节点企业一同来制定供应链战略，做出有利于整个供应链的正确决策。

10.1.1.2 供应链信息的特点

供应链由多个独立的企业构成，它是一个虚拟的扩展企业，不仅涉及单个企业内部的信息集成，而且涉及供应链全部节点企业的信息集成。因此，供应链中的信息与单个企业中的信息不同，主要表现在以下几个方面。

（1）信息的时效性。虽然信息本身是真实正确的，但假如没有准时地收集、加工、利用，信息所描述的事物就会发生变化，要么已经过时，要么内容不适用，因而降低甚至失去了信息的价值。供应链中的信息会随着系统内企业的经营活动与系统外环境信息的变化而不断变化，因此管理者要做科学的决策，需要的是准时而且可利用的信息。

（2）信息的流淌性。供应链中信息的流淌范围广。信息跨越不同部门和企业，纵向延伸到供应链的源头和终端消费市场，横向扩展到社会的很多方面。

（3）信息的来源。供应链中信息的来源多样。信息来源包括企业内部和外部供应链以及社会经济等方面，从经营角度看，包括供应链上的选购、生产、分销、运输、配送和仓库储存等全部环节的全部信息。

（4）信息的规模。供应链组成复杂，各种活动和环节多，同时供应链中的信息覆盖了供应商、制造商、销售等全部环节以及客户，所以信息量很大。

（5）信息的处理难度。供应链信息处理的难度大，原因不仅在于信息来源多样和信息规模大，而且由于供应链中各节点企业只是协议合作关系，它们所关注的重点和追求的目标不同，并且这些目标可能存在矛盾和冲突，因而所传递的信息对于整个供应链管理的价值差异很大。另外，从理论上说，获取的信息越多，越有利于供应链的管理，但是获取信息是需要成本的，并不是全部信息都是供应链管理所需的，随着获取的信息越多、越细，花费的代价就越大。

因此，在供应链信息管理过程中，要综合考虑信息的价值和获取信息的成本，这也使供应链信息的处理比单个企业的信息处理更加难。

10.1.2 供应链信息的类型

在一个供应链中，各个企业是一种相互合作的关系，并不是相互持股的关系，每个企业出于自身利益和风险防范的考虑，与供应链中企业交流的信息不会是企业全部的信息。分析和把握信息的内容构成，是管理信息的前提。供应链中的信息内容可从多个角度进行划分。

10.1.2.1 从供应链环节的角度划分

（1）供应源信息。主要包括供应商基本状况、原材料订货供货时间、价格状况、原材料需求计划、原材料订购与订单信息等。

（2）生产信息。包括生产的产品类型、数量，生产地方，生产方式，生产进度的支配，生产工艺技术，生产成本，批量订货规模等信息。

（3）分销配送信息。包括分销商等中间商的销售计划、库存状况，物流运送的途径，配送的网络规划等信息。

（4）顾客需求信息。是指哪些人将购买什么货物、在哪里购买、数量多少、价格凹凸等。需求信息包括需求预估和需求分布等。这方面信息可以从顾客的主动表达，如顾客直接当面表述、顾客打电话到营销中心、顾客通过网络递交等来获得；也可以通过企业主动搜集，如市场调查、购买等获取。

10.1.2.2 从供应链的拉/推法的角度来划分

依据对顾客需求的执行顺序的不同，供应链上的全部流程可以分为两类：拉动流程和推动流程。

在拉动流程中，顾客主动供应实际需求信息，也就是说需求是已知的、确定的；而在推动流程执行过程中，顾客并没主动供应实际需求信息，因此需求是未知的、预估的。例如，在戴尔公司，个人电脑组装线的起点就代表推/拉边界，组装过程中和此后的全部流程中，也就是生产和销售环节是由顾客的需求来启动的。然而，公司并不依据顾客订单来确定原料选购，而是预估顾客需求，并据此补充库存。

因此，从供应链的拉/推法的角度来看，供应链的信息可以分为拉动性和推动性信息。这两种信息都是供应链的源头信息，即顾客的需求信息。

10.1.3 供应链信息管理的定义及作用

在供应链管理环境下，信息广泛存在于供应链的各个环节，并在不同节点企业之间实现共享，以协调和保证供应链的有效运作。因此，可以将供应链信息管理定义为：供应链信息管理就是通过供应链中的信息系统，实现对供应链的数据处理、信息处理、知识处理的过程，使数据向信息转化、信息向知识转化，最终形成企业价值。

供应链信息管理可以达到以下作用：

（1）通过信息管理，降低供应链上的不确定性，使企业更好地为顾客提供服务，从而提高整个供应链的服务水平。

（2）通过信息管理，可以实现供应链的整体优化，提高整个供应链的管理效率，从而提高整个企业乃至整个供应链的竞争力。

（3）通过信息管理，可以提高供应链的运行效率，用信息代替库存和人力资源，从而赢得市场竞争。

（4）通过信息管理，可以使企业内部业务流程得到优化，提高企业的管理水平和运行效率，还可以在企业间形成无缝的业务流程，使供应链成员企业形成一个有机整体，从而消除企业间的不确定性。

供应链管理的核心问题是如何有效地协调和控制好供应链上的物流、信息流和资金流，以实现整个供应链高效运行和满足最终顾客需求的目的。在物流、信息流和资金流中，信息流最重要。在供应链运行过程中，物流和资金流都紧紧围绕信息流展开，只有依据准确的信息流做出决策，整个供应链才能高效运行，达到更好地满足顾客需求的目的。

10.1.4 供应链信息管理的模式

10.1.4.1 企业级分散式信息管理模式

在供应链节点企业内部，信息可以采取分散管理的方式，也就是各个部门根据自己的业务和职能进行相应的信息管理，信息在部门之间传递，由部门决定信息传递的方向和内容。这种模式的特点是：每个部门对自己业务范围内的信息进行收集、传递、存储、加工和使用，对信息的流向和内容都有决定权，能够灵活掌握信息需求及信息的传播时间、地点和方式。但是，企业不能从整体上把握信息的流向和内容，缺乏宏观调控能力从而导致信息管理混乱无序，信息的管理和利用效率下降，严重的还可能导致信息失控。因此，这种管理模式主要应用在工作组级信息和个人级信息的管理。

10.1.4.2 企业级集中式信息管理模式

企业通常会建立一个中心数据库和成立信息管理中心，以提高企业的整体信息管理和利用的效率，实现信息的统一管理，进一步开发信息资源。企业进行信息化管理，建立各种应用信息系统，在技术层面上，都要建立一个中心数据库，对组织的数据进行集中统一的存储和管理。这样有利于实现数据共享，减少数据冗余，维护数据完整性和一致性。同时，成立一个专门的信息管理机构来负责信息和信息系统的管理，企业信息的存储、加工、传递都由这一部门负责，并且由它控制信息的流向和内容。这种方式的缺点是信息的流动缺乏灵活性。在实际操作中，企业数据是集中在数据库中进行管理的，对信息管理不会单纯采用分散式管理或集中式管理，而是两种方式相结合。

10.1.4.3 供应链分散式信息管理模式

这种模式是指信息在供应链中各企业的各部门之间传递，由部门决定信息的流向和内容，信息的管理处于一种自发的分散状态。在这种方式下，企业难以控制内部信息，容易泄露机密信息而造成风险。此外，整个供应链的信息一致性也差，难以形成一致的供应链信息流，从而导致供应链效率低下。这种方式主要存在于供应链的初始阶段和随机不稳定的供应链系统中。此模式如图 10-1 所示。

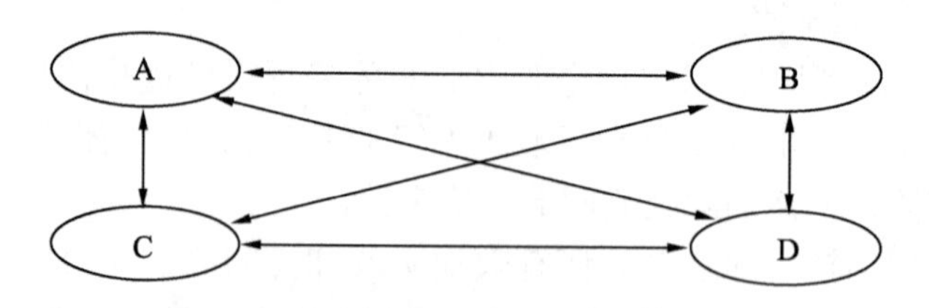

图 10-1 供应链分散式信息管理模式

10.1.4.4 两级综合协调信息管理模式

由于各企业一般采用信息集中管理方式，各部门都与该企业信息中心进行信息传递。企业与供应链其他企业的信息传递主要由信息中心负责控制，部门也可以直接访问其他企业信息中心，比如查询企业产品信息。同时，为了保证整个供应链中信息的一致性和完整性，通常由核心企业的信息中心负责整个供应链的信息流管理，核心企业充当着供应链信息交换中心的角色，控制着上下游的信息传递，如图 10-2 所示。图 10-2 中甲、乙、丙为三个企业，甲为核心企业，A、B、C 分别为甲、乙、丙的部门，单向箭头表示信息流，双向箭头表示信息流及其控制。

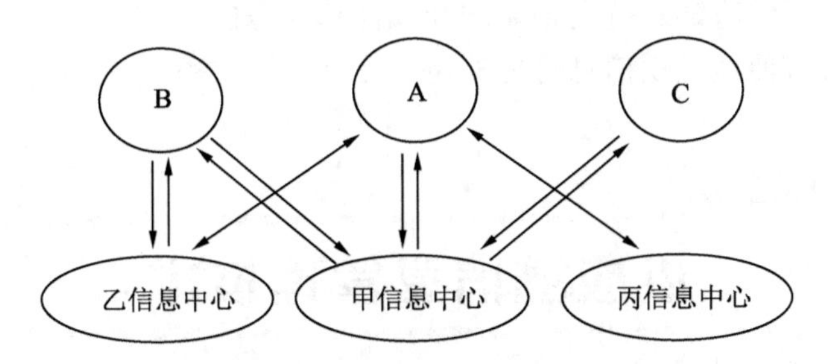

图 10-2 两级综合协调信息管理模式

两级综合协调信息管理模式有以下特点：

（1）具有分散管理的灵活性，信息沟通及时，同时还具有集中管理的宏观协调能力。

（2）物流、信息流同步处理，并且能够顺畅、快捷地流通。

（3）核心企业承担了较多的信息管理工作，付出了更多的成本，但核心企业可能出于自身利益的考虑，以及信息管理技术和能力的不足，增加了供应链的信息风险。

10.1.4.5 供应链级集成式信息管理模式

供应链级集成式信息管理模式如图 10-3 所示。

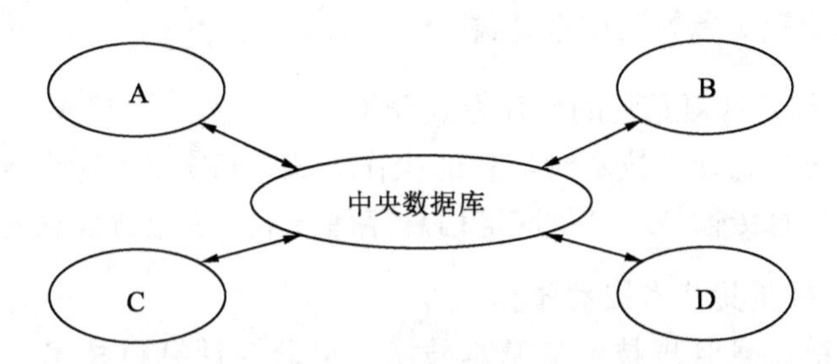

图 10-3 供应链级集成式信息管理模式

由图 10-3 可知，集成式信息管理模式需要在供应链之外建立一个独立的信息集成中心，该中心能够进行信息收集、存储、加工、传递和维护。供应链各节点以及物流公司的主要信息包括需求、预测、计划、供应、销售、库存、运输等都集中在这个中心，形成共享信息源。在这种模式下，各个节点企业之间不必也不能直接传递信息，而是通过高速通信通道与信息集成中心建立实时连接来访问或递交有关信息，从而实现所有信息在整个供应链上的实时共享。

供应链级集成式信息管理模式主要有以下优势：

（1）能够实现供应链中信息的实时共享。

（2）这种方式提供了一个各企业进行信息交流的场所。

（3）信息集成中心独立于供应链之外，不受节点企业的控制和它们之间的利益影响，保证了信息的透明度和稳定性，大大降低了供应链的信息风险。

（4）增强了供应链及链上企业的开放性和动态性。

（5）能够方便地实现信息管理外包，提高管理效率。

10.2 供应链信息管理技术

现代信息技术的发展以及全球信息网络的兴起，把全球的经济、文化联结在一起。当今时代，技术创新成为企业改革的最主要形式，而信息技术（Information Technology，IT）的发展直接影响企业改革和管理的成败。供应链管理涉及的主要领域有产品、生产、财务与成本、市场营销/销售、策略流程、支持服务、人力资源等多个方面，而信息共享是实现供应链管理的基础。供应链的协调运行建立在各个节点企业高质量的信息传递与共享的基础之上，因此，有效的供应链管理离不开信息技术系统提供可靠的支持。IT 的应用有效地推动了供应链管理的发展，它可以节省时间和提高企业信息交换的准确性，减少了在复杂、重复工作中的人为错误，因而减少了由于失误而导致的时间浪费和经济损失，提高了供应链管理的运行效率。

10.2.1 供应链信息管理技术分类

10.2.1.1 按照其对信息的操作方式分类

按照供应链信息管理技术对信息的操作方式，可分为信息编码标识与采集技术、供应链信息传输技术、供应链信息存储技术、供应链信息处理技术等。

10.2.1.2 按照其基本技术分类

按照供应链信息管理技术的基本技术，可分为计算机技术、微电子技术、光子技术、通信技术、辐射成像技术等。

10.2.1.3 按照其采用的主要技术和功能分类

按照供应链信息管理技术采用的主要技术和功能，可分为互联网技术、自动化仓库管理技术、子数据交换技术与电子商务平台、移动通信技术、全球卫星定位技术、地理信息货物跟踪技术、智能标签技术、射频技术、电子数据交换技术与电子商务平台等。

10.2.2 主要供应链信息编码标识技术

10.2.2.1 条形码技术

条形码是将线条与空白按照一定的编码规则组合起来的符号，用以代表一定的字母、数字等信息。在进行辨识的时候，使用条码阅读机（即条码扫描器，又叫条码扫描枪或条码阅读器）扫描，得到一组反射光信号，此信号经光电转换后变为一组与线条、空白相对应的电子信号，经解码后还原为相应的文数字，再传入电脑。

条形码技术是在计算机应用和实践中产生并发展起来的一种广泛应用于商业、邮政、图书管理、仓储、工业生产过程控制、交通等领域的自动识别技术，具有输入速度快、准确度高、成本低、可靠性强等优点，在当今的自动识别技术中占有重要的地位。现如今条码辨识技术已相当成熟，其读取的错误率约为百万分之一，是一种可靠性高、输入快速、准确性高、成本低、应用面广的资料自动收集技术。世界上约有 225 种以上的一维条码，每种一维条码都有自己的一套编码规格，规定每个字母（可能是文字或数字或文数字）是由几个线条（Bar）及几个空白（Space）组成，以及字母的排列规则。一般较流行的一维条码有 39 码、EAN 码、UPC 码、128 码，以及专门用于书刊管理的 ISBN、ISSN 等。

10.2.2.2 射频识别技术

射频识别（Radio Frequency Identification，RFID）技术，又称无线射频识别技术，它通过无线电信号识别特定目标并读写相关数据，无需识别系统与特定目标之间建立机械或光学接触。无线电的信号是通过调成无线电频率的电磁场，把数据从附着在物品上的标签上传送出去，以自动辨识与追踪该物品。某些标签在识别时从识别器发出的电磁场中就可以得到能量，并不需要电池；也有标签本身拥有电源，并可以主动发出无线电波（调成无线电频率的电磁场）。标签包含了电子存储的信息，数米之内都可以识别。与条形码不同的是，射频标签不需要处在识别器视线之内，也可以嵌入被追踪物体之内。

从概念上来讲，RFID 类似于条码扫描，对于条码技术而言，它是将已编码的条形码附着于目标物并使用专用的扫描读写器利用光信号将信息由条形码传送到扫描读写器；RFID 则使用专用的 RFID 读写器及专门的可附着于目标物的 RFID 标签，利用频率信号将信息由 RFID 标签传送至 RFID 读写器。

10.2.2.3 POS 系统

POS（Point Of Sale，POS）系统即销售时点信息系统，是指在销售商品时通过自动读取设备（如收银机）直接读取商品销售信息（如商品名、单价、销售数量、销售时间、销售店铺、购买顾客等），并通过通信网络和计算机系统传送至有关部门进行分析加工以提高经营效率的系统。POS 系统最早应用于零售业，以后逐渐扩展至其他如金融、旅馆等服务行业，利用 POS 系统的范围也从企业内部扩展到整个供应链。

POS 系统是一种多功能终端，把它安装在信用卡的特约商户和受理网点中与计算机联成网络，就能实现电子资金自动转账，它具有支持消费、预授权、余额查询和转账等功能，使用起来安全、快捷、可靠。

10.2.3 主要供应链信息传输技术

10.2.3.1 互联网/内联网

互联网（internet），即广域网、城域网、局域网及单机按照一定的通信协议组成的国际计算机网络。通过互联网人们可以与远在千里之外的朋友相互发送邮件、共同完成一项工作、共同娱乐。互联网还是物联网的重要组成部分，根据中国物联网校企联盟的定义，物联网是当下几乎所有技术与计算机、互联网技术的结合，它可以让信息更快更准地收集、传递、处理并执行。

内联网（intranet）是 internet 的延伸和发展，正是由于利用了 internet 的先进技术，特别是 TCP/IP 协议，保留了 internet 允许不同计算平台互通及易于上网的特性，才使 intranet 得以迅速发展。但 intranet 在网络组织和管理上更胜一筹，它有效地避免了 internet 所固有的可靠性差、无整体设计、网络结构不清晰以及缺乏统一管理和维护等缺点，使企业内部的秘密或敏感信息受到网络防火墙的安全保护。因此，同 internet 相比，intranet 更安全、更可靠，更适合企业或组织机构加强信息管理与提高工作效率，被形象地称为建在企业防火墙里面的 internet。

10.2.3.2 电子数据交换

电子数据交换（Electronic Data Interchange，EDI）是指按照同一规定的一套通用标准格式，将标准的经济信息通过通信网络传输，在贸易伙伴的电子计算机系统之间进行数据交换和自动处理。由于使用 EDI 能有效地减少直到最终消除贸易过程中的纸面单证，因而 EDI 也被俗称为“无纸交易”。它是一种利用计算机进行商务处理的新方法。EDI 是将贸易、运输、保险、银行和海关等行业的信息，用一种国际公认的标准格式，通过计算机通信网络，使各有关部门、公司与企业之间进行数据交换与处理，并完成以贸易为中心的全部业务过程。

EDI 是供应链管理的主要信息手段，同时也是一种在合作伙伴企业间交互信息的有效技术手段，特别是在全球经济一体化、全球进行合作贸易时，它是在供应链中联结各节点企业的商业应用系统的媒介。EDI 的使用，能够提高企业内部的生产效率，降低运作成本，改善渠道关系，使信息交换更为及时、准确、有效，提高对客户的响应，缩短事务处理周期，减少订货周期以及不确定性，提高企业的国际竞争力。EDI 技术的出现对于传统的通过纸质文件传输数据的方式来说是一种变革，它不仅大大减少了人力介入，而且能够使信息在不同环节之间顺畅、可靠地流通。这一技术变革很快就被应用于供应链管理中，并迅速成为供应链管理实现快速反应（QR）、高效客户反应（ECR）、高效补货等必不可少的支撑技术。有统计表明，使用 EDI 技术，能够使整条供应链订单履约周期缩短 36%，存货水平降低 36%，数据交换的准确性增加 27%，并大大缩短了供应链的反应时间。当前，随着互联网的迅速发展，一种能够使用可扩展标识语言 XML（Extensible Markup Language）的 EDI 模式，即 Web-EDI 正逐渐在供应链管理中流行起来，并将会取代传统的 EDI 模式。利用 EDI 相关数据，并借助于某些 ERP 软件，能够对未来一段时期内的销售进行预测，从而控制库存水平，缩短订单周期，提高顾客满意度。

10.2.4 主要地理信息跟踪技术

10.2.4.1 地理信息系统

地理信息系统（Geographic Information System，GIS）是随着地理科学、计算机技术、遥感技术和信息科学的发展而发展起来的一个学科。在计算机发展史上，计算机辅助设计技术（CAD）的出现使人们可以用计算机处理像图形这样的数据，图形数据的标志之一就是图形元素有明确的位置坐标，不同图形之间有各种各样的拓扑关系。

10.2.4.2 全球定位系统

全球定位系统（Global Positioning System，GPS），是一种基于卫星的全球无线电导航系统，能为各类用户提供精密的三维坐标、速度和时间，具有全能性（陆海空天）、全球性、全天候、连续性和实用性特点。

随着全球定位系统（GPS）、地理信息系统（GIS）、运筹学（OR）技术研究和应用的不断深入，单独应用一项技术往往不能满足综合性的供应链活动的需要，不能够进行数据提供、数据更新、数据呈现、信息处理、优化计算、分析模拟的综合能力。解决问题的关键，是将各项技术进行集成，充分发挥各自的功能和效用，使其互相补充、互相衔接，便于有关信息的搜集、处理和应用，使信息的流动更加通畅，弱化供应链节点间信息不对称造成的牛鞭效应，提高供应链的绩效水平。在这种集成中，GPS 主要用于数据的测量和更新，实时、快速提供目标、各类传感器和运载平台的空间位置；GIS 主要用于对数据进行可视化呈现和管理；OR 主要利用数据进行建模和优化计算，以便提供决策支持。在综合性的供应链活动中，任何单一的技术都有其缺陷，只有将各种技术进行整合，其效用才能得到最大化的发挥。

10.2.4.3 北斗卫星导航系统

北斗卫星导航系统（BeiDou Navigation Satellite System，BDS）是中国着眼于国家安全和经济社会发展需要，自主建设运行的全球卫星导航系统。BDS 提供服务以来，已在交通运输、农林渔业、水文监测、气象预报、通信援时、电力调度、救灾减灾、公共安全等领域得到广泛应用。

例如，生鲜供应链尤其需要北斗卫星导航系统。据了解，当前全国 7 万艘渔船都安装了北斗终端。结合北斗的定位授时技术以及大数据，可以建造一个生鲜供应链溯源系统，对生鲜供应链实现实时监控，保证生鲜食材的品质。溯源系统以北斗系统为核心，通过北斗实时定位以及精密授时的技术，记录生鲜食材的采集位置和时间信息，结合现场的图像信息以及物流运输期间对生鲜食材温度、湿度，物流配送的速度等多维度、持续性跟踪与监测，实现生鲜食材捕捞、进港卸货、装箱、运输等全程追溯，确保消费者买到放心的海鲜。

10.2.5 电子商务技术

10.2.5.1 电子商务的含义和特征

电子商务，通常是指在全球各地广泛的商业贸易活动中，在因特网开放的网络环境下，基于浏览器/服务器应用方式，买卖双方不谋面地进行各种商贸活动，实现消费者的网络上购物、商户之间的网络上交易和电子支付以及各种商务活动、交易活动、金融活动和相关的综合服务活动的一种新型的商业运营模式。

电子商务具有以下基本特征。

第一，更广阔的环境。电子商务使得人们不受时间、空间和传统购物的诸多限制，可以随时随地在网上交易。它通过跨越时间、空间，使我们在特定的时间里能够接触到更多的客户，为我们提供了更广阔的发展环境。

第二，更广阔的市场。在网上，这个世界将会变得很小，一个商家可以面对全球的消费者，而一个消费者可以在全球的任何一家商家购物。一个商家可以去挑战不同地区、不同类别的买家客户群，在网上能够收集到丰富的买家信息。

第三，降低流通和交易成本。电子商务减少了商品流通的中间环节，节省了大量的开支，从而也大大降低了商品流通和交易的成本。通过电子商务，企业能够更快地匹配买家，实现真正的产供销一体化；能够节约资源，减少不必要的生产浪费。

10.2.5.2 电子商务的类型

电子商务主要有以下几种类型。

（1）B2B 模式。B2B（Business to Business），是指企业与企业之间的电子商务。它将企业内部网通过 B2B 网站与客户紧密结合起来，通过网络的快速反应，为客户提供更好的服务，从而促进企业的业务发展。

（2）B2C 模式。B2C（Business to Consumer），是指企业与消费者之间的电子商务，也就是通常说的商业零售，直接面向消费者销售产品和服务。

（3）B2G 模式。B2G（Business to Government），是指企业和政府机关能使用中央网站来交换数据并且与彼此做生意。

（4）C2C 模式。C2C（Consumer to Consumer），是指消费者与消费者通过互联网开展的一切商务活动。这些商务活动主要是个人交易，也包括其他的一些网络活动，如信息搜索、社区交流等。C2C 电子商务是继 B2B、B2C 后兴起的电子商务模式，是电子商务所有模式中最热闹、最繁荣的模式。C2C 已经成为电子商务中最受人们关注的电子商务模式之一。C2C 是建立在网络科技极大发展之上的商务模式，是实现绿色经济和人类可持续发展的有效方式，是以诚信为本的消费者之间互通有无、相互方便的商务往来。

（5）C2G 模式。C2G（Consumer to Government），是指消费者与政府机构间的电子商务。这种电子商务不以营利为目的，主要包括政府采购、网上报关、报税等，对整个电子商务行业不会产生大的影响。

10.2.5.3 电子商务环境下的供应链构造

（1）构造原则：整体最优原则、加快供应链中各环节转换的原则、最大化满足上下游成员需求原则、供应链成本与服务优化原则。

（2）构造内容：组织结构重组、经营理念重塑、业务流程再造、信息系统再建。

（3）构造方法：电子商务环境下供应链的构造方法有两种，一种是顺流构造方法，另一种是逆流构造方法。

顺流构造方法是指当企业要构造其供应链时，从它的原材料出发，逐步寻找到最上游的供应商，依照自己的产品或服务的制造和销售设计供应链流程，直到最终用户。

逆流构造方法是指基于最终客户的需求，去构造从零售商到自身企业的供应商的一条供应链。

可以根据不同的产品或服务以及不同的供应链成员来确定具体的构造方法。

10.3 供应链信息管理平台建设

近年来，随着现代信息技术的发展和普及，现代供应链的发展也迈上了新台阶。但由于现代供应链上的各企业发展水平不一，企业之间信息交往程度往往也有所差别，造成信息不对称、信息获取时效性低、信息孤岛、牛鞭效应等现象产生，因此必须高度重视供应链信息管理平台建设与作用发挥。

10.3.1 供应链信息管理平台建设原则

供应链信息管理平台的建设将从区域经济的大局出发，促使集群供应链上的企业内外部协同发展，实现区域内商流、物流、信息流共享。具体的建设过程应遵循以下原则。

1. 可靠性原则

供应链信息管理平台应该提供计算、存储、网络等资源，并保证数据的真实可靠。系统需要在多方面考虑适当冗余，防止出现数据过多引发的运行障碍等问题；在系统遇故障无法正常运行时，应自行启动备份系统，保障系统数据的安全可靠；系统应设置相对完善的审核机制，在企业上传相关信息时有必要的审核流程，确保信息的真实可靠。

2. 适用性原则

供应链信息管理平台在建设过程中要始终遵循满足企业、政府、客户等多方利益共同体需求的标准，充分考虑平台功能的适用性，在满足各方用户具体需求的前提下，也要尽可能保障操作的简单易行。

3. 可拓展性原则

随着信息化、智能化的不断发展，社会对物流行业的需求也与日俱增，建设供应链信息管理平台是促进区域信息化水平提升的重要手段。平台的设计和建设也要考虑到未来需求的可能变化，并留有足够的空间便于将来的扩展。

4. 多业务性原则

作为综合性服务平台，供应链信息管理平台势必要充分考虑供应链多用户、多业务的特征，在平台满足用户的动态需求时，各业务要能区分明确、彼此隔离、互不影响，多业务能同时良好运行。

5. 效率标准原则

在建设供应链信息管理平台时，要重点关注如何以较小的投入，较快、较好且高质量地实现目标，也就是用最小的成本实现最大的目标。平台要高度重视信息的实时性、准确性，要快速有效地收集、整合相关信息，满足使用者的信息需求。

10.3.2 供应链信息管理平台建设的内容

供应链信息管理平台围绕核心企业，通过对信息流、物流、资金流的控制，实现从采购原材料开始，制成中间产品以及最终产品，最后由销售网络把产品送到消费者手中的全过程物流集成与控制。

供应链信息管理系统与 ERP 系统的区别是：ERP 系统只负责企业内部所有活动的协调与整合，专注于整合和改进企业内部的流程以及物流、信息流和资金流；供应链信息管理系统进行的是跨企业的所有活动的协调与整合，专注于整合和改进企业内部及企业之间的物流、信息流、资金流。两者的区别主要在管理范围、理论模型和方法、编制计划、业务管理这四个方面。

10.3.2.1 供应链管理信息平台的层次结构

1. 作业层

作业层主要进行实质性的操作，包括物流管理、仓储管理、运输管理、订单管理、分销管理、制造管理、财务管理、电子采购管理、关系管理等。这些具体操作是根据“商业应用层”中的“商业决策、管理、控制”的信息进行的。

2. 电子数据处理层

将作业层中实质性操作过程的数据和信息，通过各种收集数据的子系统，如 EOS、POS、EDI 等，收集到数据库中。数据库管理系统收集和存储的这些数据，通过分类、排序、综合分析的数据挖掘过程，形成特有的商业信息、商业知识、商业模型等。这些结构化的信息、知识和模型可供“商业应用层”调用，在企业的决策、管理、控制过程中发挥作用。

3. 商业应用层

商业应用层是信息系统的目的，所有数据收集、存储、挖掘后，如果没有实现商业应用层则无法发挥作用。商业应用层十分重要，包括了许多可视化的应用系统，如决策支持系统、报表系统、随机调查系统、在线分析等。

10.3.2.2 供应链管信息管理平台的功能

供应链计划中有五项基本活动：采购、制造、运输、存储和销售。因此，一般供应链信息平台都由五个主要的模块组成：需求计划、生产计划和排序、分销计划、运输计划、企业或供应链分析。与供应链信息平台相关的软件可以分为三类：平台软件、中间件软件和应用软件。平台软件一般指操作系统。

10.3.2.3 供应链信息管理平台建设的内容

1. 订单管理系统

订单管理系统是接受客户订单信息，以及仓储管理系统发来的库存信息，然后按客户和紧要程度给订单归类，对不同仓储地点的库存进行配置，并确定交付日期的系统。

订单管理系统的主要功能是通过统一订单提供用户整合的一站式供应链服务，订单管理以及订单跟踪管理能够使用户的物流服务得到全程的满足。订单管理系统是物流管理链条中的不可或缺的部分，通过对订单的管理和分配，使仓储管理和运输管理有机地结合，使仓储、运输、订单成为一个有机整体，满足物流系统信息化的需求。

2. 仓库管理系统

仓储管理系统是实时的计算机软件系统，它能够按照运作的业务规则和运算法则，对信息、资源、行为、存货和分销运作进行更完美的管理，提高管理效率。

3. 运输管理系统

运输管理系统是一种“供应链”分组下的（基于网络的）操作软件。它能通过多种方法和其他相关的操作一起提高物流的管理能力，包括管理装运单位，指定企业内、国内和国外的发货计划，管理运输模型、基准和费用，维护运输数据，生成提单，优化运输计划，选择承运人及服务方式，招标和投标，审计和支付货运账单，处理货损索赔，安排劳力和场所，处理文件（尤其当国际运输时）和管理第三方物流。

运输管理系统的模块一般有调度管理、车辆管理、配件管理、油耗管理、费用结算、人员管理、资源管理、财务核算、绩效考核、车辆跟踪、业务跟踪、业务统计、白卡管理、监控中心系统、账单查询等。

4. 企业资源计划

企业资源计划即 ERP（Enterprise Resource Planning），是指建立在信息技术

基础上，以系统化的管理思想，为企业决策层及员工提供决策运行手段的管理平台。

ERP 汇合了离散型生产和流程型生产的特点，面向全球市场，包罗了供应链上所有的主导和支持能力，协调企业各管理部门围绕市场导向，更加灵活或“柔性”地开展业务活动，实时地响应市场需求。为此，它重新定义供应商、分销商和制造商相互之间的业务关系，重新构建企业的业务和信息流程及组织结构，使企业在市场竞争中有更大的能动性。

思考题

1. 简述供应链信息的内涵和特点。
2. 简述供应链信息管理的定义和模型。
3. 什么是 RFID?
4. 简述电子商务的供应链管理的构造。
5. ERP 有哪些特点?

案例分析

京东方的供应链信息化建设

一、京东方简介

京东方科技集团股份有限公司（以下简称京东方）创立于1993年4月，是一家物联网技术、产品与服务提供商，核心产品包括显示器件、智慧系统和健康服务，产品被广泛应用于手机、平板电脑、笔记本电脑、显示器、电视、车载、数字信息显示、健康医疗、金融应用、可穿戴设备等领域。汤森路透《2016全球创新报告》显示，2016年京东方已跻身半导体领域全球第二大创新公司。

二、京东方的信息化建设

（1）通过推动备品备件管理提升、RMA、主数据标准化、MRP 项目等生产与运营业务流程优化，提升企业精益管理能力。

（2）推进集团 OEP（程序的入口点）高效运营和信息化落地。

（3）通过集团 ERP one instance、全面预算管理系统、BW 系统等项目，完成业务流程标准化、信息系统集成化，支撑集团业务扩张和产业布局。

（4）完成移动办公、合同管理系统、HRIS 人力资源管理系统、ITSM（IT 服务管理）系统等职能组织的信息化建设，提升了各组织的服务效率。

（5）完成 B2C 电子商务平台、GPM、SRM、客户服务、资金管理、MDM、客户 EDI 等系统建设，强化上下游供应链协同能力。

（6）推进集团云平台建设、互联网+应用，支撑智能制造业务模式实现，以及新业务的轻资产化运营。

（资料来源：王叶峰. 供应链管理［M］. 2 版修订版. 北京：机械工业出版社，2020，内容有改动。）

案例思考

1. 京东方是如何推进供应链信息系统建设的？
2. 结合案例说明“互联网+”对企业供应链管理的影响。

能力训练

【训练内容】根据案例材料，设计京东方供应链数字化运营方案。

【训练目的】通过训练使学生加深对供应链信息管理知识的理解。

【训练安排】将学生按 4~6 人划分为一个小组，进行适当的任务分工。以小组为单位收集整理相关资料，设计京东方供应链数字化运营方案，并制作 PPT 及电子文档进行汇报。教师可组织小组讨论，根据小组讨论情况给予点评。

第 11 章

供应链金融

学习目标

1. 理解供应链金融产生的背景；
2. 掌握供应链金融含义；
3. 知晓供应链金融的特点以及与传统借贷的区别；
4. 理解供应链金融的几种模式；
5. 理解供应链金融的风险因素。

引导案例

菜鸟网络的供应链金融平台

菜鸟网络科技有限公司（以下简称菜鸟网络）成立于 2013 年 5 月，是由阿里巴巴集团联合银泰集团、复星集团、富春集团、申通、圆通、中通、韵达等共同组建的第四方物流公司。前期，它通过铺设“天网”“地网”“人网”构建起物流网络，有效整合了社会资源，提高了行业效率和质量；后期，它推动行业数字化、发展新零售，向智慧供应链转型。目前，菜鸟网络已成为阿里巴巴电商体系的重要组成部分和连接阿里交易链的重要纽带。

新零售体系下，货物须提前入库以满足消费者快速送达的服务需求，但这造成了部分商家资金周转的困难。为解决阿里系商家与物流合作伙伴的资金难题，2016 年 9 月菜鸟网络联合网商银行推出供应链金融产品，2018 年实现了所有商家“入仓即可获得贷款”。这一系列的融资服务打通了“物流+零售+金融+数据”的全链路数据，使得资产可控，实现了融资需求方与资金方的匹配。

一、预付融资

下游经销商在采购时往往因为需要先向上游供货商预付货款而面临资金短缺问题。对此，菜鸟供应链金融推出的预付融资产品为下游经销商提供了“先采购、后付款”的贷款（图 11-1），即下游经销商以与上游供货商签订的购货合同为依据，向菜鸟缴纳保险金，签订协议后菜鸟直接代为支付。随着货物的销售，下游经销商以销售回款作为还款还给菜鸟。

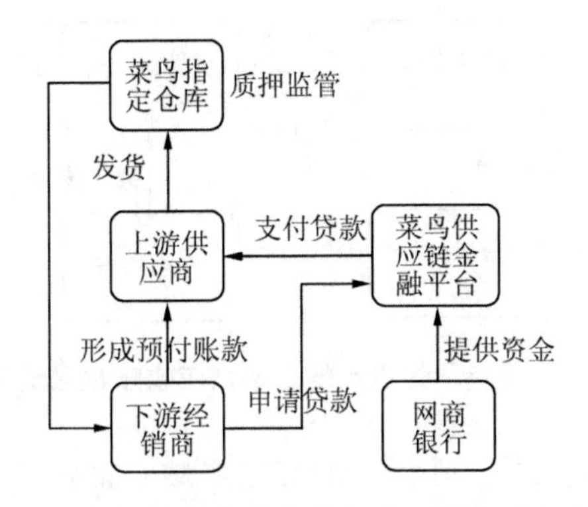

图 11-1　菜鸟网络供应链金融之预付融资流程

二、存货融资

商家为了确保货品供应，需提前将货物放入仓库备货，从而导致现金流在库存上的积压。对此，菜鸟网络推出的存货融资产品盘活了商家产品库存所占用的沉淀资金。具体操作办法为：入驻菜鸟仓库或符合菜鸟物流标准的商家可以将仓内存货作为质押担保向菜鸟申请短期融资，菜鸟收到申请后利用物联网技术对仓储和物流服务过程中的质押品存货进行智能化识别和监管，再通过阿里系电商平台的动态销售数据获得存货的实时单位价值，向满足条件的中小企业发放贷款（图 11-2）。

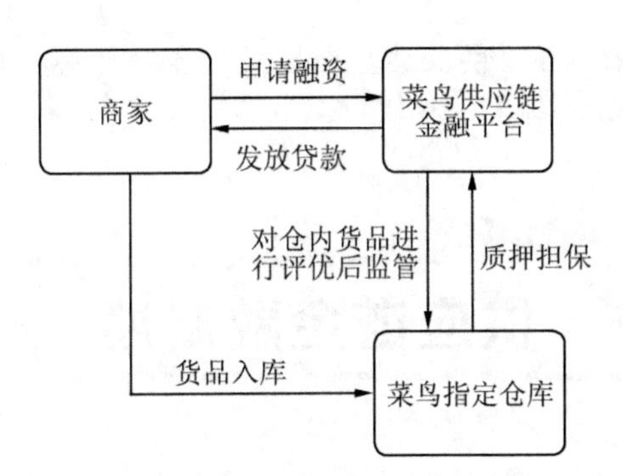

图 11-2　菜鸟网络供应链金融之存货融资流程

三、应收账款融资

物流企业在仓储、配送服务等环节都存在着巨额的资金需求，行业内平均两至三个月的收账期更是加大了企业的资金压力。对此，应收账款融资产品可以帮助菜鸟生态内的物流合作伙伴实现应收变现。物流企业在收账期内利用其与物流服务接受方交易过程中形成的应收账款向菜鸟申请贷款，菜鸟经审核后发放贷款（图 11-3）。

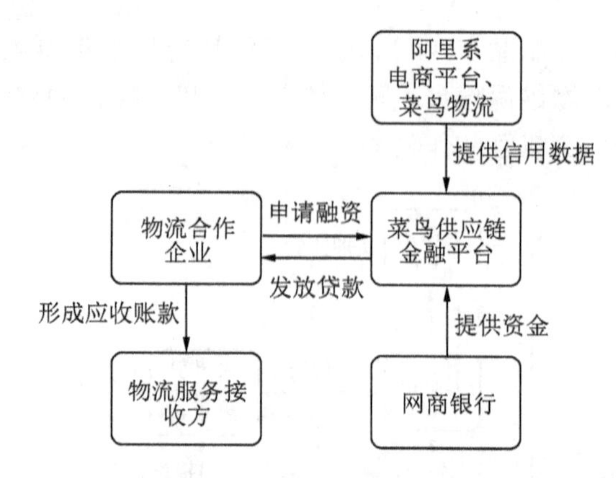

图 11-3　菜鸟网络供应链金融之应收账款融资流程

传统供应链金融模式下，资金提供方依据核心企业的信用等级为其担保的中小企业提供贷款。融资方在缺乏应收账款和信用担保的情况下，需要引入专业的第三方物流公司对企业的质押物进行评估。菜鸟网络以平台庞大的交易数据为担保，利用自有物流仓储平台进行评估，消除了传统供应链中信用担保方和资金提供方因信息不对称和委托代理关系带来的风险。此外，菜鸟承接的阿里系的电商平台，使得融资企业对菜鸟的违约会对其在阿里体系中的运作产生不良影响，违约成本过高形成了对融资企业有效的约束机制。

（资料来源：姚雨清，曹度，等．供应链金融的平台化模式与生态化效应研究——以菜鸟网络供应链金融为例［J］．中国集体经济，2022（11）：53-55，内容有改动。）

菜鸟网络采用了哪些供应链金融模式？各有什么特点？

11.1 供应链金融概述

11.1.1 供应链金融产生背景

11.1.1.1　全球化贸易趋势催生新的贸易融资模式

在经济全球化背景下，全球的生产分工也呈现出明显的全球化趋势。例如，产品的研发和设计在美国，加工和装配在中国，销售则分布在全球，产业链越来越突破国家和地区的限制，实现了全球化大生产。产品的价值链可能由不同国家或地区的不同企业分工完成，企业成了全球化生产链条上的一环。

生产领域的国际分工必然导致贸易领域的全球化。随着科学技术的不断进步和各国对外开放程度的不断提高，全球范围内的流通，国际贸易的广度、深度和规模都在不断加强。贸易领域的全球化推动了世界市场的进一步完善，国际贸易开始从地区性的互惠互利向多边贸易体制转变，统一的全球化大市场正在逐步形成。

国际贸易的全球化趋势在客观上带来了金融的全球化。金融的全球化促使资金在世界范围内重新配置，使资本流向效益更高的国家和地区。与此同时，通过资本市场、金融机构、货币体系、金融政策与法律等金融要素的进一步同质化，全球金融市场日趋一体化。

就目前的趋势来看，生产链和供应链在全球化背景下的联系日趋紧密，生产链的全球化必然要求供应链上的金融服务的全球化。以此为基础，国际贸易的全球化趋势必然要求金融市场以供应链为中心，提供更为灵活、成本更低、效率更高、风险可控的金融产品和融资模式。供应链融资正是在这样的背景下产生的。

11.1.1.2 中小企业贸易融资需求

我国加入 WTO 以来，进入全球产业分工链条之中的中小企业的数量变得越来越多。但是，很多中小企业由于缺乏资金，在参与国际贸易产业分工中举步维艰，不堪重负，中小企业贷款难一直是亟待解决的棘手问题。

从融资渠道来看，大多数中小企业主要采用的是内源性融资模式。然而，很多中小企业刚开始主要从事劳动密集型产品的生产，利润率水平不高，再加上中小企业自身的资本积累能力不足，内源性融资在很大程度上无法满足扩大再生产、提高企业竞争力的客观要求。而从外源性融资模式来看，由于国内资本市场的准入门槛很高，很多中小企业受注册资本、企业规模和盈利水平的限制，根本无法通过公开发行股票的方式来融资。可以说，我国绝大多数的中小企业还无法进入公开的证券市场进行融资，这在很大程度上限制了中小企业的发展。

目前，银行贷款是中小企业最主要的融资渠道。但是，中小企业由于企业本身资信状况较差、财务制度不健全、抗风险能力弱、缺乏足够的抵押担保，商业银行为了尽量地减少呆账、坏账，基本不愿意向中小企业放贷，所以中小企业也很难从商业银行那里获得贷款。从银企关系的角度讲，中小企业客观上需要信贷资金的支持，而商业银行苦于中小企业条件不足而惜贷、惧贷，这就造成了企业间关系上的信用隔阂。要突破这种隔阂，就必须寻求新的融资模式。目前来看，供应链融资模式是解决这一问题的较好方式之一。

11.1.1.3 商业银行新的业务生长点和利润来源

当前，国内商业银行的利润来源十分单一，利润生长点十分僵化。更为重要的是，随着资本市场的不断开放，存贷利差的规模正在不断缩小，商业银行的盈利水平正在进一步缩水。与此同时，由于国内银行在业务模式、经营思路、服务项目上存在严重的同质化现象，银行业的竞争环境在不断恶化。所以，如

果商业银行还仅以传统的存贷利差作为单一的收入来源，只把目光聚集在大型企业和大客户身上，那么在未来新经济环境下，商业银行很难适应灵活多变的市场需求，不仅盈利水平会持续下滑，传统盈利模式造成的路径依赖还会进一步限制其经营模式的结构性转变。而供应链金融是新经济环境下一种重要的金融创新模式，这种创新模式可以有效地解决企业日常经营管理活动中的资金问题，尤其是中小企业的融资难问题。

11.1.2 供应链金融的概念

11.1.2.1 供应链金融的内涵

国内关于供应链金融的定义的普遍观点认为，供应链金融是指以核心客户为依托，以真实贸易背景为前提，运用自偿性贸易融资的方式，通过应收账款质押登记、第三方监管等专业手段封闭资金流或控制物权，为供应链上下游企业提供综合性金融产品和服务。如图 11-4 所示，供应链金融是一种独特的商业融资模式，它依托于产业供应链核心企业为单家企业或上下游多家企业提供全面的金融服务，以促进供应链核心企业及其上下游配套企业“产—供—销”链条的稳固和流转顺畅，降低整个供应链的运作成本，并通过金融资本与实体经济的协作，构筑银行、企业和供应链的互利共存、持续发展的产业生态。

供应链金融是商业银行信贷业务的一个专业领域（银行层面），也是企业尤其是中小企业的一种融资渠道（企业层面）。在供应链金融模式下，银行向客户（核心企业）提供融资和其他结算、理财服务，同时向这些客户的供应商提供贷款及时收达的便利，或者向其分销商提供预付款代付及存货融资服务。简单地说，供应链金融就是银行将核心企业和上下游企业联系在一起提供灵活运用的金融产品和服务的一种融资模式。

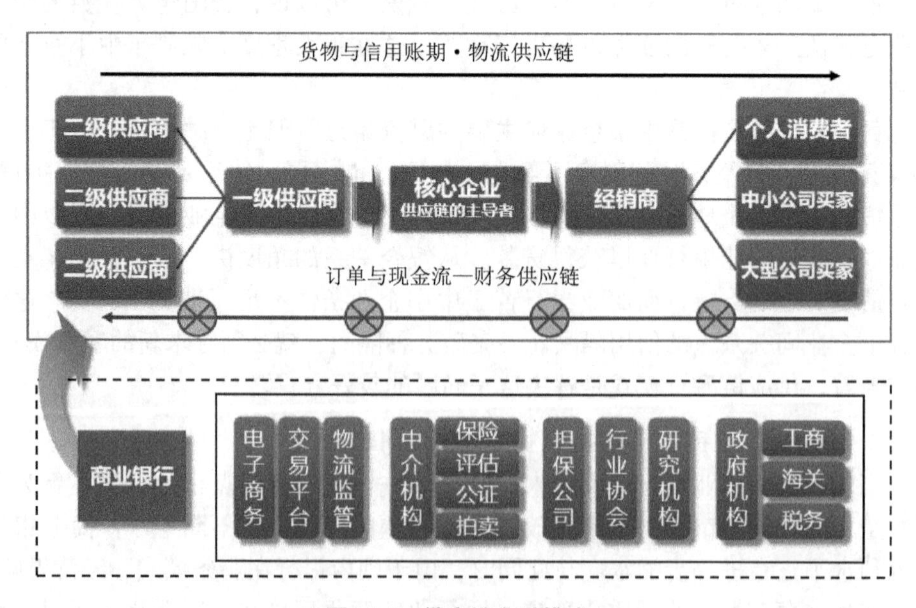

图 11-4 供应链金融模式

供应链金融与传统的保理业务及货押业务（动产及货权抵/质押授信）非常接近。但有明显区别，即保理和货押只是简单的贸易融资产品，而供应链金融是核心企业与银行间达成的，一种面向供应链所有成员企业的系统性融资安排。

11.1.2.2 供应链金融与传统金融借贷的差异

供应链金融是一种集物流运作、商业运作和金融管理于一体的管理行为和过程，它将贸易中的买方、卖方、第三方物流以及金融机构紧密地联系在一起，实现了用供应链物流盘活资金，同时用资金拉动供应链物流的作用。

供应链金融之所以具有独特性，就在于其在管理要素、业务流程和组织结构方面能够较好地解决中小微企业特别是成长型中小企业因为经营不稳定、信用不足、资产欠缺等因素导致的融资难问题。两者的区别如表 11-1 所示。

表 11-1 供应链金融与传统金融借贷之间的区别

区别	传统金融借贷	供应链金融
管理要素	以“好的资产负债表”为基础，对企业以往的财务信息进行静态分析，依据对授信主体的孤立评价做出信贷决策	供应链金融评估的是整个供应链的信用状况，从而加强了对债项本身的结构控制
业务流程	传统的金融借贷是一种简单的资金借贷关系，以一款或几款生硬、机械的产品“水平式”覆盖不同细分市场及交易链条上的各个节点、各个交易主体的需求	根据交易对手、行业规则、商品特点、市场价格、运输安排等交易条件，为供应链上不同交易层次和交易地位的交易主体量身定制专业金融解决方案。
组织结构	参与主体一般只有商业银行等信贷机构和中小微企业双方，有些也需要第三方担保人的参与	不仅仅有金融机构、融资企业，还包括供应链上的参与企业、其他服务型企业以及第三方与第四方物流企业

11.1.2.3 供应链金融的好处

1. 企业融资新渠道

供应链金融为中小企业融资的理念和技术瓶颈提供了解决方案，中小企业对于信贷融资市场不再是可望而不可及。

供应链金融开始进入很多大型企业财务执行官的视线。对他们而言，供应链金融作为融资的新渠道，不仅有助于弥补被银行压缩的传统流动资金贷款额度，而且通过上下游企业引入融资便利，自己的流动资金需求水平持续下降。由于产业链竞争加剧及核心企业的强势，赊销在供应链结算中占有相当大的比重。企业通过赊账销售已经成为最广泛的支付付款条件，赊销导致的大量应收账款的存在，一方面让中小企业不得不直面流动性不足的风险，企业资金链明显紧张；另一方面，作为企业潜在资金流的应收账款，其信息管理、风险管理和利用问题，对于企业的重要性也日益凸显。在新形势下，盘活企业应收账款成为解决供应链上中小企业融资难题的重要路径。一些商业银行在这一领域进行了卓有成效的创新，如招商银行的应收应付款管理系统、网上国内保理系统就是一个备受关注的创新。该系统能够为供应链交易中的供应商和买家提供全面、透明、快捷的电子化应收账款管理服务及国内保理业务解决方案，大大简化传统保理业务操作时所面临的复杂操作流程，尤其有助于优化买卖双方分处两地时的债权转让确认问题，帮助企业快速获得急需资金。

2. 银行开源新通路

供应链金融提供了一个切入和稳定高端客户的新渠道，通过面向供应链系统成员的一揽子解决方案，核心企业被“绑定”在提供服务的银行。

通过供应链金融，银行不仅跟单一的企业打交道，还跟整个供应链打交道，掌握的信息比较完整、及时，银行信贷风险也少得多。在供应链金融这种服务及风险考量模式下，由于银行更关注整个供应链的贸易风险，对整体贸易往来的评估会将更多中小企业纳入到银行的服务范围。即便单个企业达不到银行的某些风险控制标准，但只要这个企业与核心企业之间的业务往来稳定，银行就可以不只针对该企业的财务状况进行独立风险评估，而是对这笔业务进行授信，并促成整个交易的实现。

3. 经济效益和社会效益显著

供应链金融的经济效益和社会效益非常突出，借助“团购”式的开发模式和风险控制手段的创新，中小企业融资的收益—成本比得以改善，并表现出明显的规模经济。

11.1.2.4 供应链金融的特征

1. 基于现代供应链管理

现代供应链管理是开展供应链金融的基础，供应链金融是基于现代供应链管理衍生出来的一种金融性服务。开展供应链金融业务，不光要看融资企业的基本信息，更重要的是看它在整个供应链网络中的贸易情况，在现代供应链管理的背景下，能够更加客观地判断中小企业的运营能力和抗风险能力，以此来判断为中小企业融资的规模和风险。

2. 借助信息技术和大数据分析

借助大数据技术的分析能力对融资企业进行全面的、整体性的评价，是开展供应链金融业务的技术前提。通过大数据的收集和分析，不仅需要评价融资企业本身情况，还要分析它所在的供应链，以及该企业所在行业的整体情况。比如，分析行业的时候，需要考虑到宏观的经济环境、政策、行业现状、发展前景这些因素；分析供应链网络的时候，要了解这个供应链的市场竞争状况，要融资的企业在供应链中的地位、与其他企业的关系；分析企业自身的时候，要了解它的生产运营情况、资产结构。

3. 闭合式资金运作

闭合式资金运作是开展供应链金融业务的刚性要求。供应链金融一般是针对某一交易中涉及的物流、商流等要素进行的融资活动，这样就能把一次交易中的每个业务环节拆解，按照每个具体的业务环节逐笔审核放款，以此保证资金的运用被限制在可控范围之内，确保对融资形成的未来现金流的回收与监管。

4. 构建商业生态系统

开展供应链金融业务需要构建商业生态系统。在这个商业生态系统中，不同的主体都由各自的利益驱动，它们各司其职、相互合作、资源共享、互利共存。如果缺乏这样的一个生态系统，相关主体之间就会缺乏有效的沟通和分工，供应链金融活动就很难开展。

5. 服务于成长型中小企业

成长型的中小企业是供应链金融业务的主要服务对象。在供应链运作的过程中，存在资金缺口的主要是中小企业，供应链金融的主要作用就是补足中小企业的资金缺口，使供应链上下游企业间的交易更为顺畅，提升供应链网络的整体竞争力。

11.2 供应链金融模式

供应链金融的三种传统表现形态为应收账款融资、库存融资以及预付款融资。

11.2.1 应收账款融资

当上游企业对下游企业提供赊销，导致销售款回收放缓或大量应收账款回收困难，上游企业资金周转不畅，出现阶段性的资金缺口时，可以通过应收账款进行融资。

应收账款融资模式主要指上游企业为获取资金，以其与下游企业签订的真实合同产生的应收账款为基础，向供应链企业申请以应收账款为还款来源的融资。应收账款融资在传统贸易融资以及供应链贸易过程中均属于较为普遍的融资方式，通常银行作为主要的金融平台。

在供应链贸易业务中，供应链贸易企业在获得保理商相关资质后亦可充当保理商的角色，所提供的应收款融资方式对于中小企业而言更为高效、专业，可省去银行的繁杂流程且供应链企业对业务各环节更为熟知，同时在风控方面针对性更强。

应收账款融资一般流程：在上下游企业签订买卖合同形成应收账款后，上游企业（供应商）将应收账款单据转让至供应链企业，同时下游客户对供应链企业作出付款承诺，随后供应链企业给供应商提供信用贷款以缓解阶段性资金压力，当应收款收回时，融资方（即上游企业）偿还借款给供应链企业。通常应收账款融资存在以下几种方式。

1. 保理

保理是指通过收购企业应收账款为企业融资并提供其他相关服务的金融业务或产品。具体操作方法为：保理商（拥有保理资质的供应链企业）从供应商或卖方处买入通常以发票形式呈现的对债务人或买方的应收账款，同时根据客户需求提供债务催收、销售分户账管理以及坏账担保等。

应收账款融资可提前实现销售回款，加速资金流转，一般也无需其他质押物和担保，能够大大减轻买卖双方的资金压力。

保理业务期限一般在 90 天以内，最长可达 180 天。保理通常分为有追索权保理和无追索权保理。其中，无追索权保理指贸易性应收账款，通过无追索权形式出售给保理商，以获得短期融资，保理商需事先对与卖方有业务往来的买方进行资信审核评估，并根据评估情况对买方核定信用额度；有追索权保理指到期应收账款无法回收时，保理商保留对企业的追索权，出售应收账款的企业需承担相应的坏账损失，在会计处理上，有追索权保理视同以应收账款为担保的短期借款。

保理业务的一般操作流程是：保理商与客户即卖方签订一个保理协议，卖方将通过赊销产生的合格应收账款出售给保理商。签订协议之后，对于无追索权的保理，需要对与卖方有业务往来的买方进行评估，并给一个核定的信用额度。对于这部分应收账款，当买方无力付款的时候，保理商可以收回其提供的融资。保理的业务流程如图 11-5 所示。

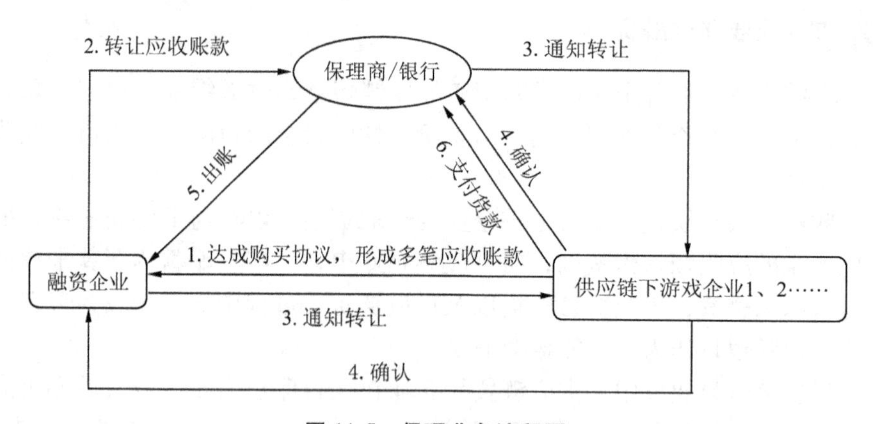

图 11-5　保理业务流程图

2. 保理池

保理池一般指将一个或多个具有不同买方、不同期限以及不同金额的应收账款打包一次性转让给保理商，保理商再根据累计的应收账款情况进行融资放款。保理池有效整合了零散的应收账款，同时免去多次保理服务的手续费用，有助于提高融资效率，但同时对保理商的风控体系提出更高要求，需对每笔应收款交易细节进行把控，避免坏账风险。

3. 反向保理（逆保理）

供应链保理商与资信能力较强的下游客户达成反向保理协议，为上游供应商提供一揽子融资、结算方案，主要针对下游客户与其上游供应商之间因贸易关系所产生的应收账款，即在供应商持有该客户的应收账款时，得到下游客户的确认后可将应收账款转让给供应链保理商以获得融资。反向保理与一般保理业务的区别主要在于信用风险评估的对象转变。

11.2.2 存货融资

存货融资主要指以贸易过程中的货物进行的抵质押融资。一般发生在企业存货量较大或库存周转较慢，导致资金周转压力较大的情况下，企业利用现有货物提前套现资金。存货融资的表现形式主要有以下三种方式。

1. 静态抵质押

静态抵质押指企业以自有或第三方合法拥有的存货为抵质押的贷款业务。该方式下，供应链企业可委托第三方物流公司对客户提供的抵质押货品实行监管，以汇款方式赎回。通过静态货物抵质押融资，企业可以盘活积压存货的资金，以扩大经营规模。静态抵质押授信业务流程如图 11-6 所示。

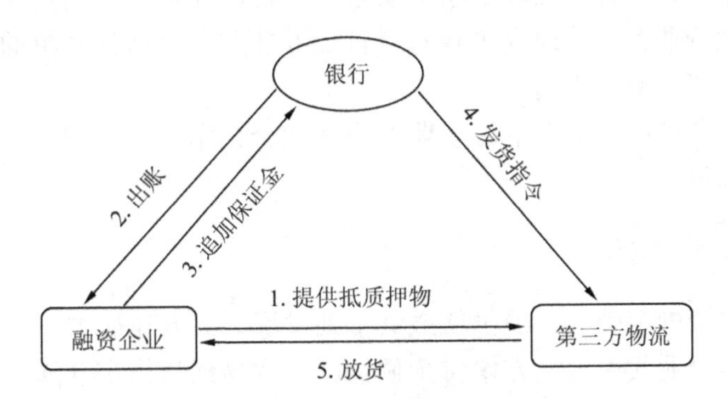

图 11-6　静态抵质押授信业务流程图

2. 动态抵质押

动态抵质押指供应链企业可对用于抵质押的商品价值设定最低限额，允许限额以上的商品出库，企业可以货易货。该方式一般适用于库存稳定、货物品类较为一致以及抵质押货物核定较容易的企业。对于一些进出频繁、难以采用静态抵质押授信的客户的存货，也可应用该产品。

对于客户而言，由于可以以货易货，因此抵质押设定对生产经营活动的影响相对较小。特别是对于库存稳定的客户而言，在合理设定抵质押价值底线的前提下，授信期间几乎无须启动追加保证金赎货的流程，因此对盘活存货的作用非常明显。对银行而言，该产品的保证金效应相对小于静态抵质押授信，但是操作成本明显小于后者，因为以货易货的操作可以授权第三方物流企业进行。动态抵质押授信业务流程如图 11-7 所示。

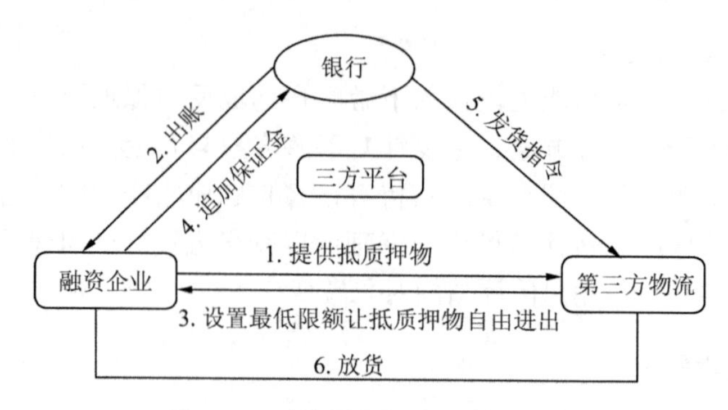

图 11-7 动态质押授信业务流程图

3. 仓单质押

仓单质押分为标准仓单质押和普通仓单质押，两者区别在于质押物是否为期货交割仓单。标准仓单质押是指企业以自有或第三人合法拥有的标准仓单为质押的融资业务。这种质押方式适用于通过期货交易市场进行采购或销售的客户以及通过期货交易市场套期保值、规避经营风险的客户，手续较为简便、成本较低，同时具有较强的流动性，可便于对质押物的处置。

普通仓单质押指客户提供由仓库或第三方物流提供的非期货交割用仓单作为质押物的融资业务。普通仓单具有有价证券性质，对出具仓单的仓库或第三方物流公司的资质要求很高。

在供应链业务中，因上下游企业的协调配合，库存周转较快，以库存融资的情况较为少见。

11.2.3 预付款融资

在存货融资的基础上，预付款融资得到发展，买方在交纳一定保证金的前提下，供应链企业代为向卖方议付全额货款，货物到达指定仓库后设定抵质押为代垫款的保证。

在产品销售较好的情况下，库存周转较快，因此资金多集中于预付款阶段，预付款融资时间覆盖上游排产以及运输时间，有效缓解了供应商的流动资金压力，货物到库可与存货融资形成“无缝对接”。一般在上游企业承诺回购的前提下，中小型企业以供应链指定仓库的仓单向供应链企业申请融资来缓解预付款压力。由供应链企业控制其提货权的融资业务，一般按照单笔业务来进行，不关联其他业务。

具体过程中，中小企业、上游企业、第三方物流企业以及供应链企业共同签订协议，一般供应链企业通过代付采购款方式对融资企业融资，购买方直接将货款支付给供应链企业。预付款融资方式多用于采购阶段，其担保基础为购买方对供应商的提货权。目前国内供应链贸易企业中常用的方式为先票/款后货贷款，其业务流程如图 11-8 所示。在供应链贸易业务中，供应链企业可提供预付款融资服务，尤其在较为成熟的供应链中，当中小企业在采购阶段出现资金缺口时，向供应链贸易企业缴纳保证金并提供相关业务真实单据，供应链贸易企业在对商业供应商进行资质核实后，代替中小企业采购货物，并掌握货权，随后由中小企业一次或分批次赎回。

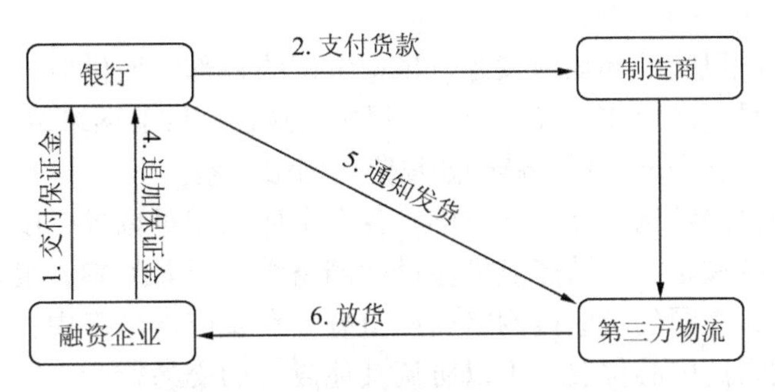

图 11-8　先票/款后货贷款业务流程图

按照中小企业与供应链企业具体协议以及双方合作情况，货物可由供应商直接运送至中小企业或运送至供应链贸易企业指定的仓库，而此时，供应链贸易企业可在采购甚至物流、仓储以及销售阶段实质性掌握货权。

11.3 供应链金融风险管控

供应链金融风险是指商业银行和第三方物流公司在对供应链企业进行融资过程当中，由于各种事先无法预测的不确定因素带来的影响，使供应链金融产品的实际收益与预期收益发生偏差，或者资产不能收回从而遭受损失的可能性。

11.3.1 供应链金融的风险因素

供应链金融作为供应链参与者之间依托金融资源实现商流、物流结合的一种创新行为，必然会受到各种影响供应链运营因素的影响，并且对险资量、融资周期和融资费率产生作用。具体来讲，影响供应链金融风险的因素按照不同的来源和层次划分，可以分为供应链金融环境风险、供应链金融网络风险和供应链金融主体风险三大类。

1. 供应链金融环境风险

供应链金融的环境因素也叫系统性风险因素，主要来自环境变化。比如经济周期、政策导向、市场变化以及天灾、战争等人力不可抗因素。这些因素会对供应链中的商流、物流、资金流产生影响，导致融资风险。

比如，经济周期这种宏观经济趋势谁都没法预测，有些企业会因为之前太激进，到了衰退期顶不住，引发倒闭破产，风险由此发生。

又如，国家对某行业或某领域的政策导向和监管制度。要避免在监管制度不全的领域发展供应链金融业务，出了事不好处理，风险很大。对于政策限制的行业，融资要谨慎；而对于国家鼓励的行业，成长空间比较大，可以积极融资。

2. 供应链金融网络风险

供应链金融风险的环境因素源自供应链网络外部，而供应链金融风险的网络因素来源于供应链协作系统本身。这里主要从供应链的网络结构、业务流程、管理要素三个方面来分析供应链金融风险的网络因素。

供应链的网络结构，是指供应链中各个主体的相对位置，以及各主体之间是一种什么样的关系。不同产业供应链的网络结构千差万别，很多时候产业之间也存在接口，不同的供应链网络交织重叠。在供应链网络中，如果焦点企业处在供应链网络的中心位置，可以协调其他成员的交易行为，这个供应链网络的集中度就比较高；如果供应链网络中没有处于核心的焦点企业，那么这个供应链网络的结构就比较分散。一般来说，网络结构越集中，风险越小；网络结构越分散，风险越大。

供应链的业务流程，是指供应链上下游企业之间与交易相关的各种业务的方式和过程。比如订货方式、发货方式、货款周期，这些都涉及各种具体的业务操作。有时候一个关键的业务流程，或者流程上的某个环节没处理好，都会给整个融资过程带来很大的风险。比如，对质押库存的监管、对物流过程的追踪、对某个商业票据的审核，这些环节的操作疏漏都可能导致融资失败，甚至血本无归。

供应链的管理要素，是指供应链中企业拥有的资源状态。这些要素分成有形和无形两种。有形要素体现在物质和技术方面，比如企业的动产、人员、机械设备；无形要素体现在企业的能力方面，比如企业的研发、管理，对市场的快速反应。这些要素是供应链金融中融资活动的抓手，如果融资的管理要素出了问题，融资自然会出问题。比如，一家企业用自己的库存做抵押向银行申请库存融资，如果融资的周期比较长，在这段时间内产品的市场价格可能会出现波动，从而给融资带来风险。

3. 供应链金融主体风险

供应链金融的主体风险，是指直接参与供应链融资的企业导致的风险。这里既包括非核心企业，也包括核心企业。分析供应链金融主体风险的目的，是为了防范这些企业的机会主义行为。有些企业的资信不佳，在后面的操作中可能存在不良的行为，有些企业的商品以次充好。因此，供应链金融的主体风险，要分析哪些是需要融资的企业，然后再看它的上下游客户，既要分析他们的运营情况和掌握的资源，还要分析它们的信用资质。

企业的资质代表企业获得资源的能力，以及在行业内的地位。比如，企业的生产能力和市场份额具不具备抵御外界风险的能力，如果这些方面能力有限，金融机构就要对融资量、融资周期、融资成本慎重考虑，甚至还要考虑给不给它融资。同时，考察企业的上下游交易对象也同样重要，这一点很多时候会被忽视。

对融资企业进行一定的财务状况分析也是有必要的，比如企业的盈利率、资金运作效率等指标。如果财务表现大大超过了行业的平均水平，就要小心了。另外，对企业的资产状况做全面分析尤其重要，金融机构要了解各项资产的流动性状况，分析资产的流动性能不能满足企业的正常运营。企业用资产抵押获得的融资量、融资周期和融资成本，能不能跟资产流动性和企业经营目标吻合，这些都是要通过财务报表进行审核。

对主体运营状况的监管，特别是对其融资中的物流监管尤为重要，因为物流经常会影响到商流和信息流，最终体现在资金流上。另外分析企业的履约能力也很重要，履约能力就是偿还融资的潜力。对于成长型的中小企业来说，可以从盈利水平、产品的技术成熟度、产品质量、市场稳定性等方面来分析。供应链融资的过程往往涉及不同的组织方和协调方，多个主体之间的协调互助，共同构成了供应链融资业务的流程。

11.3.2 供应链金融业务的风险管控措施

1. 创建独立的风险管理体系

健全的风险管理组织体系是实现全方位、全过程风险管理的组织保障，也是完备的风险管理制度和科学的风险管理流程的基础载体。因为供应链金融业务具有与传统信贷业务不同的风险特征，所以在对其进行风险管理时，要创建独立的风险管理体系。把供应链金融业务的风险管理系统独立出来，可以使风险管理系统的整体运行更有效率。

2. 审慎选择拟授信的供应链群

供应链金融业务以供应链群体企业之间良好的合作关系为信用风险管理的主线，优势行业与畅销产品是维护良好的供应链合作关系的前提，也是银行有效控制供应链金融业务信用风险的重要前提。

银行应事先选择允许开展供应链融资的行业和产品，将贷前的市场准入作为控制供应链信用风险的第一道防线。

3. 建立灵活快速的市场商品信息收集和反馈体系规避产品市场风险

买方市场时代，产品的质量、更新换代速度、正负面信息的披露等，都直接影响着质押商品的变现价值和销售。因此，物流企业和银行应根据市场行情正确选择质押物，并设定合理的质押率。

一般来讲，选取销售趋势好、市场占有率高、实力强、知名度高的产品作为质押商品，并对其建立销售情况、价格变化趋势的监控机制，及时获得真实的资料，避免由于信息不对称引起对质押货物的评估失真，从而控制市场风险。

4. 强化内部控制防止操作风险

操作风险主要源于内部控制及公司治理机制的失效。贷后管理是供应链金融业务中重要的一步，发生操作风险的概率比传统信贷业务要高，这就要求银行成立专门部门负责贷后跟踪与对质押物的管理。质押物管理环节多由物流公司或仓储公司负责，银行要加强与这些企业的联系，注意对其资格的审查，并且随时进行抽查。

具体来说，就是要督促物流企业不断提高仓库管理信息化水平，并制订完善的办理质物入库、发货的风险控制方案，加强对质物的监管能力；有针对性地制定严格的操作规范和监管程序，杜绝因内部管理漏洞和不规范而产生的风险。

5. 明确各方的权利义务，降低法律风险

供应链金融业务涉及多方主体，质押物的所有权在各主体间进行流动，很可能产生所有权纠纷，加之该业务开展时间较短，目前还没有相关的法律条款可以遵循，也没有行业性指导文件可以依据。因此，在业务开展过程中，各方主体应尽可能地完善相关的法律合同文本，明确各方的权利义务，将法律风险降到最低。

思考题

1. 如何理解供应链金融？
2. 供应链金融与传统的借贷有哪些区别？
3. 概述供应链金融的几种模式。
4. 供应链金融的风险因素有哪些？
5. 供应链金融的风险管控措施有哪些？

案例分析

华能智链公司的穿透式供应链金融

华能智链公司于2016年1月1日成立，它是我国电力行业央企巨头中国华能集团（世界500强企业）旗下唯一的供应链创新与应用示范企业，也是华能集团物资供应中心的核心载体。

2016年，公司围绕能源安全新战略，上线电子商务平台——华能大宗，实现在线交易；2018年，公司获得无车、无船承运人资质和保理牌照，构建穿透式物流供应链，打造供应链金融集成服务平台——华能智链；2021年，依托物联网、云计算、大数据、区块链、人工智能等新一代信息技术，构建了集招标、采购、销售、物流、金融为一体的千亿级能源智慧供应链金融综合一体化科技平台。该平台以供应链金融为抓手、以场景管理为基石、以数智科技为引擎，着力整合商流、物流、信息流、资金流各方供应链资源，以实现资源及要素优化配置。目前该平台业务遍布全国30多个省市、6 000余家电力上下游企业、20余万家认证服务商，提供涵盖风电、光伏、火电、水电等领域10多种大类和70多万种物资的全生命周期、全模式、全状态、全场景、全方位支撑的“五全”一站式供应链金融服务。下面重点介绍华能智链公司的供应链金融集成服务平台——华能智链。

2019 年 6 月，华能智链公司正式上线穿透式供应链金融集成服务平台——华能智链。华能智链以物流为基石，以供应链金融为手段，以电商平台为引擎，建立了以智能寻源、智能预警、智能制造、智能配送等为代表的“智”系列微产品库，打通采购、运输、仓储、融资、销售等各环节，利用金融手段为产业链成员提供全流程穿透式集成服务。该平台打造了“能购”“能运”“能融”“能售”“能云”的“五能”供应链金融服务体系，其中“能融”居于核心地位。这种外部市场内部化的做法实现了全生命周期的物资采购、全状态的智慧物流、全场景的资金融通、全流程的物资售卖和创新式的科技服务，有效规避了市场风险，保证了电力物资供应和财务指标的顺利实现。

公司“能融”系统着力打造从原材料供给端开始的“N+1+N”全产业链融资模式，通过核心企业的信用背书，保证上下游企业获得融资，满足产业链上各环节的资金需求，打通整条产业链资金流，使得资产端与资金端完成高效低成本的匹配，降低整体融资成本，解决上下游企业融资贵、融资难的问题。

采购环节融资的典型产品是“易来茂”，主要给规模较小、难以获得采购低价和融资的中小供应商提供融资服务。由于易来茂掌握中小企业的交易数据、应收账款等数据资源，以此为基础进行授信，比银行授信容易得多，从而快速完成授信，缓解中小供应商的采购资金压力，降低采购成本，同时加速资金流动，在原本一次冗长的交易时间里完成多次交易，提升资源整合速度。

物流环节的融资主要有两种形式：一是数字仓单质押融资。当货主或收货企业有融资需求，以货物为抵押时，平台可以线上监测资产状态，开具数字仓单，而贷款方可以此数字仓单作为资产凭证，向华能智链融资平台请求授信。这一流程减少了时间成本和人力成本，同时云平台的全程监测避免了货物以次充好，骗取贷款的可能性，使得质押更具保障。二是新能源重卡融资租赁。主要是由融资租赁平台贷款购入新能源重卡，并向运输公司租赁。运输公司通过重卡的使用获得营业收入，向融资租赁平台支付租金，融资租赁平台用租金偿还贷款。这一业务可以有效缓解使用清洁能源的运输公司的还款压力。

销售环节的融资主要是保理业务。例如，销售商 B 付出一部分手续费和货款的时间价值申请保理业务，拟通过转让应收账款，提前获得资金；而公司收到其申请后凭借保理云平台的数据库分析 B 应收账款的可收回额，对其进行贷款资格审查，如果通过则对 B 提供资金支持。这种模式可将集团内供应链核心企业优质主体信用多级传递至上游供应链，防范信用风险并加快业务流通速度。

（资料来源：刘雪梅，等．珠联“智”合：华能智链公司穿透式供应链金融的慧升级［R］．中国管理案例共享中心案例库，内容有改动。）

案例思考

华能智链公司为什么要建立穿透式供应链金融集成服务平台？

能力训练

【训练内容】根据案例分析材料，绘制华能智链公司供应链金融流程图，并说明其运作过程。

【训练目的】通过训练使学生加深对供应链金融与供应链金融运作知识的理解。

【训练安排】将学生按 4~6 人划分为一个小组，进行适当的任务分工。以小组为单位收集整理相关资料，绘制华能智链公司供应链金融流程图，说明其运作过程，提出其供应链金融运作的优化建议，并制作 PPT 及电子文档进行汇报。教师可组织小组讨论，根据小组讨论情况给予点评。

第 12 章

供应链风险管理

学习目标

1. 掌握供应链风险的含义与分类；
2. 理解供应链风险管理过程；
3. 理解供应链风险识别及评估方法；
4. 掌握供应链风险管理的策略。

引导案例

华为的供应链风险防范与管控

华为技术有限公司（简称华为）作为一家知名跨国企业，其独特的供应链系统在跨国公司中名列前茅。本案例主要分析华为的供应链结构以及华为在供应链风险方面的防范与管控策略。

一、华为供应链结构分析

近年来，华为布局在全球的供应链呈现多元化的发展态势，并逐步形成了“产—研—购—销”一体化的全产业化供应链生态系统。2018 年，华为在全球范围内建立合作伙伴关系的企业已超过万家，其中美国地区的供应商涉及英特尔、高通等 33 家美国知名企业，占核心供应商的 35.9%，中国大陆地区核心供应商包括立讯精密、比亚迪、瑞声科技等，占比 27.1%。华为的供应链涉及上游制造到下游销售各个环节，分布在半导体、电子元器件、生产加工、采购、物流运输、个体销售等领域，形成了产品研发、市场管理、客户服务、集成供应链、客户关系的五位一体的供应链管理结构。

同时，华为有三大战略事业部门，分别负责运营商业务、消费者业务和企业业务，这大三战略事业部门分别针对不同的客户和业务类别，进行不同的供应链分工。并且华为不同于其他跨国企业进行面向消费者的业务模式，而是构建一条面向运营商的“泛网供应链管理系统”，这个“泛网供应链管理系统”将生产制造、集成设计、物流供应、采购销售等项目分配给不同的单位处理，极大地提高了生产效率，减少了供应链中各个环节中向上下游沟通所需要的时间成本。

总体来说，华为的供应链管理组织形式是基于大数据平台下的 IT 业务系统，将整个供应链流程分层化、部门化、系统化，通过设立不同的管理部门，将各个环节有序安排、整体规划处理，从而减少各个环节可能出现的沟通不畅以及各部门分工不明确等问题。

二、华为供应链的风险分析

1. 生产研发方面

在电信行业中，只有一直在技术层面领先的企业才可以独树一帜，但是随着信息技术和大数据的发展，通信技术的发展越来越快，而 5G 研发是华为现如今主打的研发战略，虽然目前华为在 5G 行业一家独大，但三星、高通、爱立信等企业也同时进行着 5G 产品的生产与研发，所以华为只有不断进行技术突破才可以做到供应链的可持续发展。

2. 运营商方面

运营商“管道化”以及运营商业务“基础设施化”使得国内外许多供应商“增量不增收”。随着运营商的不断衰落，设备采购价格难免受到影响从而产生价格挤压，而华为的业务仍以面向运营商为主，大约占华为年收入的 65% 左右。这样一种大幅度依赖运营商的设备采购活动，使得华为对于运营商产业衰退的现象，只能积极寻求转变，寄希望于“一带一路”倡议以及亚洲基础建设投资银行的举措。

3. 物流订单交货率方面

华为在供应链的物流管理方面，与国内其他电信企业存在较大差异。根据数据统计，华为的订单交货率仅可以达到 50%，然而全球其他电信设备制造商的平均交货率均在 94% 以上。与此同时，国际上其他供应商的库存周转率为 9.4 次/年，而华为仅有 3.6 次/年。因此华为在供应链中游的物流方面以及库存周转方面存在一定风险。

4. 电子消费业务方面

华为虽然有其独有的芯片系统，但在芯片相关领域对美国的依赖仍然很大。在美国发布对华为限制令之后，华为供应链上游的研发、生产环节所需的芯片受到大幅度限制，严重阻碍了华为高端产品的生产。

三、华为供应链风险防范与管控策略

1. 提高创新能力，补齐发展短板

面对供应链上游出现的芯片短缺，半导体材料不足的现状，华为围绕产业链突出短板，利用省级实验室和我国众多大数据研究中心的现有资源，进行高端芯片的研发制造。华为大量引进国内外生产研发环节的高新技术，并开展与日本、韩国等国家和地区的创新合作，提高华为供应链上游的创新能力。华为重点引入 ARM（芯片 IP 核架构）、台积电（芯片制造）、日月光（IC 封测）等企业到广东华为研究中心建立研发机构，并对于满足条件的技术专利，给予省属科研机构同等待遇。这样，华为大大提高了其供应链上游关于生产、研发、创造的能力，减少了因芯片问题以及其他原料短缺等问题带来风险的可能。

2. 加强供应链物流风险控制

在整个供应链中，物流环节可能受到影响的风险因素较多，也是最难管控的环节，由于华为在交货率以及库存周转率方面与其他电信设备制造商相比差距仍较为明显，因此，近年来华为云沉淀华为自身供应链实践经验，利用云计算、大数据、物联网和人工智能等数字技术构建具有竞争力的物流解决方案，强化数据连接，打通生产、运输、仓储、分销等供应链信息流，降低多个环节的物流成本，并提高物流管理效率，助力物流业务向数字化、智能化转型升级，形成了智能物流运营中心（IOC）。

3. 培养国际化团队

企业在国际化扩张过程中，不仅要着眼于供应链硬实力的增强，而且要注重供应链环节软实力的提升。华为除了在供应、采购、物流层面建立地区中心外，还大力发展强化海外供应链本地化战略，华为从东道国当地招聘大量员工，并对其进行培训，使外籍员工更快、更好地融入供应链各个环节，加强供应链一体化沟通与合作。同时，华为在海外招收大量具有管理经验、管理能力的外籍高管，从而提升管理层的整体素质和能力。截至 2021 年 12 月底，华为公司已经在全球 170 多个国家和地区拥有超过 4 万名外籍员工，已经大体构成了供应链软实力人才链，并初步实现了供应链人才国际化战略。

（资料来源：李博渝，等．华为供应链风险防范与管控研究［J］．物流科技，2022 45（19）：137-139，内容有改动。）

案例思考

结合案例材料，说说华为供应链风险主要有哪些方面？华为供应链风险采取了哪些防范策略？你还有哪些建议？

12.1 供应链风险管理概述

12.1.1 供应链风险管理的含义

中华人民共和国国家标准《供应链风险管理指南》（GB/T 24420—2009）对风险的定义为：“不确定性对目标实现的影响。”任何在未来结果上包含不确定性要素的交易或工作都携带着风险要素。

对于供应链来说，供应链所面临的市场竞争环境也存在着大量的不确定性，而不确定性就会产生风险。供应链在资源可用性、技术、市场准入等方面，为企业提供了许多的机会，但它也大大增加了对关键资源（人力资源、原材料）、运输能力及其他因素的依赖，从而增加了供应链的风险。此外，经济全球化使供应链发生巨变，这使供应链风险管理变得更为复杂。在供应链中，由于物资经由供应链流经供应商、生产商、经销商到消费者，产生商流、物流、信息流、资金流，涉及生产、加工、检测、组装、储存、运输、装卸、搬运、包装、配送、展示、验收、信息处理等诸多过程，其中任一环节出现问题都会造成供应链的风险，影响其正常运作。因此，供应链风险管理是一个复杂的端到端的问题。故而美国供应链管理协会将供应链风险管理（Supply Chain Risk Management）定义为：系统地识别、评估和量化潜在的供应链中断，以控制风险的危害或者减少其对供应链绩效的消极影响。

12.1.2 供应链风险的类型

12.1.2.1 按供应链风险的来源划分

供应链风险的来源分为内生风险和外来风险。

1. 供应链内生风险

（1）道德风险。道德风险是指由于信息的不对称，供应链合约的一方从另一方那儿得到剩余的收益，使合约破裂，导致供应链的危机。在整个供应链管理环境中，委托人往往比代理人处于一个更不利的位置，代理企业往往会通过增加信息的不对称，从委托合作伙伴那儿得到最大的收益。

（2）信息传递风险。由于每个企业都是独立经营和管理的经济实体，供应链实质上是一种松散的企业联盟，当供应链规模日益扩大，结构日趋繁复时，供应链上发生信息错误的机会也随之增多。

（3）生产组织与采购风险。现代企业生产组织强调集成、效率，这样可能导致生产过程刚性太强，缺乏柔性，若在生产或采购过程的某个环节上出现问题，很容易导致整个生产过程的停顿。

（4）分销商的选择产生的风险。分销商是市场的直接面对者，要充分实施有效的供应链管理，必须做好分销商的选择工作。在供应链中，如果分销商选择不当，会直接导致核心企业市场竞争的失败，也会导致供应链凝聚力的涣散，从而导致供应链的解体。

（5）物流运作风险。物流活动是供应链管理的纽带。供应链要加快资金流转速度，实现即时化生产和柔性化制造，离不开高效运作的物流系统。这就需要供应链各成员之间采取联合计划，实现信息共享与存货统一管理。

（6）企业文化差异产生的风险。供应链一般由多家成员企业构成，这些企业在经营理念、文化制度、员工职业素养和核心价值观等方面必然会存在一定的差异，从而导致对相同问题的不同看法，采取不一致的工作方法，最后输出不同的结果，造成供应链的混乱。

2. 供应链外来风险

（1）市场需求不确定性风险。供应链的运作是以市场需求为导向的，供应链中的生产、运输、供给和销售等都建立在对需求准确预测的基础之上。市场竞争的激化，大大增强了消费者需求偏好的不确定性，使准确预测的难度加大，很容易增加整个供应链的经营风险。

（2）经济周期风险。市场经济的运行轨迹具有明显的周期性，繁荣和衰退交替出现，这种宏观经济的周期性变化，使供应链的经营风险加大。

（3）政策风险。当国家经济政策发生变化时，往往会对供应链的资金筹集、投资及其他经营管理活动产生极大影响，使供应链的经营风险增加。

（4）法律风险。供应链面临的法律环境的变化也会诱发供应链经营风险。每个国家的法律都有一个逐渐完善的过程，法律法规的调整、修订，有可能对供应链运转产生负面效应。

（5）意外灾祸风险。地震、火灾、政治的动荡、意外的战争等，都会引起非常规性的破坏，影响到供应链的某个节点企业，从而影响到整个供应链的稳定，使供应链中的企业资金运动过程受阻或中断，生产经营遭受损失，既定的经营目标、财务目标无法实现等。

12.1.2.2 按供应链管理的层次划分

整个供应链网络的运作管理分为 3 个层次：战略层、战术层和操作层。相应地，供应链中的风险也分为 3 个层次：战略层风险、战术层风险和操作层风险。

1. 战略层风险

战略层是供应链管理中的最高层，因此战略层风险是供应链风险中最高层次的风险，也是最具危害性的风险，会对全局产生重大影响。战略层风险主要是指供应链管理人员在制定全局战略规划，如采购战略、营销战略、物流战略时由于决策失误而导致的风险，如对产品定位、市场预测不准或错误，产品设计不完善，采购计划不当等。

2. 战术层风险

战术层风险是指供应链管理人员因战术选择不当而造成的风险，如文化差异风险、利润分配差异风险、合作信任风险。

3. 操作层风险

操作层风险指在供应链运作过程中一些实际作业，如运输、配送、包装、装卸、搬运等作业发生的局部风险，与战略层风险和战术层风险相比，操作层风险影响面最小，一般只涉及相关的环节，且能及时挽救，对供应链运作的影响不大。

12.1.2.3 按供应链管理的目标划分

供应链管理的主要目标包括成本目标、时间目标和质量目标，相应的供应链风险有以下几个方面。

1. 成本风险

供应链成本风险是指供应链中各环节、各主体在成本控制上处理不好，导致成本过高，从而使供应链运作困难或受损。此处的成本是广泛意义上的成本，不仅包括原材料供应成本、制造成本、销售成本和物流成本，还包括供应链的运作成本，如合作伙伴的进入成本和退出成本、企业间的协调管理成本、信息传递成本等。

2. 时间风险

供应链管理要实现在恰当的时间，将恰当数量的恰当商品送达恰当的地点，交给恰当的客户。时间风险一般来说是由于获取信息不及时、不完整或得到错误信息引起的。供应链时间风险主要是指链上各环节或各主体在时间上把握不准而导致整个供应链受损的可能性，如发现机遇的时间较晚、研发时间紧迫、原料供应和配送延迟、生产不及时等导致最终产品上市时间延迟或销售时机错失等。

3. 质量风险

质量风险是指供应链网络中各主体、各环节在质量上没有严格把关而使供应链的运作受到影响的风险。此处的质量包括实物质量和服务质量两个方面。实物质量指供应链供应环节的原材料、零部件质量，制造环节生产的半成品、产成品质量，分销环节产品的完好状况。服务质量则包括中间各环节的供货服务质量，相关的指标有供货的及时性、准确性、完好性以及售货服务质量。

12.1.2.4 按供应链系统的构成划分

按供应链系统的构成划分，供应链中的风险可分为系统环境风险、系统结构风险、行为主体风险以及主体间的协作风险。

1. 系统环境风险

系统环境风险是指由环境因素导致的风险，具体包括自然灾害风险、政治风险、经济风险、技术风险、社会文化风险等。

2. 系统结构风险

系统结构风险是指供应链的结构设计不合理可能导致的供应链风险。如因供应链网络配送设计的不合理而导致部分地区商品缺货、商品积压等。

3. 行为主体风险

行为主体风险指参与供应链的行为主体造成的风险。供应链上的原材料供应商、生产商、批发商、零售商以及物流服务商等主体由于利益与目标的差异，对任务的理解和选择的行为方式也会不同，另外各主体的管理水平、人员素质、企业信誉也会有差异，这些都可能造成供应链行为主体风险。

4. 主体间的协作风险

协作风险指由于供应链不同参与主体间的协作关系而造成的风险。供应链作为由多个参与主体组成的复杂系统，其参与主体间若不能进行良好的沟通则必然会产生风险，具体表现形式有：合作伙伴的流动性改变，伙伴的投入、承担的风险与所得收益不一致，伙伴间信息共享机制的不健全等，可能造成信息传递失真、信用风险违约等问题。

12.1.3 供应链风险管理过程

供应链风险管理的目标包括损失前的管理目标和损失后的管理目标。损失前的管理目标是避免或减少损失的发生；损失后的管理目标则是尽快恢复到损失前的状态，两者结合在一起，就构成了供应链风险管理的完整目标。从理论上看，供应链风险管理是一般风险管理理论与供应链管理理论的交叉，紧密结合供应链系统和供应链风险的特点。供应链风险管理的全过程也叫广义的供应链风险管理，可以划分为风险识别、风险评估、风险防范和风险监控四个阶段。

1. 风险识别

风险识别就是要分析供应链的各个过程环节、每一个参与主体及其所处的环境，找出可能影响供应链的风险因素，掌握每个风险事件的特征，确定风险源及其相互关联。供应链风险识别需要足够的信息和经验。需要的信息包括企业供应链管理的历史数据、通过调查研究和信息情报搜集获得的企业外部信息等。一般来说，企业的供应链发生突变的时期是供应链风险管理的关键时期，如开发新产品、使用新的原材料、引入新的供应链合作伙伴、采用新的供应链管理信息系统、外部环境急剧变化等。

2. 风险评估

风险评估包括风险估计和风险评价。风险估计是指在对不利事件所导致损失的历史资料分析的基础上，运用概率统计等方法对特定不利事件发生的概率以及风险事件发生所造成的损失做出定量估计的过程。风险评价是指在风险识别和估计的基础上，综合考虑风险发生的概率、损失幅度以及其他因素，得出系统发生风险的可能性及其程度，并与公认的安全标准进行比较，确定企业的风险等级，由此决定是否需要采取控制措施，以及控制到什么程度。

3. 风险防范

风险防范是根据风险评估结果以及风险监视提供的信息，实施风险控制策略。风险防范是要采取果断措施，恢复供应链的正常状态。风险防范阶段有时还会修改风险管理计划甚至供应链管理计划，因为即使是最全面、最充分的风险分析和风险规划，也不可能完全正确地识别出所有的风险和可能的后果，仍需要在风险事件发生时进行处理。

4. 风险监控

风险监控是风险控制的事中控制环节。通过风险监控，可以实时监控供应链运行状态，捕捉对供应链有影响的突发事件，及时发现和预测供应链运作状况偏离预定计划目标的程度。其目的是：核对这些策略和措施的实际效果是否与预见的相同；寻找机会改善和细化风险规避计划，获取反馈信息，以便将来的对策更符合实际；对新出现及预先制定的策略或措施不见效或性质随着时间推移而发生变化的风险进行控制。

风险管理过程不是一成不变的既成顺序，其各组成部分也不是各自独立的。风险管理是一个循环往复的过程，其最明显的特征是要时刻准备处理预料之外的事件发生。供应链风险管理就是管理人员通过风险分析、风险评估，合理地使用多种管理方法、技术和手段，对可能影响供应链的各种风险因素实行有效控制，妥善处理风险事件造成的不利后果，保障供应链管理目标实现的过程。

12.2 供应链风险识别

12.2.1 供应链风险识别的定义

供应链风险识别是指供应链风险管理者通过对大量的供应链信息、资料、数据等进行系统分析，认清供应链中存在的各种风险因素，进而确定供应链所面临的风险及其性质。

供应链风险既有表现明显的风险，也有潜在的风险。对于明显的风险，管理者易于识别；而对于潜在的风险，管理者则需要付出一定的努力才能识别。隐藏的潜在风险带来的损失更大，所以识别供应链风险要剖析风险的结构性质，然后对症下药。同时，供应链是相互依存的合作链，每个企业参与合作的程度各不相同。供应链风险对各个企业的影响程度也是存在差异的。因此还需分析风险的归属，即风险的所有者。明确了风险的所有者，再分析风险是某个企业内部面对的风险，还是供应链上所有成员都必须面对的风险，有利于及时解决风险、分担风险以及公平的风险补偿。

12.2.2 供应链风险识别的方法

1. 德尔菲法

德尔菲法又称专家意见法，是一种比较简单、容易操作又很实用的方法。它是美国著名咨询机构兰德公司于 1946 年发明的。在进行风险识别时，特别是涉及原因比较复杂，影响比较重大而又无法用分析的方法加以识别的风险时，德尔菲法是一种十分有效的风险识别方法。

运用德尔菲法进行供应链风险识别一般可采取以下程序：

（1）供应链风险管理主体（机构）首先制定出风险调查方案，确定风险调查内容。

（2）聘请若干名专家，由供应链风险管理人员以发调查表的方式向他们提出问题，并提供供应链运营的有关资料。这里专家人员的组成应有不同领域的行家，提供的资料应该全面，特别是有关供应链运营流程方面的资料。

（3）专家们根据调查表所列问题并参考有关资料相应地提出自己的意见。

（4）风险管理人员汇集整理专家们的意见，再将不同意见及其理由反馈给每位专家，让他们第二次提出意见。

（5）多次反复上一流程，由风险管理人员根据实际需要决定在何时停止反复，得到基本上趋于一致的意见，最后汇总分析。

2. 财务报表法

财务报表法就是根据企业提供的财务资料来识别和分析企业每项财产和经营活动可能遭遇到的风险。财务报表法是企业使用最普遍，也是最为有效的风险识别与分析方法，因为企业的各种业务流程、经营的好坏最终体现在企业资金流上，风险发生的损失以及企业实行风险管理的各种费用都会作为负面结果在财务报表上表现出来，因此企业的资产负债表、损益表、财务状况变动表和各种详细附表就可以成为识别和分析各种风险的工具。供应链是由各企业组成的价值增值链，供应链风险的影响最终还是会反映到各成员企业中，并通过相应的财务报表反映出来，因此可借助财务报表法来识别和分析各企业中存在的风险，并通过归纳总结得到供应链的整体风险。

3. 事故树法

事故树法又叫故障树法，是分析问题时广泛使用的一种方法。它是利用图解的形式将大的故障分解成若干小的故障，或对各种引起故障的原因进行分解。由于某种原因，分解后的图形呈树枝状，故称故障树法。在对供应链风险识别时，故障树法可将整个供应链所面临的主要风险分解成若干细小的风险，也可以将产生风险的原因层层分解，排除无关因素，从而准确找到真正产生影响的风险及原因。例如，运用事故树法对供应链销售进行风险识别，如图 12-1 所示。

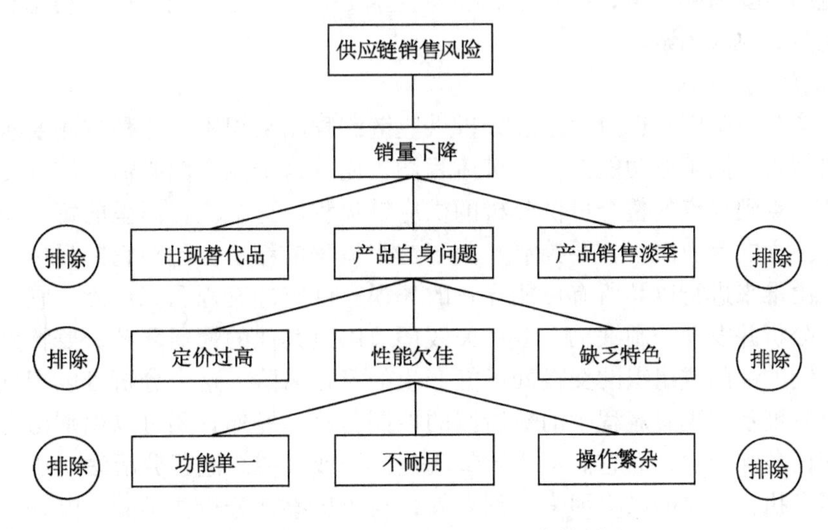

图 12-1　供应链销售风险分析（事故树法）

4. 风险问卷法

风险问卷又称为风险因素分析调查表。风险问卷法是以系统论的观点和方法来设计问卷，并发放给供应链各节点企业内部各类员工去填写，由他们回答本企业所面临的风险和风险因素。一般说来，供应链各企业基层员工亲自参与到供应链运作的各环节，他们熟悉业务运作的细节情况，对供应链的影响因素和薄弱环节最为了解，可以为风险管理者提供许多有价值的、细节的信息，帮助风险管理者识别和分析各类风险。

5. 情景分析法

情景分析法常常以头脑风暴会议的形式，来发现一系列主要的与经济、政治、技术、文化等相关的影响供应链表现的风险因素。这种方式可以识别世界将来发展的一个趋势。一旦某种趋势被识别出后，跟着就要分析这种趋势对企业及其供应链将会产生怎样的影响，然后发现一系列存在的或潜在的风险因素。从战略层次看，情景分析法对于识别由于新技术的出现、经济状况的变化等这些宏观环境所导致的风险特别有效。情景分析法也能被用在偏策略的层次来发现一些现存的风险因素，以及这些风险因素产生的影响。

6. 历史事件分析法

历史事件分析法通过分析历史风险事件来总结经验，进而识别将来可能发生的潜在风险。一般情况下，先收集一些产生不良后果的历史事件案例，然后分析总结导致这些事件发生的风险因素。这个分析过程也包括对那些在实际中没导致损失却暗示着潜在危机的事件的分析。例如，零部件出现短缺、客户需求突然发生变化、生产和产品质量发现问题等。历史事件分析法的缺点有两个：一是重大风险事件是很少发生的，本供应链中并不存在足够的风险事例用来分析；二是只能识别那些已经发生过的事件风险因素，容易忽视一些新的还没有出现过的重要风险因素，特别是那些与技术更新、行业实践与产业动态相关从没出现过的风险因素。

7. 流程分析法

供应链风险因素也可以通过分析供应链流程图来识别。这种方法要求首先绘制出展现不同事业功能的供应链流程图，而且这个流程图必需足够详尽，要包括从起点到终点的整个可供分析的供应链流程。这个流程图里的每一步都代表一个独立的事业流程，要弄清楚关于这个流程的细节，包括它的目的、如何进行、由谁来进行以及所有可能导致的失误。供应链流程图完成后，它就可以被用来分析并发现控制缺陷、潜在失效环节以及其他的薄弱环节，要特别留意那些不同的部门或组织的交接处可能产生的潜在风险。这个分析可以识别出那些并没有展示在现有流程中的被遗漏的控制程序，另外它还可以识别出那些被错置的任务和职责，而它们可能导致流程错误或失控。流程分析法对于识别那些与不良执行相关的风险因素特别有效，与历史事件分析法不同，流程分析法可以在损失实际发生之前就识别出那些潜在的风险，它也可以帮助弄清这些潜在风险对整个供应链运行将会产生的影响大小。

8. SWOT 分析法

SWOT 分析法是一种环境分析法，SWOT 是英文 strength（优势）、weakness（劣势）、opportunity（机遇）、threat（挑战）的简写。SWOT 分析的基准点是对供应链上合作伙伴的节点企业内部环境的优劣势的分析，建立在了解企业自身特点的基础之上。企业风险管理者通过分析企业内外部环境条件对企业经营活动的作用和影响，来发现风险及可能发生的损失。

12.3 供应链风险评估

12.3.1 供应链风险评估的类型

根据风险管理人员掌握的知识和信息不同以及风险事件本身的特征，可将风险评估分为确定型、不确定型和随机型三种风险评估。确定型风险是指一定会发生的风险，在评估时只要计算比较各种方案在不同状态下的后果，依次挑选出不利后果最小的方案即可。供应链管理中，在选择供应商、运输方式、配送路线、库存水平时，管理人员可以根据产品价格、运输费率、路途远近、保管费用来计算供应链的成本，选择总成本最小的方案。不确定型风险是指不知道其发生的概率，或者不知道事件发生的后果、强度和形成机理的风险，此时风险评估旨在减少不可知性。随机型风险是指发生的状态和概率都未知的风险，评估的主要内容包括选定风险的计量标度、确定风险时间发生的概率、计算风险事件各种后果的数值、确定估计数值的变化范围和限定条件。

衡量风险的大小要从风险事件发生的概率和后果两方面来考虑。风险事件的概率和后果的乘积可以定义为风险事件状态，用风险事件状态来计量风险的大小。从分析风险发生和造成损失的实际情况可以看出，人们对经常发生的风险积累了比较多的经验，会比较准确地预见风险的发生并采取相应的对策；而对不经常发生且难以预见的风险，不能有效控制风险造成的损失。

12.3.2 供应链风险评估的方法

供应链风险评估是供应链风险管理的核心步骤。供应链风险评估是在对供应链风险识别影响因素分析的基础上，构建评价指标体系，选择一定的方法建立模型，计算出供应链总体风险水平及各类风险的大小。

供应链风险评估方法一般可分为定性、定量、定性与定量相结合三类方法。有效的供应链风险评估方法一般采用定性与定量相结合的系统方法。常用的供应链风险评估方法有主观评分法、层次分析法、灰色关联法、模糊风险综合评价法等。

1. 主观评分法

主观评分法是利用专家的经验等隐性知识，直观判断供应链的单个风险并赋予相应的权重。如表12-1所示，1—10之间，10代表风险最大，然后把各个风险的权重加起来，再与风险评价基准进行分析比较。

（1）将该供应链每一节点的各个风险的权重从左至右加起来，其和值放在表最右边一列。

表12-1 主观评分法示例表

供应链节点 风险类别	Ⅰ	Ⅱ	Ⅲ	Ⅳ	Ⅴ	合计
A	5	7	9	3	4	28
B	6	5	4	8	7	30
C	3	6	4	7	8	28
D	4	5	6	7	9	31
合计	18	23	23	25	28	117

（2）将表中各类别的风险评分再从上到下加起来，其和值放在表各列对应的最下一行；将表中各节点的风险评分再从左至右累加，其和值放在最下一行的最右一列。

（3）计算最大风险权重值。用表的行数乘以列数，再乘以表中的最大风险权重，即得到最大风险权重值。表中的最大风险权重为9，因此最大风险权重值=4×5×9=180。

（4）计算供应链整体风险水平。用供应链全部风险权重之和除以最大风险权重值就是该供应链整体风险水平。该供应链的全部风险权重值和=117，则该供应链整体风险水平=117/180=0.65。

（5）设供应链整体评价基准为0.7。

（6）将供应链整体风险水平同整体评价基准相比较。由计算结果可知，该供应链的整体风险水平为0.65，小于整体风险评价基准，则该供应链整体风险水平可以接受。各个节点的风险水平，或各单个风险水平也可进行类似的比较。

2. 层次分析法

层次分析法基于评价要素选择和数据分析来处理复杂的决策问题。其基本思路是，首先明确影响决策的各种要素并确定各要素的影响程度，再通过不同要素组合的对比确定最佳要素组合，这一方法可以解决供应链分析管理的问题。

3. 灰色关联法

灰色关联分析是根据事物因素之间发展趋势的相似或相异程度，来衡量因素间关联程度的方法。该方法先分析系统中主行为因子与相关行为因子的关联系数和关联度，进而通过比较关联度的大小来判断引起该系统发展的主要因素和次要因素。它对样本量的多少没有过分要求，也不需要典型的分布规律，计算量小，而且不会出现关联度的量化结果与定性分析不一致的情况。

4. 模糊综合评价法

模糊综合评判法就是以模糊数学为基础，应用模糊关系合成的原理，将一些边界不清、不易定量的因素通过构造隶属度将其定量化，从而进行综合评价的一种方法。

模糊综合评价法不但可以将供应链风险评估中的很多定性指标定量化，而且还能很好地解决判断中的模糊性和不确定性问题。模糊综合评价法的评价结果以向量的形式得出，具备良好的可拓展性。但是通过历史经验和专家判断将定性指标量化，使得各风险值的确定缺乏理论依据。

12.4 供应链风险管理策略及防范措施

12.4.1 供应链风险管理策略

1. 建立正式的风险管理组织机构

在企业供应链管理的组织架构中，必须有风险/危机管理部门。该部门领导一般由企业最高领导者来担任，参与者以企业各职能部门负责人为主，基层员工负责日常运作事务。该机构针对未知不确定的风险因素建立危机应急工作机制，针对已知的不确定的风险因素建立风险防范工作体系，如图 12-2 所示。

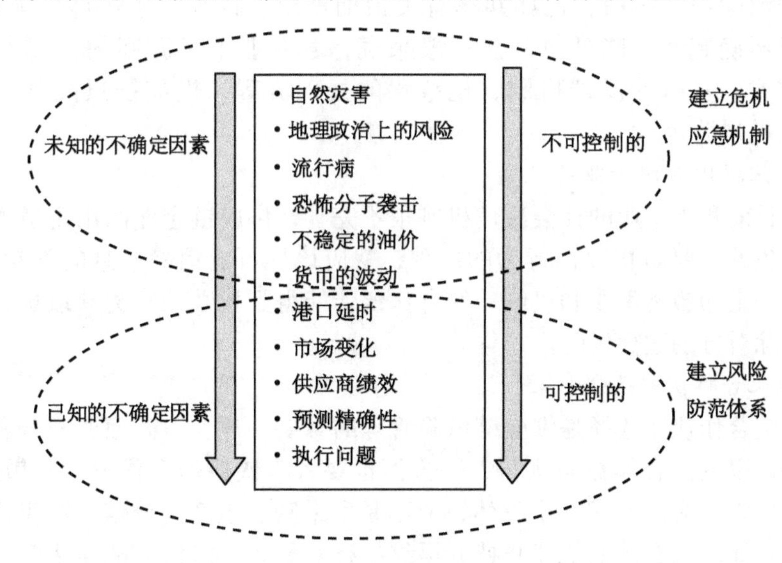

图 12-2 供应链风险管理策略

2. 确定供应链风险管理部门的职能

供应链风险管理部门的一般职能有：制定危机应急计划，系统进行风险分析；做好应对风险爆发后的“被害预测”；处理风险事件的模拟训练。

12.4.2 供应链风险管理防范措施

1. 加强节点企业的风险管理

供应链从采购、生产到销售过程是由多个节点企业共同参与而形成的串行或并行的混合网络结构。其中某一项工作既可能由一个企业完成，也可能由多个企业共同完成。供应链整体的效率、成本、质量指标取决于节点指标。由于供应链整体风险是由各节点风险传递而成，因此，通过对节点企业风险的识别与判断，进行风险调整和优化，将大大加强整个供应链的风险控制。

2. 建立应急处理机制

供应链是多环节、多通道的一种复杂的系统，很容易发生一些突发事件，必须建立相应的预警系统与应急系统。供应链管理中，对突发事件的发生要有充分的准备。对于一些偶发但破坏性大的事件，可预先制定应变措施，制定应对突发事件的工作流程，成立应变事件小组。同时，要建立一整套预警评价指标体系，当其中一项以上的指标偏离正常水平并超过某一“临界值”时，发出预警信号。在预警系统做出警告后，应急系统及时对紧急、突发的事件进行应急处理，以避免给供应链企业带来严重后果。

3. 加强信息交流与共享，提高信息沟通效率

信息技术的应用加强了企业的通信能力，很大程度上推倒了以前阻碍信息在企业内各职能部门之间流动的“厚墙”。供应链企业之间应该通过建立多种信息传递渠道、加强信息交流和沟通、增加供应链透明度、加大信息共享程度来消除信息扭曲，比如共享有关预期需求、订单、生产计划等信息，从而降低不确定性、降低风险。一般来说，若企业上下游间的信息有先进的通信方式、及时的反馈机制、规范化的处理流程，供应链风险就小；反之，供应链风险就大。

4. 加强对供应链企业的激励

由于目前我国企业的社会诚信机制很不完善，供应链企业间出现道德风险是难以避免的。要防止败德行为的出现，就应该尽可能消除信息的不对称性，积极采用一定的激励手段和机制，使合作伙伴能得到比败德行为获取更大的利益，来消除对方的败德风险。

5. 优化合作伙伴选择

供应链合作伙伴选择是供应链风险管理的重要一环。一方面要充分利用各自的互补性以发挥合作竞争优势，一方面也要考量伙伴的合作成本与敏捷性。合作伙伴应将供应链看成一个整体，而不是由采购、生产、分销、销售构成的分离的块功能。只有链上伙伴坚持并最终执行对整条供应链的战略决策，供应链才能真正发挥成本优势，赢得市场份额。

6. 重视柔性化设计，保持供应链的弹性

供应链合作中存在需求和供应方面的不确定性，柔性设计是消除由外界环

境不确定性引起的变动因素的一种重要手段。供应链企业合作过程中，通过在合同设计中互相提供柔性，可以部分消除外界环境不确定性的影响，传递供给和需求的信息。

7. 建立战略合作伙伴关系

供应链企业要实现预期的战略目标，客观上要求供应链企业进行合作，形成共享利润、共担风险的双赢局面。因此，与供应链中的其他成员企业建立紧密的合作伙伴关系，成为供应链成功运作、风险防范的一个非常重要的先决条件。建立长期的战略合作伙伴关系，要求：第一，供应链的成员加强信任；第二，加强供应链成员间信息的交流与共享；第三，建立正式的合作机制，在供应链成员间实现利益分享和风险分担；第四，加强契约规定等规范建设，促使伙伴成员以诚实、灵活的方式相互协调彼此的合作态度和行为。

8. 加强供应链文化建设，打造共同的价值观

良好的供应链文化能在系统内形成一股强大的凝聚力，增强成员企业之间的团结协作，减少不必要的矛盾冲突，从而减少内耗，并且形成一种相互信任、相互尊重、共同创造、共同发展、共享成果的双赢关系，使得供应链的成员与整体有相同的利益要求和共同的价值标准，从而维持供应链的稳定与发展。

9. 加强采购管理，优化物流配送

企业产品生产是以采购为前提的，采购既是企业内部供应链的开始，又是企业与企业之间供应链的桥梁，对于企业降低成本、提高运作效率、增强竞争力有着重要作用。采购环境的复杂多变与采购管理系统功能的弱化是采购风险形成的缘由，采购风险的防范应从供应渠道或供应商的选择与强化采购制度控制两方面入手。强化采购制度控制应从加强采购队伍建设、严格采购程序、实施有效监管等方面推进。供应链上采用多头供应商的柔性供应机制，可以有效防范单一供应商由于渠道受阻影响整条供应链正常运行的供货风险。为此，企业对关键物资材料的供应须选择来自不同地域的两个以上供应商提供，并对每个供应商的供货进行跟踪评估，以确保物资供应安全稳定。

物流配送是供应链营运中的重要环节，依靠专业强势的第三方物流，企业可专注核心业务，优化经营流程，降低运营成本，分散并增强抵御物流配送风险的能力。

思考题

1. 供应链风险的含义是什么？
2. 供应链风险有哪些分类？
3. 供应链风险管理的常用方法有哪些？
4. 供应链风险的评估方法有哪些？
5. 供应链风险管理策略有哪些？

步步高集团供应链风险识别

步步高集团（以下简称“步步高”）于1995年3月创立于湖南省湘潭市，子公司步步高商业连锁股份有限公司于2008年在深交所挂牌上市。步步高主要业务为商品零售，以超市、百货等零售业态为广大消费者提供商品零售服务。步步高选择立足于中小城市的发展策略，坚持双业态（超市和百货）、跨区域和密集式开店结合数字化智慧零售实现线上线下的全覆盖，步步高致力于成长为用户最信赖的全渠道服务商和美好生活的运营商。2021年，步步高继续蝉联“中国服务业民营企业100强”“中国企业500强”。

下面是对步步高当前供应链风险的识别分析。

一、计划环节风险识别

1. 前端数据闲置风险

步步高以Better购小程序等承载工具建立微信内商城，前端收集消费者行为属性数据，但后端却缺乏数据分析工具，大量数据沉淀在数据池里，导致数据未对需求预测发挥作用。

2. 预测方法落后风险

在预测采购的计划阶段，没有对品类、品牌分开预测，没有对自有品牌单独预测。不仅如此，步步高的预测方法也不够科学，对于需求的预测主要依赖于进销存数据，对外部因素考虑不够，导致需求预测偏离实际。

3. 后端协同预测风险

步步高目前的计划环节仅在公司内部完成，未与供应商协同预测，未能及时将终端需求借助供应链管理能力传递到供应与生产端，导致其供应链敏捷性大大降低。

二、采购环节风险识别

1. 采购成本风险

采购环节的成本可以分为前期成本、中期成本以及后期成本。在前期，以生鲜产品为例，其价格波动大，导致获取市场信息较难，同时步步高对供货商资源的调查工作投入不足，很难挑选出最合适的供应商，长期来看会影响降本增效的管理目标；在中期，对于生鲜商品的采购，步步高未与其他经销商达成业界联盟形成价格优势，且供应源头分散，在商品运输的各个环节造成了较高的加价率和耗损率；在后期，因未及时处理不合格的商品，顾客买到质量差的产品对步步高产生信任危机，不愿再返购，对企业造成损失。

2. 商品数据非标风险

生鲜商品大部分是未经打包、可供消费者任意挑选的非标准化产品，导致决策环节更加复杂而且审批难度增加，采购流程的时间延长，采购效率低下。此外，生鲜商品的生长环境、上市季节、存储方式以及存储时间都会影响到商品的质量，进而影响到当日的供应量和价格。

3. 采购数量错配风险

选择最优的供应商关乎采购起点的高低，并且能够助力企业实现供应链协同效应的最大化。供应商是否有能力提供充足的商品，能否高效率地对资源进行整合，将制约整个供应链效率的发挥。零售企业供应链系统中有大量的中小型供应商，有些由于经营不善、资金链断裂或其他因素导致破产，影响步步高的采购计划，造成存货短缺风险。

4. 采购舞弊风险

步步高缺乏生鲜采购供应商的标准方法，依靠人为排序，这样的主观挑选方式给了采购人员操纵利润的空间，导致存在虚报商品价格和数量的情况。此外，步步高目前未能使用采购数字化平台，使得招投标环节未能全部处于数据管理之下，可能会产生采购人员贪污采购资金的情况。

三、库存环节风险识别

1. 进销存数据传递风险

步步高信息的收集传递存在延迟效应，又缺乏先进的数据分析处理技术和高度集中化的信息管理平台，无法将海量、低价值密度的数据转化为有效资源对采购计划进行指导，难以进一步提高库存管理水平。

2. 存货毁损风险。

步步高的存货管理手段、管理体系不恰当，可能造成商品丢失损坏或过保质期不能出售，导致存货毁损。例如生鲜产品，步步高需要考虑其需要保鲜、冷藏、冷冻的特性，如果设备意外断电会导致其变质。此外，有些库存商品储存在监控死角的库房里，存在外人及员工偷盗的情况，会导致存货损失。

四、物流环节风险识别

1. 路径规划风险

一般来说，零售企业会对地理上距离较近的门店划成一个配送圈进行统一配送。然而，步步高还在使用一店一送的配送方式，物流路径效率较低，且因为每次运输的产品数量较少，使得运输次数增加，未达到规模效应，从而增加物流成本。此外，步步高物流中心在相应门店附近的布点及时性不足，一方面导致物流配送的路径更加复杂，并非最优规划，另一方面运送的快速响应能力不足，无法适应公司当前快速发展的战略目标。

2. 配送差错风险

步步高物流配送虽以自营物流体系为主，但在配送分拣过程中仍未实现自动化，存在人工分拣货物误差。此外，公司物流配送体系中，专业化程度不足，存在包装、装卸和配送流程中的商品损耗。人工拣货误差和商品损耗都会造成配送差错。例如，步步高将生鲜承包给第三方物流公司配送，但物流公司无法保证物品不会出现损坏，风险的控制和转移问题也无法良好解决。

五、销售环节风险识别

1. 门店获客风险

从2016年开始，互联网巨头提出的“新零售”“智慧零售”“无界零售”等概念吸引了大量客流量，再加上社区团购的兴起，对步步高客流量形成了巨大冲击。在新零售行业激烈竞争态势下，步步高获得新客户的难度加大。

2. 售前定价风险

步步高针对不同种类商品制定相应的定价和促销方案，但并非所有门店得到有效的推行。步步高针对营销活动后销售效果变化分析也不够深入，并且在优惠券的发放、营销活动的设计、差异化的定价等方面仍有改进的空间。因此产品定价存在不合理的偏差。

3. 售后信息传递风险

步步高构建的多触点、多平台的营销体系，获得更多用户消费数据的同时，也增加了差评在多平台多渠道快速传播的风险，对步步高品牌的负面情绪传染性大大增强。售后处理的及时性、有效性，是阻止问题“滚雪球”式爆发的关键要素。步步高对于存在质量问题的产品可以实行全额退款或退换服务，但由于涉及线上第三方平台和线下多家门店，其实际售后服务效率仍存有一定风险。

（资料来源：周兰，等．图于未萌，虑于未有——大数据背景下步步高供应链风险管理［R］．中国管理案例共享中心案例库，内容有改动。）

案例思考

1. 从企业内外部环境的角度，分析步步高优化供应链风险管理的原因。

2. 结合相关理论，分析步步高供应链风险识别需要注意的事项。

能力训练

【训练内容】根据案例分析提供的材料，制订步步高公司供应链风险防范应急预案。

【训练目的】通过训练，加深学生对供应链风险管理知识的理解，从整体上了解应对供应链风险的防范措施。

【训练安排】将学生按4~6人划分为一个小组，进行适当的任务分工。以小组为单位收集整理相关资料，小组讨论后制订步步高公司供应链风险防范应急预案，并制作PPT及电子文档进行汇报。教师可组织小组讨论，根据小组讨论情况给予点评。

第 13 章

供应链绩效评价

学习目标

1. 理解供应链绩效管理的含义和目的；
2. 熟悉供应链绩效评价的内容和影响因素；
3. 熟悉供应链绩效指标的类型和体系；
4. 了解供应链绩效评价的方法。

引导案例

宏发股份的供应链绩效评价

厦门宏发电声股份有限公司(以下简称宏发股份)成立于 1984 年，公司主要产品为继电器。

宏发股份在竞争战略中将“翻越门槛”和“提升效率”作为发展思路。其中，“翻越门槛”是指公司的产品标准推进计划，该计划致力于改进和提高产品质量，体现精益供应链的战略思想。“提升效率”是指公司致力于降低运营、生产等各个环节的成本，减少不必要的浪费，提高员工的人均效率，更加敏捷地应对客户需求，体现精益供应链和敏捷供应链的战略思想。

下面从运作绩效和财务绩效两个方面评价宏发股份的供应链绩效。其中，运作绩效从产品改进、新产品上市速度、产品质量、客户服务水平以及产品满足需求的程度五个方面进行评价；财务绩效从净资产收益率、销售净利率、市场占有率、净利润及营业收入增长率五个方面进行评价。

一、运作绩效

1. 产品改进

2020 年，宏发股份的生产线中，通过高级生产线评定的有 17 条，通过中级生产线评定的有 34 条，累计有 47 条生产线通过高级评定，73 条生产线通过中级评定，中、高级生产线约占全部生产线的62.5%，较2019年增加了16.5%。宏发股份对产品及其生产线的持续评级，使得产品的性能稳定性和可靠性明显提升，改进成效显著，2020年周检一次性合格率首次突破90%，较2019年上升近10%。

2. 新产品上市速度

依据公司的竞争战略，宏发股份积极拓展继电器以外新产品的研究开发，如真空灭弧室、氧传感器、连接器、电子模块、互感器等。公司每年都有新产品开发项目，且项目节点完成率都在95%以上。在推进新产品研发的同时，宏发股份还积极进行新产品市场开拓。2020年，公司新产品销售额相比2019年增长了50%，为推动公司未来产品结构调整及后续可持续增长打下了良好的市场基础。

3. 产品质量

宏发股份主打产品继电器的质量稳步提升。其中，通用、汽车、信号、功率和计量继电器等产品2020年的客户端不良率均低于0.15 PPM，相比2019年降低了0.05 PPM，产品质量达到了国际一流水平。

4. 客户服务水平

宏发股份在企业竞争战略中提出，要从单纯产品的出售转变为客户提供整体解决方案。基于此，在客户服务内容方面，宏发股份在其官方网站上为客户提供了产品资料及文档下载服务，并提供专业技术咨询和产品解决方案。在客户服务时间方面，宏发股份在其官方网站上提供24小时在线咨询服务，为客户提供了迅捷、灵活的服务响应。

5. 产品满足需求程度

宏发股份的核心产品继电器，目前共有160多个系列，40 000多种规格，能够根据客户的需求定制数千余种特规产品，比如公司为新能源汽车厂家定制开发新能源汽车专用的高压直流继电器全套方案，满足了新能源汽车及充电配套设施的不同需求。

二、财务绩效

1. 财务绩效相关指标

表13-1列示了宏发股份2019—2021年的财务绩效相关指标。从表13-1中可以看出，宏发股份主打产品继电器的全球市场占有率维持在14%左右，较为稳定；公司营业收入持续增长，2021年上半年较2020年同期增长43.78%，表现亮眼；此外，销售净利率较为稳定，2020年较2019年增长0.83%。

表 13-1　宏发股份财务绩效相关指标

项目	2021 年 6 月 30 日	2020 年	2019 年
净资产收益率	19. 70%	15. 26%	14. 63%
销售净利率	14. 46%	14. 44%	13. 61%
市场占有率（继电器）	14. 1%（全球）	14%（全球）	14%（全球）
净利润/元	715 505 310. 12	1 129 260 005. 21	964 240 792. 6
营业收入增长率	43. 78%（去年同期）	10. 41%	2. 93%

（数据来源：宏发股份 2019—2020 年年报，2021 年半年报）

2. 效率相关指标

如表 13-2 所示，虽然 2020 年受原材料全球市场涨价的影响，毛利率有所降低，但在公司精敏供应链战略下，人均效率持续提升，人工费和制造费用下降，管理费用和销售费用占营业收入的比重降低，存货周转加快，因此公司的销售净利率和净资产收益率依旧维持增长的趋势。

表 13-2　宏发股份效率相关指标

项目	2020 年	2019 年
人均效率（产量/人数）	74	68. 9
存货周转率/次	3. 5	3. 2
管理费用占营业收入比重	10. 34%	10. 52%
销售费用占营业收入比重	5. 03%	5. 12%

（数据来源：宏发股份 2019—2020 年年报）

综上所述，宏发股份的精益供应链体现在特别注重产品的质量。 公司结合产品的特点，通过对产品及其原材料和模具的精益研发，产品生产线的持续改进，质量检测体系的不断完善，保证了产品质量，运作绩效得到了提升，同时也使得产品的生产成本和公司的运营成本下降，提高了公司的财务绩效。

（资料来源：潘皓青．供应链战略对企业供应链绩效影响分析——以宏发股份为例［J］．财务与金融，2022（01）：73-78，内容有改动。）

结合案例材料，请提出宏发股份供应链绩效改进的建议。

13.1 供应链绩效评价概述

13.1.1 供应链绩效评价的概念特点及目标

13.1.1.1 供应链绩效评价的概念

供应链绩效评价是指围绕供应链的目标，对供应链整体、各个环节的运作状况和各环节之间的协作关系等进行的事前、事中与事后的运营过程以及此过程所产生的结果进行全面性、科学性、持续性、系统性的绩效指标设计、搜集、分析、评价与建议。

13.1.1.2 供应链绩效评价的特点

1. 供应链绩效评价侧重于供应链的整体绩效评估

它是根据供应链管理运作机制的基本特征和目标，反映供应链整体运营状况和上下游节点企业之间的运营关系，而不是孤立地评价某一节点的运营情况；不仅要评价该节点企业的运营绩效，而且还要考虑该节点企业的运营绩效对其上下游节点企业或整个供应链的影响。

2. 供应链评价是基于业务流程的绩效评价

单个企业的绩效评价一般都是基于职能的绩效评价，供应链绩效评价一般是基于业务流程的绩效评价，其目的不仅是要获得企业或供应链的运作状况，更重要的是要找出优化企业或供应链的流程。基于供应链业务流程的绩效评价流程如图 13-1 所示。

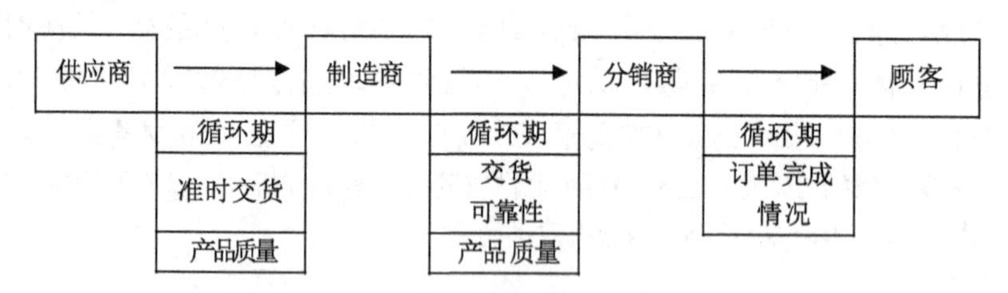

图 13-1 基于供应链业务流程的绩效评价

3. 供应链绩效评价难度较大

建立一套有效的供应链绩效评价体系对供应链的发展非常重要，但目前有关实施供应链绩效评价的体系并不成熟，供应链绩效评价尚需在理论和实践上进一步探讨和完善。

13.1.1.3 供应链绩效评价的目标

供应链绩效评价的目标是通过对供应链流程的监控和管理，协调各个环节和成员企业的利益分配，不断提高供应链及其成员企业运作的效率与效益，不断改善供应链性能和绩效水平。

13.1.2 供应链绩效评价的内容和原则

13.1.2.1 供应链绩效评价的内容

供应链绩效评价的内容包括以下三个方面：一是内部绩效衡量；二是外部绩效衡量；三是供应链综合绩效衡量。

内部绩效的衡量主要对供应链上的企业内部绩效进行评价，评价指标主要有成本、客户服务、生产率、资产、管理和质量等。外部绩效衡量主要对供应链运行状况的评价，评价的主要指标有用户满意度、最佳实施基准等。综合绩效衡量主要从顾客服务、时间、成本、资产等方面展开。

13.1.2.2 供应链绩效评价的原则

为了建立能有效评价供应链绩效的指标体系，对供应链绩效做出客观、公正、科学、合理的评价，应遵循如下原则。

（1）应突出重点，要对关键绩效指标进行重点分析。

（2）应采用能反映供应链业务流程的绩效指标体系。

（3）评价指标要能反映整个供应链的运营情况，而不是仅仅反映单个节点企业的运营情况。

（4）应尽可能采用实时分析与评价的方法，要把绩效度量范围扩大到能反映供应链实时运营的信息上去，因为这要比仅做事后分析要有价值得多。

（5）在衡量供应链绩效时，要采用能反映供应商、制造商及用户之间关系的绩效评价指标，把评价的对象扩大到供应链上的相关企业。

（6）静态评价和动态评价相结合。在绩效评价过程中，不仅要对影响供应链绩效的各种内部因素进行静态考察和分析评价，而且要动态地研究这些因素之间以及这些因素与外部因素之间的相互影响关系。

13.1.2.3 供应链绩效评价的影响因素

影响供应链绩效的因素包括内部因素和外部因素。

1. 影响供应链绩效的外部因素

（1）行业。供应链涉及的行业不同，供应链绩效管理的重点也就各不相同。如以制造企业为主体的供应链和与以零售企业为主体的供应链，在供应链管理的侧重点和具体方法上会有所不同，绩效管理的侧重点也就不同。

（2）竞争者。企业竞争对手的战略变化、技术优势、产品和流程的革新、人力资源的整合等都会影响到企业自身的经营战略、组织结构、经营成本等，从而影响企业的供应链绩效。

（3）技术。技术主要是通过产品及服务信息流对供应链的绩效产生影响。先进的技术有利于产品的设计与开发以及服务水平的提高，并能够使供应链适应不断变化的环境，从而提高供应链绩效。

（4）客户。客户需求是影响供应链绩效的重要因素。客户的个性化需求和消费偏好发生变化，会增加企业及其供应链在运作成本和生产周期上的压力。这就要求供应链上的每一个节点企业，在为客户提供优质产品和服务的基础上，努力提高管理水平，降低供应链成本。

（5）经济和社会因素。一个国家或地区发展和市场需求变化，必然对企业以及供应链的产品供应和经营成本产生影响。政治和社会文化环境的变化会对企业开拓产品市场、降低经营成本，以及与供应商和客户伙伴关系产生影响，这些都将直接或间接地影响企业及其供应链绩效。

2. 影响供应链绩效的内部因素

（1）运作流程。不同的供应链，其产品、服务和客户的分布具有不同特点，因此，其业务流程的设计会有所不同，这将影响到供应链及其管理绩效。

（2）伙伴关系。供应链中的伙伴关系是影响企业以及供应链运作效率和效益的重要因素。供应链伙伴关系紧密，相互之间的信息沟通和协作效果好，会促进供应链整体绩效的提高。

（3）组织结构。不同的供应链，由于结构不同，导致在产品制造和业务流程上存在明显的差异，会直接影响供应链绩效管理的目标、战略和范围等。

（4）战略。供应链绩效是供应链战略的执行过程或结果，因此，供应链评价必须以供应链战略目标为标准。

（5）位置。供应链中的企业规模大小不同，各企业在链中所具有的地位和作用也不同，这些都会影响供应链的运作和供应链绩效。

13.1.3 供应链绩效评价的作用

对供应链的运行状况进行必要的度量，根据度量结果对供应链的运行效果进行评估，可以掌握供应链企业之间合作及运行的效率，发现问题及差距，找到效率提升的方向，从而对供应链进行改进与提升，增加供应链企业的整体效益。因此，供应链绩效评价对于提升供应链整体价值具有重要的意义，其作用主要有以下几个方面。

（1）用于对整个供应链的运行效果做出评价。目的是通过绩效评价而获得对整个供应链的运行状况的了解，找出供应链运作方面的不足，及时采取措施予以纠正；同时让供应链成员明确对供应链绩效所作的贡献，从而更好地协调供应链战略目标和企业自身战略目标的关系。

（2）用于对供应链上各个成员企业做出评价。主要考虑供应链对其成员企业的激励，吸引优秀企业加盟。

（3）用于对供应链内企业与企业之间的合作关系做出评价。主要考察供应链的上游企业（如供应商）对下游企业（如制造商）提供的产品和服务的质量，从用户满意度的角度来评价上、下游企业之间的合作伙伴关系的好坏。

13.2 供应链绩效评价指标

13.2.1 供应链绩效评价指标的建立原则

供应链绩效评价指标是基于业务流程的绩效评价指标，主要从供应、过程管理、交货运送和需求管理等方面来考量。

供应链绩效评价指标的建立原则主要包括：

（1）目的性原则。目的性原则是指供应链绩效评价指标的选择应以实现供应链战略目标、提高供应链绩效为最终目的。

（2）整体性原则。整体性原则是指评价指标要能反映整个供应链的运营情况，而不是仅仅反映单个节点企业的运营情况。

（3）层次性原则。层次性原则是指根据整个供应链的各个层次和各个环节的组成情况，选择和确定不同层次的评价指标。这样可以做到全面性指标与关键性指标的结合。

（4）突出重点的原则。突出重点的原则是指对关键绩效指标进行重点分析，能够影响供应链战略目标实现和供应链整体绩效管理。有重大影响的因素都是关键因素，反映这些因素的指标即为关键绩效指标。

（5）可操作性原则。可操作性原则是指评价指标和指标体系要切实可行，易于操作。评价指标应具有清晰的含义和范围，操作简便，易于人们接受。

（6）规范性原则。规范性原则是指绩效评价指标应设计规范、标准统一，便于进行绩效衡量。

13.2.2 供应链绩效评价的指标

13.2.2.1 供应链绩效评价的基本指标

根据供应链绩效评价的范围和指标选择的原则，可以将一些统计指标作为供应链绩效评价的基本指标，如表 13-3 所示。

表 13-3 供应链绩效评价的基本指标

客户服务	生产与质量	资产管理	成本
饱和率	人均发运系统	库存周转	全部成本或单位成本
脱销率	人工费系统	负担成本	销售百分比成本
准时交货率	生产指数	废弃库存	进出货运输费
补充订单	破损率	库存水平	仓库成本

续表

客户服务	生产与质量	资产管理	成本
循环时间	退货率	供应天数	管理成本
发运错误	信用要求数	净资产回报	直接人工费
订单准确率	破损物价值	投资回报	退费成本

13.2.2.2 供应链绩效评价的综合性指标

1. 反映整个供应链业务流程的绩效评价指标

（1）产销率指标。产销率是指在一定时间内已销售出去的产品数量与已生产的产品数量的比值，可以分为企业产销率和供应链产销率。企业产销率反映供应链节点企业在一定时间内的经营状况。供应链产销率反映供应链在一定时间内的产销经营状况。该指标也反映供应链资源（包括人、财、物、信息等）的有效利用程度，产销率越接近于1，说明资源利用程度越高。同时，该指标也反映了供应链库存水平和产品质量，其值越接近于1，说明供应链成品库存量越小。

（2）平均产销绝对偏差指标。该指标反映在一定时间内供应链总体库存水平。其值越大，说明供应链成品库存量越大，库存费用越高；反之，则说明供应链成品库存量越小，库存费用越低。

（3）产需率指标。产需率是指在一定时间内节点企业已生产的产品数量与其上层节点企业或用户对该产品的需求量的比值。具体分为供应链节点企业产需率和供应链核心企业产需率。供应链节点企业产需率越接近于1，说明上、下层节点企业之间的供需关系越协调，准时交货率越高；反之，则说明下层节点企业准时交货率低或者企业的综合管理水平较低。供应链核心企业产需率反映其市场能力。若该指标数值大于或等于1，说明供应链整体生产能力强，能快速响应市场，具有较强的市场竞争能力；若该指标数值小于1，则说明供应链生产能力不足，不能快速响应市场需求。

（4）新产品开发率。该指标反映供应链的产品创新能力。该指标数值越大，说明供应链整体产品创新能力和快速响应市场能力越强，具有旺盛和持久的生命力。

（5）专利技术拥有比例。该指标反映供应链技术的核心竞争能力。该指标数值越大，说明供应链整体技术水准高，核心竞争能力强，其产品不能轻易被竞争对手所模仿。

（6）供应链产品产出循环期指标。该指标可反映各节点对其下游节点需求的响应程度。循环期越短，说明该节点对其下游节点的快速响应性越好。

（7）供应链总运营成本指标。供应链总运营成本主要包括通信成本、供应链总库存成本和各节点企业外部运输总费用，它反映了供应链运营的效率。

（8）供应链核心企业产品成本指标。该指标是供应链管理水平的综合体现。根据核心企业产品在市场上的价格确定出该产品的目标成本，再向上游追溯到各供应商，确定出相应的原材料和配套件的目标成本。只有当目标成本小于市场价格时，各个企业才能获得利润，供应链才能得到发展。

（9）供应链产品质量指标。供应链产品质量是指供应链各节点企业生产的产品或零部件的质量，主要包括合格率、废品率、退货率、破损率、破损物价值等指标。

2. 反映供应链节点企业之间关系的绩效评价指标

（1）准时交货率。准时交货率指下层供应商在一定时间内准时交货的次数占其总交货次数的百分比。供应商准时交货率低，说明其协作配套的生产能力达不到要求，或者是对生产过程的组织管理跟不上供应链运行的要求，反之亦然。

（2）成本利润率。成本利润率指单位产品净利润占单位产品总成本的百分比。产品成本利润率越高，说明供应商的盈利能力越强，企业的综合管理水平越高。在这种情况下，由于供应商在市场价格水平下能获得较大利润，其合作积极性必然增强，必然对企业的有关设施和设备进行投资和改造，以提高生产效率。

（3）产品质量合格率。产品质量合格率是指质量合格的产品数量占产品总产量的百分比，它反映了供应商提供货物的质量水平。质量不合格的产品数量越多，产品质量合格率就越低，说明供应商提供产品的质量不稳定或质量差，供应商必须承担对不合格的产品进行返修或报废的损失，这样就增加了供应商的总成本，降低了其利润率。因此，产品质量合格率与产品成本利润率密切相关。同样，产品质量合格率指标也与准时交货率密切相关，因为产品质量合格率越低，产品的返修工作量越大，这必然延长产品的交货期，使得准时交货率降低。

13.2.2 现行供应链绩效评价指标体系

传统企业绩效评价指标侧重于单个企业，评价的对象是某个具体企业的内部职能部门或者员工个人，其评价指标在设计上具有如下特点。

（1）传统企业绩效评价指标的数据来源于财务结果，在时间上略为滞后，不能反映供应链的动态运营情况。

（2）传统企业绩效评价指标主要评价企业职能部门的工作完成情况，不能对企业业务流程进行评价，更不能科学、客观地评价整个供应链的运营情况。

（3）传统企业绩效评价指标不能对供应链的业务流程进行实时评价和分析，而是侧重于事后分析，因此，当发现偏差时，偏差已成为事实，其危害和损失已经造成，并且往往很难弥补。

根据供应链管理运行机制的基本特点和目标，供应链绩效评价指标应该能够恰当地反映供应链整体运营状况以及上下节点企业之间的运营关系，而不是孤立地评价某一供应商的运营情况。例如，对于供应链上的某一供应商来说，该供应商所提供的某种原材料价格很低，如果孤立地对这一供应商进行评价，就会认为该供应商的运行绩效较好。若其下游节点企业仅仅考虑原材料价格这一指标，而不考虑原材料的加工性能，就会选择该供应商所提供的原材料，而该供应商提供的这种价格较低的原材料，其加工性能不能满足该节点企业生产工艺要求，势必增加生产成本，从而使这种低价格原材料所节约的成本被增加的生产成本所抵消。所以，评价供应链运行绩效的指标，不仅要评价该节点企业（或供应商）的运营绩效，而且还要考虑该节点企业（或供应商）的运营绩效对其上层节点企业或整个供应链的影响。

目前，国际供应链协会（Supply Chain Council）推荐的供应链绩效关键评价指标（KPI）共有 13 个。这些指标从供应链交货的可靠性、供应链的响应性、供应链的柔性、供应链的成本和供应链的资产管理效率等五个方面共同构成了供应链运营绩效的评价指标体系。

（1）交货能力——按照客户要求的天数，或在客户要求的天数之前，或在原计划的交货天数之前执行订单的百分比。

（2）订货满足率——在收到订单的 24 小时内用库存发货的订单百分比。

（3）订货提前期——从客户放单到收到订货实际所需的平均时间。

（4）订单完全执行率——满足全部交货要求的订单完成百分比。要求按时、按质、按量，具有完整的和准确的单证，且没有产生货损。

（5）供应链响应时间——供应链系统对需求的非正常或显著变化的响应时间。

（6）生产柔性——对上游企业：达到所能承受的非计划的 20%增产能力所需要的天数。对下游企业：在没有存货或成本损失的情况下，在交货期 30 天之前企业所能承受的订货减少百分比。

（7）供应链管理总成本——供应链相关成本总和。包括管理信息系统、财务、计划、存货、物料采购和订单管理等成本。

（8）产品销售成本——购买原材料和加工制造成本。包括直接成本和间接成本。

（9）增值生产率——人均增值率。其值=（产品销售总额-物料采购总成本）÷用工总人数×100%。

（10）担保成本或退货处理成本——物料、劳动力和产品缺陷的问题诊断成本，或退货处理成本。

（11）可供应存货天数——其值=以计提超储和过期损失之前的标准成本计算的存货总值（原材料和在制品+厂内制成品+厂外制成品和样品+其他）×365÷产品销售成本。

（12）现金周转期——其值=存货供应天数+销售未付款天数-采购原料的平均付款天数。

（13）资产周转率——其值=产品销售总额÷净资产总额。

13.3 供应链绩效评价方法

供应链绩效评价的方法很多，如层次分析法、模糊综合评价法、ROF 法、平衡记分卡法、供应链运作参考模型法和 ABC 作业成本法等，如图 13-2 所示。

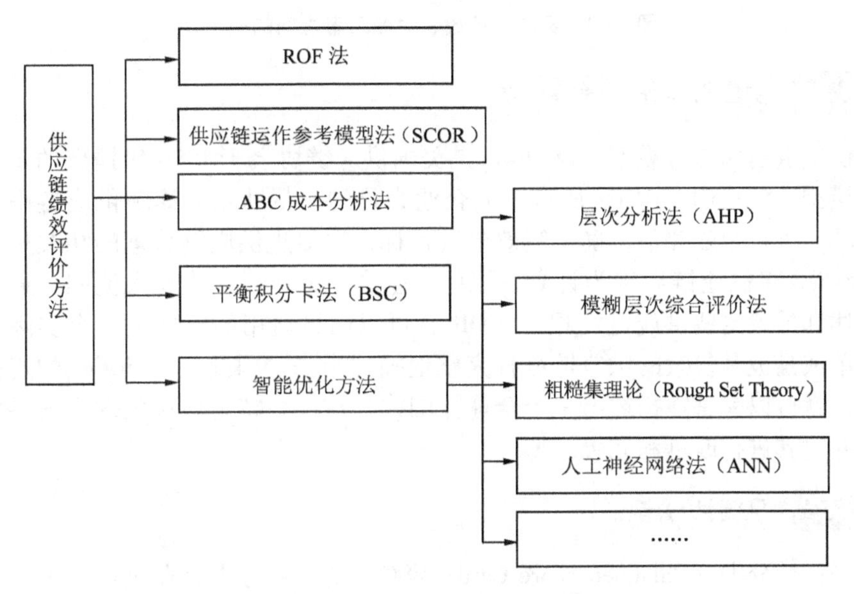

图 13-2　供应链绩效评价方法

13.3.1 层次分析法

层次分析法的基本原理在本书第十二章已述及，此处不再赘述。

13.3.2 ROF 法

为避免传统绩效评价中出现的问题，比蒙（Beamon）于 1999 年提出了三个方面的绩效评价指标：资源（Resources）、产出（OutPut）和柔性（Flexibility）。

资源评价包括对库存水平、人力资源、设备利用、能源使用和成本等方面。

产出评价主要包括客户响应、质量以及最终产出产品的数量。

柔性评价主要包括范围柔性和响应柔性两种。

资源、产出、柔性三者之间的关系如图 13-3 所示。

这三种指标都各自具有不同的目标。资源评价是高效生产的关键，产出评价必须达到很高的水平以保持供应链的增值性，柔性评价则要达到在变化的环境中快速响应。他们之间是相互作用、彼此平衡的关系。

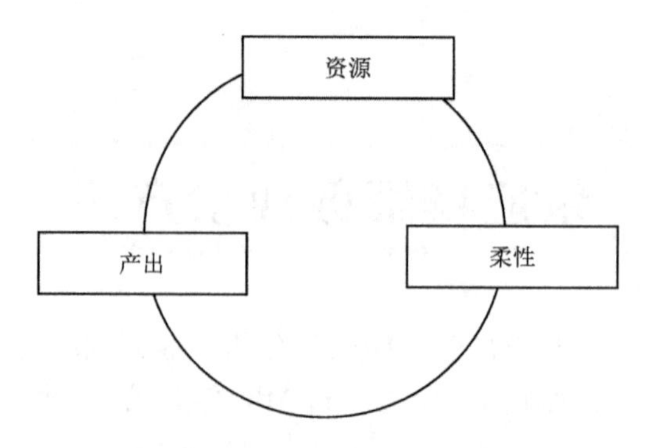

图 13-3　资源、产出、柔性三者之间的关系

13.3.3　供应链运作参考模型法

供应链运作参考模型（SCOR）是美国供应链协会于 1996 年提出的供应链管理模型。SCOR 以应用于所有工业企业为目的，帮助企业诊断供应链中存在的问题，进行绩效评估，确立绩效改进目标，并促进供应链管理的相关软件开发。SCOR 将供应链界定为计划、采购、生产、配送、退货五大流程。通过分别描述和界定这些供应链流程，SCOR 就可以用最通用的标准把一个实际上非常简单或是极其复杂的供应链流程完整地描述出来。因此应用 SCOR 的规范化标准，就可以完整地描述出一个全球范围或是在某一特定地域内发生的供应链项目并对其进行改进和完善。

13.3.4　平衡计分卡法

平衡计分卡（Balanced Score Card，BSC）是一种考虑企业全局发展、综合各种评价方法为一体的绩效评价模型框架，与传统绩效评价方法不同，平衡计分卡通过实际考量企业战略行为与未来发展，综合企业内部财务绩效指标与非财务绩效指标，从财务角度、客户服务、内部运营、学习成长四个角度对企业的绩效进行评价，在一定程度上保证了绩效指标选取的客观性和完整性。

平衡计分卡模型如图 13-4 所示。

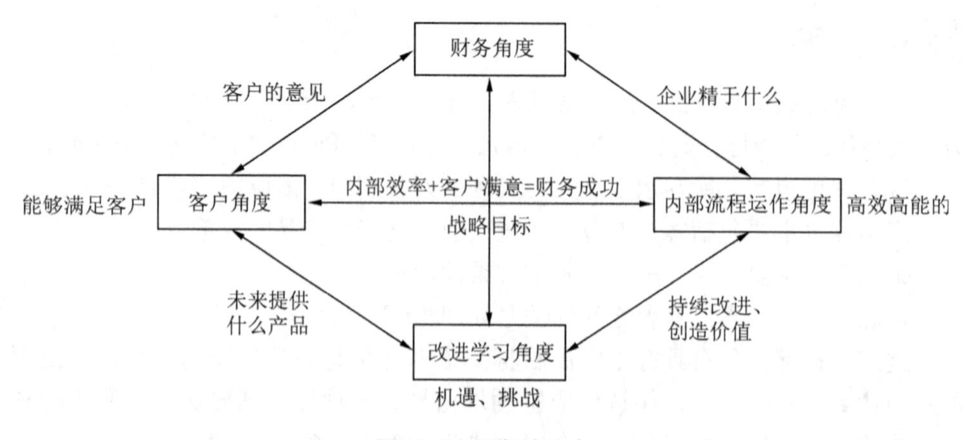

图 13-4　平衡计分卡

13.3.5 ABC 成本分析法

现代管理学将 ABC 成本分析法定义为“基于活动的成本管理”。ABC 成本分析法，又称作业成本分析法、作业成本计算法、作业成本核算法，它是根据事物的经济、技术等方面的主要特征，运用数理统计方法进行统计、排列和分析，抓住主要矛盾，分清重点与一般，从而有区别地采取管理方式的一种定量管理方法。运用 ABC 成本分析法，可以更精确地评价供应链成本。

13.3.6 供应链绩效评价方法比较

虽然供应链绩效评价的方法比较多，但是各有优劣。

ROF 法需要同时达到三项评价指标的要求才能进行综合运用，应用起来比较难以实现。

SCOR 对于企业在分析供应链运作绩效上有简便、易于操作的优点，但是并没有建立对于各项指标的总体衡量机制，企业无法通过供应链管理确定绩效总体的提升效果，相应的对于企业合作关系的分析也有同样的问题。当然，这并不是 SCOR 的问题，因为它的运用目标并非用于具体的评价实行，而是用于业务流程再造。

ABC 成本法只注重了采购活动产生的直接和间接的成本，在实际中，企业选择合作伙伴在考虑成本的同时，往往把质量放在首位，所以这种方法比较片面。

层次分析法综合了定性分析和定量分析，使合作伙伴评价选择结果更客观、合理，该方法也是一种相对比较完善、计算简便，适合于多目标、多准则的系统评价方法，具有许多其他方法不可比拟的优点。

思考题

1. 传统企业与供应链环境下的企业的绩效评价指标之间有哪些区别？
2. 供应链环境下企业绩效评价的原则有哪些？
3. 试比较传统运作模式和供应链管理运作模式下，企业绩效评价的区别。
4. 从外部和内部环境两个角度举例说明，有哪些因素对供应链绩效评价产生影响？

案例分析

麦当劳的供应链绩效评价

麦当劳是以出售汉堡为主的连锁经营的快餐店，现已经成为全球餐饮业最有价值的品牌。在很多国家，麦当劳就代表着一种美国式的生活方式，且现在仍以快速的趋势迅猛发展。

一、麦当劳的采购特点

1. 选择实现双赢的供应商

从不采购任何产品或副产品，而是对供应商进行管理，通过合作实现双赢，而且所有与供应商之间的往来从不签署协议，只是以双方握手作为标志，这一惯例沿袭多年。麦当劳偏好选择一些规模较小，但富创新精神的供应商，并对其严格约束，比如对面包供应商，要求供应的面包从形状到糖分等都要统一达到麦当劳的品牌价值所在——只有一个风味。麦当劳的供应商分为一级和二级，一级供应商做深加工，二级供应商是基础原料供应，麦当劳不直接面对原料商，而是通过管理一级供应商来控制上游以便做到集中管理。麦当劳在中国的采购主要的五家一级供应商都是美国企业或美资背景。

2. 保持独立性的供应采购管理

1990 年麦当劳在中国开设了第一家店，而早在 1983 年麦当劳系统供应商就已经先期进入中国，在中国开设了农场和工厂，麦当劳遵循 3S（simplification 简单化、standardization 标准化、specialization 专业化）经营理念，他们有专门的厨房桌椅供应商、设备机器供应商、商标制作供应商等均在中国设厂。

3. 优先考虑整体系统的供应链架构

麦当劳供应链管理着眼于实现长久发展的竞争优势，包括创新、食品安全、不断货供应、总成本控制。

4. 由合作的配销系统负责物料的配销

麦当劳只负责管理供应商和配销中心。麦当劳配销中心的主要工作有：（1）与供应商确认订单；（2）进货的排班与确认进货状况；（3）处理所有与物料取得所需的相关申请文件以及进关等必须程序；（4）确认所进货品达到麦当劳对产品品质以及安全的标准；（5）仓储及库存管理；；（6）与各分店中心确认订单；（7）发展并执行货运班表，运送质量兼备的产品至各分店中心。

5. 严格的标准化采购程序

麦当劳对供应商的每一个环节都有标准化的管理。例如，原料质量控制标准化要求在种植地的选取上，其周边一公里内必须无工业三废污染源，与生活区隔离超过 20 米。

6. 精细有序的对接送接货品：送货和接货都有固定的程序和规范，送货时要注意装货的顺序，接货时要检查冷冻、冷藏是否正常，记录接货时间地点，检查单据是否齐全，抽查产品的接货温度等，最后核对送货数量，签字接收。

7. 确保产品质量一致的品质管理：麦当劳一般会在当地建立生产、供应、运输等一系列网络系统，以确保餐厅得到高品质的原料供应。

8. 多因素地考虑食品质量：麦当劳为了使产品有标准化的食品口味，主要采用原料采购标准化、食品制作标准化、食品质量标准化三个指标措施。其中原料采购标准化要求原材料由配销中心统一配送；食品制作标准化限制了食材的品质，如面包大小、肉的脂肪含量等；食品质量标准化，即“果实报废制度”。

9. 冷链物流的标准化以确保食品安全：麦当劳的冷链物流标准涵盖了温度记录与跟踪、温度设备控制、商品验收、温度监控点设定、运作系统的建立等领域，即使是从土壤资料、选种、播种、种植、灌溉、施肥、防虫等手工劳动的环节都有标准要求。

10. 打造高品质生产链的食品加工

首先麦当劳对其加工的原料有严格的控制，例如规范土豆的品种、糖分、淀粉含量、种植土壤，鸡的品种、养育时间、饲料成分，菜的品种、采摘时间等等；其次麦当劳对食品的加工工艺做了严格要求，从而保证口味一致，安全可靠。

综上，在物流采购方面，麦当劳从原料到粗加工再到物流配送都是由合作的供应商来完成的，但严格的管理控制打造了高品质的生产链。

二、麦当劳在采购供应链方面的问题

（一）产品的采购供应倾向于美国企业供应商

麦当劳更愿意与其全球供应商合作，即使是在中国市场，也倾向于由其美国国内企业为中国提供货源。麦当劳并不直接面对中国企业及原料供应商，其在中国市场的一级供应商均是美国企业或是具有美资背景，再由一级供应商控制二级供应商，由二级供应商负责提供原材料。同时，麦当劳也有直接从海外采购原材料的情况。因此，由于供应商选择的关系，麦当劳产品的成本控制一直居高不下。

（二）产品的采购供应没有考虑到中国本土需求

麦当劳的经营哲学是质量、服务、卫生及价值。而“质量”的内涵，就是说麦当劳要提供品质具有“一致性”的食品。但是，口味相同的汉堡包，虽然在以牛肉为主食的欧美市场很受欢迎，但是中国发达的饮食文化却基本与牛肉无缘。因此，麦当劳的牛肉汉堡在中国遭遇冷落也就在情理之中了。当肯德基为迎合中国人的饮食习惯，推出了豆浆、饭食、粥、汤类、各种鸡肉产品、全家桶等系列产品的时候，麦当劳仍向大众提供外国味十足的食品，因此，难以取得中国消费者的认同。

（三）产品的供应商过于单一

在中国，麦当劳的肉类一级供应商只有两家，南方地区为铭基公司，北方地区为福喜公司。虽然麦当劳主要原料的供应商实力雄厚，均为美资企业，但是数量极少，这会使产品原料单一、种类单一，难以满足顾客越来越挑剔的要求。顾客需要多元化的产品和不断创新的口味，麦当劳只有推出不断变化的产品才能拥有竞争力。此外，若单一的供应商由于某些突发状况出现问题，比如发生原料供应不足或者无法及时供应原料等问题，而公司又来不及寻找另外的供应商，这就会产生一系列严重的后果，影响到麦当劳在中国市场各门店的产品供应及销售，更会影响到消费者的满意度以及麦当劳公司的口碑。

（四）产品的采购供应安全质量有待提高

2010年7月4日，美国媒体报道麦当劳出售的麦乐鸡含有泥胶和石油成分的化学物质，即聚二甲基硅氧烷和特丁基对苯二酚。一时间，事件引起轩然大波，麦当劳产品的安全问题也遭到质疑。

除了加工食品过程中添加的化学物质以外，食品本身也很容易产生安全问题。比如说，鸡比较容易感染上各种病毒，这就需要麦当劳拥有很强大的“防火墙”，对所有鸡肉、鸡蛋等原料都经过严格的安全质量检查工序，避免有毒有害的食品流入市场，提升麦当劳的健康形象。

（五）与供应商合作没有签订合同

以中国市场为例，麦当劳没有将物流业务分包给其他物流公司，而是把全部业务都交由夏晖公司负责。夏晖公司为麦当劳提供一条龙物流服务，包括生产和质量控制在内。麦当劳利用夏晖设立的物流中心，为其各个餐厅完成订货、储存、运输及分发等一系列工作，使得整个麦当劳系统得以正常运作，通过它的协调与联接，使每一个供应商与每一家餐厅达到畅通与和谐，为麦当劳餐厅的食品供应提供最佳的保证。目前，夏晖在北京、上海、广州都设立了食品分发中心，同时在沈阳、武汉、成都、厦门建立了卫星分发中心和配送站，与设在香港和台湾的分发中心一起，斥巨资建立起全国性的服务网络。

但如此重要关键的合作关系，麦当劳和夏晖公司之间却没有签订任何的合作合同或是书面协议，只有口头协议。除了夏晖以外，麦当劳与很多大供应商之间也没有书面合同。与供应商保持长期稳定的合作关系是至关重要的，而书面合同是双方建立信任的一个重要标志，若双方合作过程中出现相关问题，也能做到有法可依、有章可循。

（资料来源：王叶峰．供应链管理［M］．2版修订版．北京：机械工业出版社，2020，内容有改动）

案例思考

试对麦当劳的供应链绩效进行评价。

能力训练

【训练内容】根据案例分析材料，设计麦当劳的供应链绩效评价指标体系。

【训练目的】通过学习使学生加深对供应链绩效评价知识的理解。

【训练安排】学生按4~6人划分为一个小组，进行适当的任务分工。以小组为单位收集整理相关资料，小组分析麦当劳供应链绩效评价控制的运作，提出其优化建议，并制作PPT及电子文档进行汇报。教师可组织小组讨论，根据小组讨论情况给予点评。

参考文献

[1] 罗纳德·H. 巴罗. 企业物流管理供应链的规划、组织控制[M]. 王晓东，等译. 北京：机械工业出版社，2002.

[2] 华莱士·J. 霍普. 供应链管理：获取竞争优势的科学方法[M]. 徐捷，吴琼，译. 北京：机械工业出版社，2009.

[3] 苏尼尔·乔普拉. 供应链管理：第 7 版[M]. 杨依依，译. 北京：中国人民大学出版社，2021.

[4] 曹翠珍. 供应链管理[M]. 3 版. 北京：北京大学出版社，2022.

[5] 陈伟. 供应链知识共享的绩效评价与实现机制[M]. 北京：中国社会科学出版社，2018.

[6] 顾穗珊. 物流与供应链管理[M]. 北京：机械工业出版社，2013.

[7] 何静. 供应链管理理论与案例[M]. 北京：化学工业出版社，2023.

[8] 靳荣利. 供应链管理基础[M]. 北京：机械工业出版社，2022.

[9] 李雪松. 供应链管理[M]. 北京：清华大学出版社，2019.

[10] 刘小卉. 供应链管理[M]. 2 版. 大连：大连理工大学出版社，2018.

[11] 刘助忠，李明. 供应链管理[M]. 2 版. 长沙：中南大学出版社，2021.

[12] 楼巧玲. 供应链管理实务[M]. 北京：中国人民大学出版社，2021.

[13] 罗岚. 供应链管理基础[M]. 北京：电子工业出版社，2020.

[14] 骆温平. 物流与供应链管理[M]. 4 版. 北京：电子工业出版社，2022.

[15] 马士华. 供应链管理[M]. 2 版. 武汉：华中科技大学出版社，2021.

[16] 莫柏预、秦龙有. 物流与供应链管理[M]. 北京：中国商业出版社，2016.

[17] 舒辉. 供应链管理思想史[M]. 北京：企业管理出版社，2022.

[18] 宋华. 供应链金融[M]. 3 版. 北京：中国人民大学出版社，2021.

[19] 吴志华 . 现代供应链管理：战略、策略与实施[M]. 北京：企业管理出版社，2022.

[20] 尤妙娜 . 供应链物流管理[M]. 北京：企业管理出版社，2022.

[21] 张璠，孔月红 . 供应链管理[M]. 2 版. 大连：东北财经大学出版社，2021.

[22] 张启慧，孟庆永，杨妍 . 供应链管理[M]. 北京：机械工业出版社，2021.

[23] 赵林度，王海燕 . 供应链与物流管理[M]. 北京：科学出版社，2018.

[24] 周艳春 . 供应链管理[M]. 2 版. 北京：经济科学出版社，2020.